사회복지 실천기술론

임상록 · 박주현 · 배은숙 · 오세숙 · 이명순 · 이영주 · 이혜자 · 최덕경 지음

도서출판 파란마음

머리말

사회복지학도가 미래 사회복지사로서 과제의 해결을 위해 갖추어야 할 지식과 기술은 다양하다. 그리고 이 다양한 지식과 기술을 제공하기 위해 교육기관에서는 필수 이수과목을 중심으로 교과과정을 편성하여 교육한다. 필수 이수과목은 세 개의 영역으로 이루어지는데, 사회복지기초 영역, 사회복지정책과 제도 영역, 그리고 사회복지실천 영역이다. 사회복지기초 영역에 속하는 교과목으로는 인간행동과 사회환경, 사회복지조사론이 있다. 사회복지정책과 제도 영역에는 사회복지정책론, 사회복지행정론, 그리고 사회복지법제론이 속한다. 그리고 사회복지실천 영역에 속하는 교과목으로는 사회복지실천론, 지역사회복지론, 그리고 사회복지실천기술론이 있다. 이 세 개의 영역에 속한 교과목들이 모두 중요하지만, 사회복지실천 영역에 속하는 교과목은 현장 중심이라는 점에서 그 의미가 남다르다.

사회복지실천기술론은 사회복지실천에 기반을 두고 개인, 가족, 집단, 그리고 지역사회를 대상으로 현장에서 실제로 활용할 수 있는 전문적 · 임상적 지식과 기술에 관한 교과목이다. 사회복지실천현장에서 실제로 활용되어야 할 지식과 기술을 제공하는 사회복지실천기술론은 최근에 들어와서 그 역할과 의미가 더욱 강조되고 있다. 그 이유는 이미 사회복지 부문에 있어 선진화가 진행된 다른 나라와 마찬가지로 우리나라도 사회복지 부문의 교육이 더 세분화 · 전문화되어 가고 있으며 임상적 실천이 더 강조되고 있기 때문이다.

선진화되어 가고 있는 사회와 현장의 요구에 부응하는 교재를 개발하기 위해 현장경험이 풍부한 교수님들로 집필진을 구성하였다. 집필에 집중하면서 일차적으로는 자신이 몸담은 학생들을 대상으로 하였고, 더 나아가 사회복지실천기술론 교과목을 이수하는 모든 사회복지학도를 고려하였다. 교과목의 체제 구성은 2006년판 사회복지학 교과목지침서를 참고로 하였고 내용 또한 지침서의 것들을 최대한 반영하고자 하였다.

교재는 모두 14개의 장으로 되어 있고, 한 학기 수업을 하기에 적절하도록 구성하였다. 제1장은 사회복지사의 전문성에 관하여, 제2장에서 제6장까지는 현재 활용되고 있는 사회복지 실천모델과 개입기술 다섯 가지를 소개했다. 정신분석 모델, 심리사회 모델, 인지행동 모델, 행동주의 모델, 그리고 과제중심 모델 등이 그것이다. 그리고 제7장에서 제9장까지는 가족의 중요성으로 인해 가족사회복지 실천기법을 소상하게 소개했다. 제10장에서 제12장까지는 집단 사회복지 실천기법을 가족개입, 집단에 대한 이해, 그리고 집단의 역동성을 중심으로 기술하였다. 지역사회 또한 사회복지실천의 중요한 대상이므로 지역사회 개입을 제13장에서 다루었고, 마지막 제14장은 사회복지실천 기록으로 마무리하였다.

집필진 모두 나름대로 열심히 하며 좋은 글을 쓰려고 노력하였다. 이러한 수고에도 내용상으로 미흡한 부분이 있으리라 생각한다. 지금은 시작이고 완성은 아니라는 생각에 앞으로 미비한 점들은 수정 · 보완할 생각이다. 바쁜 중에도 집필해주신 이혜자 교수님, 오세숙 교수님, 이명순 교수님, 배은숙 교수님, 이영주 교수님, 박주현 교수님, 그리고 최덕경 교수님 모두의 노고에 다시 한 번 감사를 드린다. 책을 발간하는 데 기꺼이 도움을 주신 도서출판 파란마음 황호철 사장님과 출판사 관계자 여러분께도 고맙다는 말씀을 전한다.

집필진을 대표하여 임상록

차례

04 사회복지실천 모델과 개입기술: 인지행동 모델

05 사회복지실천 모델과 개입기술: 행동주의 모델

06 사회복지실천 모델과 개입기술: 과제중심 모델

07 가족사회복지 실천기법: 가족에 대한 이해

08 가족사회복지 실천기법: 가족문제 사정

09 가족사회복지 실천기법: 가족개입

10 집단사회복지 실천기법: 집단에 대한 이해

11 집단사회복지 실천기법: 집단의 역동성

12 집단사회복지 실천기법: 발달단계별

13 지역사회 개입

14 사회복지실천 기록

Chapter 01

사회복지실천기술의 이해와 사회복지사의 전문성

1. 사회복지실천기술

2. 사회복지사의 전문적 지식과 기술

3. 사회복지사의 가치와 윤리

4. 사회복지사의 자기이해와 사회복지전문직의 정체성

* 학습의 목표

1. 다양한 대상과 이들이 지닌 다양한 문제와 욕구를 파악하고 이를 해결하기 위한 사회복지실천과정에서 필요로 하는 전문적인 실천기술을 이해한다.
2. 이러한 실천기술을 효율적으로 적용해 나가기 위해 사회복지사가 갖추어야 할 전문성과 사회복지직의 정체성에 대해 알아본다.

1 사회복지실천기술

통상적인 기술(skill)의 의미는 능력, 솜씨나 지식, 재능, 성격 또는 자원을 능숙하게 활용하는 것이다. 바커(Barker, 1991)는 사회복지실천기술을 '대화나 클라이언트의 문제, 욕구, 능력 등에 대한 사정, 자원개발과 사회구조를 변화시키는 데 있어서의 숙련성'이라고 정의하고 있다. 이러한 사회복지실천기술은 개략적으로 면담 기술, 사정 기술, 개입 기술, 팀워크 기술, 지지망 구축 기술, 협상 기술, 평가 및 종결 기술들로 구분될 수 있다. 이러한 기술들은 사회복지실천의 상황에 따라 각각 별도로 활용되기도 하지만 통합 또는 혼합되어 사용되는 경우가 더 많다.

전재일(2006)은 사회복지실천기술을 '사회복지실천의 지식과 가치, 윤리, 의무에 기초하여 클라이언트와 관련된 특별한 상황의 변화를 위하여 심리사회적 개입을 할 수 있는 사회복지사의 인지적이고 행동적인 능력'으로 정의하였다. 또한, 이영호(2008)는 '사회복지실천기술은 클라이언트 체계(개인, 가족, 집단, 지역사회)와의 관계에서 사회복지실천의 가치와 지식에 기초하여 클라이언트와 관련된 특별한 상황의 변화를 위하여 심리사회적 개입(정서와 환경적 차원의 변화)을 할 수 있는 사회복지사의 능력'을 의미한다고 하였다.

슐만(Shulman, 1984)은 사회복지사가 갖고 있는 실천기술들이 종합적으로 잘 활용될 때 긍정적인 원조관계가 형성되고, 긍정적인 원조관계는 사회복지실천의 결과에 영향을 준다고 하였다. 쉬퍼 등(Sheafor et al., 1997)도 사회복지사가 갖고 있는 기술은 클라이언트와 사회복지사 간의 관계에 영향을 주며 협력적 작업관계가 실천의 성과에 긍정적인 영향을 준다고 보았다. 즉, 사회복지사의 실천기술 자체가 실천의 성과에 긍정적인 영향을 준다고 보았다. 즉, 사회복지사의 실천기술 자체가 실천의 성과에 직접 영향을 주기보다는 이러한 기술들이 사회복지사와 클라이언트 간에 협력적 작업관계 또는 원조관계 형성에 긍정적인 영향을 주고 이것이 다시 실천의 성과물에 영향을 준다는 것이다.

이러한 차원을 고려할 때 사회복지실천을 통해 긍정적인 결과를 얻어내기 위해서 사회복지사는 실천에 필요한 모든 기술들을 익히고 이 기술들은 긍정적인 원조관계 형성이라는 일차적인 목표를 위해 사용되어야 함을 주목해야 한다(이영호, 2008).

2 사회복지사의 전문적 지식과 기술

사회복지사는 다양한 이론과 지식을 바탕으로 사회복지실천의 목표달성 과정을 촉진시키기 위한 실천기술을 활용한다. 또한, 사회복지실천은 각기 다른 상황에 적용되는 다양한 종류의 기술을 필요로 하기 때문에 특정 상황에 적절한 기술을 선택하고 활용하는 능력이 요구되며, 이로 인해 실천기술을 사회복지실천의 예술적 측면으로 이해하기도 한다. 사회복지사가 사회복지전문직의 가치를 이해하고 사회복지와 관련된 전문지식을 잘 갖추고 있다 하더라도 클라이언트와의 협력적 작업관계에 적절하게 투입할 수 있는 기술이 결여되어 있다면 사회복지실천의 궁극적인 목적인 클라이언트의 문제해결을 돕는 과정이 원활히 진행되기는 어려울 것이다. 따라서 사회복지사는 개인, 가족, 집단, 지역사회를 대상으로 함께 일을 할 때 각각의 상황에 필요한 실천기술들을 지니고 있어야 한다(이영호, 2008).

1) 사회복지사의 전문적 지식

개인으로부터 환경에 이르는 폭넓은 삶의 문제를 다루는 사회복지학이라는 학문의 특성상 사회복지실천 분야에서 활용되는 지식의 대부분은 인접 사회과학과 행동과학의 분야에서 빌려 온 것들이며 이 밖에도 정치, 경제, 사회, 문화, 과학, 예술, 인류, 역사, 철학 등 광범위한 영역을 포함하고 있다. 이러한 다양한 학문 분야의 지식들이 사회복지실천 현장에 접목되어 현장의 특성에 맞게 독특한 지식체계를 구성하고 있다.

사회복지실천에서 필요로 하는 지식은 크게 사정에 필요한 지식(assessment knowledge)과 개입에 필요한 지식(intervention knowledge)으로 나누기도 하는데, 사회복지사에게 필요한 전문지식은 클라이언트에 관한 이해로부터 실천과정, 사회정책에 이르기까지 다양하다. 이를 구체적으로 살펴보면 다음과 같다(Johnson et al., 1997; 김혜란 외, 2006).

① 인간행동과 발달에 관한 지식

인간의 행동적 특성을 이해하고 환경의 상호적 영향력을 파악하기 위해 인간의 정서적, 심리적, 사회적 발달단계와 환경의 물리적, 사회적, 문화적 특성 등과 관련된 지식

② 인간관계와 상호작용에 관한 지식

개인, 가족, 집단, 지역사회 내 조직이나 기관들 간의 관계와 상호작용을 촉진시키며 효과적인 의사소통에 필요한 지식

③ 실천이론과 실천 모델에 관한 지식

다양한 실천상황에 적합한 전문적인 원조관계와 실천과정의 개입방법과 전략 등을 선택하는 데 필요한 지식

④ 특정 분야나 대상 집단에 관한 지식

군(軍) 사회사업, 의료 사회사업, 정신보건 사회사업, 새터민 지원사업, 다문화가정 지원사업 등 특정 분야나 특수 대상에 관한 지식

⑤ 사회정책과 서비스에 관한 지식

도움을 필요로 하는 클라이언트에게 서비스를 제공하는 전문가와 기관을 포

함하여 사회복지서비스 전달체계에 관한 지식이 필요하며, 사회정책이 변화해 온 역사적 맥락과 개인의 기능에 대한 사회정책의 영향력, 사회정책을 발전시키기 위한 사회복지사의 역할 등에 관한 지식

⑥ 사회복지사 자신에 관한 지식

클라이언트 체계와의 실천에 영향을 미치는 전문직으로서 사회복지사 자신의 감정이나 가치, 태도, 행동 등을 이해하고 사회복지사의 윤리적 태도와 자기 성찰에 대한 지식

미국사회복지사협회(NASW, 1981)는 효과적 사회복지실천을 위한 구체적인 이론과 기술을 포괄적으로 포함하는 사회복지 전문지식을 다음과 같이 제시하고 있다.

- 인간행동발달에 관한 이론, 가족과 상호작용 등에 관한 이론적 지식
- 클라이언트에게 영향을 미치는 사회적 · 환경적 요인에 관한 지식
- 인종, 민족, 기타 사회의 문화집단에 관한 지식
- 기본적인 사회경제, 정치이론에 관한 지식
- 윤리적 원칙과 실무에 관한 지식
- 사회심리 사정과 개입에 관한 이론과 기술에 관한 지식
- 개별지도와 집단지도의 이론과 기술에 관한 지식
- 소집단이론과 행동역동에 관한 지식
- 집단 상호작용과 치료적 개입에 관한 지식
- 위기개입이론과 기법에 관한 지식
- 지역사회조직이론과 전략에 관한 지식
- 조직과 사회체계에 관한 이론과 행동, 변화 등에 관련된 지식
- 옹호이론과 기법에 관한 지식
- 지역사회조직이론과 보건 및 복지서비스 개발에 관한 지식
- 사회계획의 개념과 기술에 관한 지식
- 지역사회자원과 서비스에 관한 지식
- 공적사회서비스에 관한 지식
- 사회 및 보건서비스와 관련한 복지법규와 규정에 관한 지식

- 사회복지발달과 정책에 관한 지식
- 사회복지행정이론과 개념에 관한 지식
- 사회 · 심리 통계와 기타 조사방법과 기술에 관한 지식
- 실무와 관련된 전문적이며 과학적인 연구에 관한 지식
- 교육 및 훈련에 관한 이론과 기법에 관한 지식
- 전문적 슈퍼비전의 개념과 이론을 포함하는 지식

2) 사회복지사의 실천기술

기술(skill)은 특수한 상황에 처해 있는 클라이언트의 행동에 대한 다양한 이론을 올바르게 이해하는 것에서부터 출발하게 되는데, 사회복지실천기술과 관련하여 미국사회복지사협회(NASW, 1981)는 필요한 12가지 필수적인 기술을 바탕으로 사회복지사가 갖추어야 할 14가지 능력을 제안하였다.

먼저 사회복지사에게 필요한 12가지 실천기술을 살펴보면 다음과 같다.

① 전문가적인 이해와 목적을 바탕으로 타인의 말을 경청하는 기술

② 사회력과 사정 및 보고서 작성을 위해 관련된 사실과 정보를 수집하는 기술

③ 전문적 원조관계를 형성하고 발전시키며 자신을 도구로 활용하는 기술

④ 언어적 · 비언어적 행동을 관찰하고 해석하며 관련 이론과 사정방법을 활용하는 기술

⑤ 클라이언트와 초기관계를 맺고 신뢰감을 획득하는 기술

⑥ 민감한 정서적 주제를 지지적 방식으로 다루는 기술

⑦ 클라이언트를 위한 창의적인 해결책을 찾는 기술

⑧ 치료적 관계의 종결시기와 방법을 결정하고 실행하는 기술

⑨ 조사 · 연구의 수행과 결과 해석, 전문적 자료를 해석하는 기술

⑩ 갈등관계에 놓인 양측을 중재하고 협상하는 기술

⑪ 조직 간의 연계서비스를 제공하는 기술

⑫ 후원자, 시민 또는 입법관계자에게 사회적 욕구를 해석하고 전달하는 기술

다음으로 앞서 제시한 실천기술과 관련하여 사회복지사가 갖추어야 할 14가지 능력은 다음과 같다.

① 명확하게 말하고 기록하는 능력

② 다른 사람을 교육하는 능력

③ 소진되었거나 위기상황에서도 지지적으로 반응하는 능력

④ 전문적 관계에서 역할 모델이 되는 능력

⑤ 복잡한 심리사회적 현상을 해석하는 능력

⑥ 주어진 책임을 완수할 수 있게 자신의 업무량을 조직적으로 관리하는 능력

⑦ 타인을 돕는 데 필요한 자원을 파악하고 동원하는 능력

⑧ 인간의 행동이나 감정을 사정하고 도움이나 자문을 줄 수 있는 능력

⑨ 집단 활동에 참여하고 집단을 지도해 나갈 수 있는 능력

⑩ 스트레스 상황에서도 평상심을 유지하며 제대로 기능하는 능력

⑪ 갈등상황이나 논쟁적인 사람을 잘 다루는 능력

⑫ 사회적 · 심리적 이론을 실천의 현장에 적용하는 능력

⑬ 문제해결에 필요한 정보를 파악하는 능력

⑭ 기관과 자신의 서비스 실천 활동을 조사 · 연구하는 능력

사회복지사에게 필요한 주요 실천기술을 종합적으로 정리해보면, 클라이언트와의 관계형성이나 의사소통, 물리적 자원이나 정서적 지지를 제공하는 활동에 필요한 기술과 기관의 서비스나 자원 활용을 위한 기술 등을 포함하는 실천 능력과 스트레스 관리, 업무량/시간관리, 조사, 기록, 문제분석과 해결능력 등의

업무수행 기술이 포괄적으로 포함된다고 볼 수 있다(이영호, 2008). 이러한 사회복지사의 실천기술은 개인적 자질과 학습경험 모두를 통해 얻어진다 (Johnson, 1986).

3 사회복지사의 가치와 윤리

사회복지실천은 지식과 기술만으로 충분한 것이 아니라 가치가 선행되어야 한다. 왜냐하면 가치를 바탕으로 지식과 기술을 선택하기 때문이다.

사회복지실천은 그 목적과 추구하는 가치, 이론적 지식, 기술과 경험 등의 조화를 통해서 이루어진다. 하지만 사회복지사는 자신이 가지고 있는 가치, 지식, 기술을 사회복지실천 현장에서 적용해 나가는 데 있어서 갈등적이며 모순된 상황에 종종 직면하게 된다. 이러한 가치관의 혼란이나 윤리적 딜레마가 전문가로서 사회복지사의 활동에 영향을 미치게 된다. 또한 전문직에 있어서 가치는 실천의 현장에서 지향하는 방향을 제시하고, 윤리는 가치에서 나오는 것으로 행동의 원칙이나 지침을 제공하기 때문에 사회복지사에게 있어서 가치와 윤리는 매우 중요하다. 사회복지사전(Baker, 1995)에 의하면, 윤리는 '옳고 그름에 관한 도덕적 원칙과 인식의 체계이며 실천된 행동에 대한 결과적인 철학'이라고 간주하며, 반면에 가치는 '문화, 집단 혹은 한 개인에 의해 바람직하다고 간주되는 관습, 행동표준 및 원칙' 등을 의미한다. 따라서 사회복지의 가치는 사회복지실천이 추구하는 방향성을 제시하며 윤리는 전문직업인으로서 사회복지사가 반드시 지켜야 하는 행동의 원칙이나 지침을 의미한다. 즉 윤리란 사회복지실천에서 마땅히 지켜야 할 도덕적인 규칙이다(조휘일 외, 2005). 이렇게 윤리는 가치에서 나오며 사회복지적 개입을 결정하는 판단 기준이 된다.

미국사회복지사협회에서 1979년에 처음으로 채택한 사회복지사 윤리강령은 사회복지사라는 전문직의 추상적 가치를 행동강령으로 구체화한 것으로 사회복지사가 실천의 현장에서 수행하는 모든 일들에 있어 전문가의 윤리와 책임이라는 관점에서 원칙과 지침, 평가와 책임 소재의 근거가 되고 있다. 미국사회복지사협회의 사회복지사 윤리강령은 이후 많은 나라들에 전파되어 나라마다 사회복지사 윤리강령을 채택 · 시행해 오고 있다. 미국사회복지사협회가 1996년에 개정한 윤리강령에서 제시하는 핵심적 가치와 윤리적 원칙을 살펴보면 〔표 1-1〕과 같다(설진화, 2008).

[표 1-1] **윤리강령의 핵심가치와 윤리적 원칙(NASW, 1996)**

핵심 가치	윤리적 원칙
서비스	• 사회복지사의 궁극적 목표는 욕구를 가진 사람들을 돕고 사회문제에 개입하는 것이다.
사회정의의 증진	• 사회복지사는 사회정의를 위하여 도전한다.
인간에 대한 존엄과 가치	• 사회복지사는 타고난 개인의 존엄과 가치를 존중한다.
대인관계의 중요성	• 사회복지사는 대인관계의 중요성을 인식한다.
신뢰성	• 사회복지사는 신뢰감 있는 행동과 태도를 갖는다.
능력 향상	• 사회복지사는 자신의 능력 및 한계 내에서 활동해야 하며, 전문적 역량을 개발하고 향상시켜야 한다.

출처: NASW(1996), Code of ethics of the National Association of Social Workers, Washington, DC: Author.

아울러 사회복지사전(Barker, 1995)에 의하면 사회복지사들이 윤리적인 결정을 내릴 때에 지침으로 활용될 수 있는 가치들로 아래 10개의 가치들을 제시해 놓고 있다.

① 사회에서 개인의 일차적인 중요성에 대한 책임감

② 클라이언트와의 관계의 비밀보장에 대한 존중감

③ 사회적으로 인식된 욕구를 충족시켜 주기 위한 사회변화에 대한 책임감

④ 개인적인 감정과 욕구를 전문적인 관계와 분리하려는 의지

⑤ 지식과 기술을 다른 사람들에게 전파하려는 의지

⑥ 개인적 · 집단적 차이에 대한 존중감

⑦ 클라이언트가 자신들을 돌볼 수 있도록 그들의 능력을 개발시키려는 책임감

⑧ 좌절에도 불구하고 클라이언트의 편에서 계속 노력하려는 의지

⑨ 사회정의와 사회의 모든 구성원들의 경제적, 신체적, 정신적 복지에 대한 책임감

⑩ 높은 수준의 개인적 및 전문적 행동에 대한 책임감

우리나라는 한국사회복지사협회에서 1992년에 사회복지사 윤리강령을 제정하였으며 이를 2001년 12월에 대폭 개정하였다. 2001년 12월 15일 전국사회복지사대회에서 개정된 윤리강령을 채택하고 발표함으로써 사회복지사의 윤리강령을 내외에 천명하였다. 개정된 사회복지사 윤리강령은 서문을 비롯하여 내용에 있어 기본적 윤리기준, 클라이언트에 대한 윤리기준, 동료에 대한 윤리기준, 사회에 대한 윤리기준, 기관에 대한 윤리기준, 윤리위원회의 구성과 운영에 관한 부분을 포함하고 있다.

한국사회복지사협회에서 정한 한국사회복지사 윤리강령은 다음과 같다.

① 사회복지사는 전문가로서의 품위와 자질을 유지하고 관장하는 업무에 대해서 책임을 진다.

② 사회복지사는 전문직의 가치를 견지하면서 관련 지식과 기술을 습득, 개발, 전달하는 데 최선의 노력을 기울인다.

③ 사회복지사는 업무수행과정에서 어떠한 압력에도 타협하지 않으며 전문적 관계를 이용하여 부당한 영리를 취하지 않는다.

④ 사회복지사는 복지대상자가 자기결정권을 최대한 행사할 수 있도록 돕는다.

⑤ 사회복지사는 복지대상자의 사상, 종교, 인종, 성별, 연령, 지위, 계층에 따른 차별을 하지 않는다.

⑥ 사회복지사는 복지대상자의 사생활을 존중하고 직무상 취득한 정보를 전문적 업무 외에는 공개하지 않는다.

⑦ 사회복지사는 동료를 존중과 신뢰로써 대하며 동료 간에 전문적 지위의 인격을 훼손하는 언행을 하지 않는다.

⑧ 사회복지사는 동료나 사회복지기관 또는 단체의 비윤리적 행위에 대하여 공식적인 절차를 통하여 대처한다.

⑨ 사회복지사는 소속기관과 전문단체 활동에 적극 참여하여 성장발전과 권익옹호에 힘쓰며 기타 유관기관과는 협조적 관계를 유지한다.

사회복지사는 다양한 실천현장에서 앞서 언급한 윤리강령과 윤리원칙의 준수를 요구받으며 이에 따른 전문적인 실천 활동이 뒤따라야 한다. 하지만 종종 사회복지사 자신의 개인적 가치가 기관이나 클라이언트의 가치와 일치하지 않을 수도 있으며 이러한 상황에서 사회복지사는 어쩔 수 없이 윤리적 딜레마에 직면하게 된다. 또한 이러한 윤리적 딜레마는 사회복지실천에서 공통적 이슈이다. 사회복지사가 이러한 윤리적 딜레마를 경험할 수 있는 상황은 첫째, '비밀보장, 클라이언트의 자기결정, 온정주의, 진실의 의무 등과 같은 윤리적 가치와 의무를 어느 정도까지 보장해야 하는가?' 둘째, '한정된 자원을 누구에게, 어떻게, 어느 정도 배분하는 것이 가장 정당한가?' 셋째, 사회복지사가 소속된 사회복지기관 또는 동료 사회복지사들과의 관계에서 발생할 수 있는 윤리적 딜레마 등이다. 이러한 윤리적 딜레마의 상황에서 사회복지사는 실천 현장에서 요구되는 기본적인 법적 의무를 먼저 이해해야 한다(이효선, 2003).

또한, 로웬버그와 돌고프(Loewenberg & Dolgoff, 1996)는 여러 가지의 원칙이 충돌하는 경우 원칙 1은 원칙 2에 우선하며, 원칙 2는 원칙 3에 우선하는 '상위의 원칙'이 더 우선 적용되는 윤리적 원칙 사정표(ethical principle screen)와 윤리적으로 결정을 내리는 데 도움을 줄 수 있는 윤리적 의사결정 모델을 활용할 것을 권고했다.

로웬버그와 돌고프(Loewenberg & Dolgoff)의 윤리적 모델

로웬버그와 돌고프의 윤리적 의사결정 모델은 크게 3부분으로 나누어져 있는데, 구체적으로 분류해서 살펴보면 다음과 같다(Loewenberg & Dolgoff, 1996; 이효선, 2003).

※윤리적 사정 심사(EAs: Ethical Assessment screen)

1. 당신이 직면해 있는 윤리적 딜레마와 관련하여 자신의 개인적 가치들을 확인한다.
2. 윤리적 결정에 관련된 사회의 가치들이 무엇인지 찾아본다.
3. 윤리적 결정에 관련된 전문적 가치를 찾아본다.
4. 당신이 취할 수 있는 윤리적 선택은 어떠한 수단이 있는지 찾아본다.
5. 어떤 윤리적 행동이 다른 사람의 권리와 복지뿐 아니라 클라이언트의 권리와 복지를 최대한 확보하고 보호할 것인가?
6. 어떤 윤리적 행동이 사회적 이익을 최대한 보호할 수 있는가?
7. 위의 1, 2, 3번 사이의 갈등들을 최소화하기 위해 당신이 할 수 있는 것은 무엇인가?
8. 어떤 윤리적 행동이 최소한 해악의 원칙을 지킬 수 있도록 할 것인가?
9. 각 대안들은 얼마나 효율적 · 효과적 · 윤리적인가?
10. 각 대안들의 장 · 단기적인 윤리적 결과들은 모두 고려되었는가?

※ 윤리적 규칙 사정표(ERs: Ethical Rules screen)

1. NASW 윤리강령을 살펴보고 어떠한 규정을 적용할 수 있는지 살펴본다.

2. 적용 가능한 NASW 윤리강령에서 한 가지 혹은 여러 가지 규정을 따른다.
3. NASW 윤리강령에 적용할 수 없거나 서로 상충될 경우에는 윤리적 원칙 사정(EPS)을 활용한다.

[표 1-2] **윤리적 원칙 사정표**

윤리원칙 1	• 생명보호의 원칙
윤리원칙 2	• 평등 및 불평등의 원칙
윤리원칙 3	• 자율과 자유의 원칙
윤리원칙 4	• 최소 해악의 원칙
윤리원칙 5	• 삶의 질의 원칙
윤리원칙 6	• 사생활보호와 비밀보장의 원칙
윤리원칙 7	• 진실과 사실을 성실히 알릴 원칙

출처: Loewenberg, M & Dolgoff, R.(1996), Ethical Decision for Social Work Practice(5th ed.), Itasca, IL: F. E. Peacock.

※ 윤리적 원칙 사정표(EPs: Ethical Principles screen)

• [윤리원칙 1] 사람들은 기본적 욕구(특히 생명의 보호)를 충족시키며 살 권리가 있다.

윤리적 딜레마가 생명에 관한 것일 때 클라이언트의 비밀보장에 위배된다 하더라도 생명을 구하는 행위가 최우선이 되어야 한다. 예를 들어, 심한 당뇨를 앓고 있는 한 소녀가 자신의 삶의 질을 방해한다는 이유로 인슐린 투여 및 제한적 식이요법을 거부할 경우, 사회복지실천가에게 있어 그 소녀의 삶의 질과 사생활을 보장하는 것보다는 생명을 구하는 것이 우선된다.

• [윤리원칙 2] 사람들은 공정하고 평등한 처우를 받을 권리가 있다.

생사의 문제가 아닌 다음에는 이 원칙에 의거해 의사결정을 해야 한다. 학대받는 아동의 예에 있어, 그 아동은 학대를 가한 사람과 비교할 때 상대적으로 평등한 입장이 아니다. 그러므로 아동이나 학대를 가한 성인의 사생활 및 비밀보장에 대한 권리보다 그 아동을 보호하는 것이 실천가의 우선적 임무가 된다.

• [윤리원칙 3] 사람들은 자유로운 선택과 자유를 가질 권리가 있다.

이는 사회복지의 자기결정의 원칙에서 그 중요성이 나타나고 있다. 그러나 개인이 자신이나 타인들에게 위해를 계획할 경우, 이 원칙은 무시될 수 있다.

• [윤리원칙 4] 사람들은 불이익을 최소한도로 겪거나 혹은 겪지 않을 권리가 있다.

예를 들어, 사회복지실천가가 클라이언트에게 열악한 주거조건을 항의하기 위해 월세 지불을 미룰 것을 제안하기에 앞서, 그보다는 위험부담이 덜한 대안들이 먼저 시도되어야 한다.

• [윤리원칙 5] 사람들은 훌륭한 삶의 질을 추구할 권리가 있다.

이 원칙은 개인, 집단, 근린, 지역사회, 국가 모두에 적용된다. 사회복지실천가는 클라이언트의 열악한 삶의 질을 무시해서는 안 되며, 나아가 적정한 수준으로 삶의 질을 향상시키도록 클라이언트와 함께 활동해야 한다.

• [윤리원칙 6] 사람들은 사생활과 비밀을 보장받을 권리가 있다.

비밀보장의 원칙이 사회복지실천에서 매우 중요한 부분임에도 불구하고 7가지의 원칙들 중 6번째를 차지한 사실에서 비밀보장의 상대적 본질에 대한 것을 재차 확인할 수 있다.

• [윤리원칙 7] 사람들은 진실과 사실을 알 권리가 있으며 이를 성실히 알릴 의무가 있다.

이 원칙이 순위의 마지막에 위치한 것은 궁극적으로 클라이언트에게 해가 되는 기록이나 정보의 제공은 제한하고 오히려 온정주의 태도를 사회복지사가 취한다는 점 때문이다.

[표 1-3] 윤리적 의사결정 모델

단계	내용
1단계	• 문제와 문제의 원인을 확인한다.
2단계	• 클라이언트, 피해자, 지지체계, 다른 전문가 등을 확인한다.
3단계	• 2단계에서 확인한 다양한 주체들의 문제와 관련한 가치를 확인한다.
4단계	• 문제해결 또는 완화 등과 같은 개입목표를 명확히 한다.
5단계	• 개입방법과 대상을 확인한다.
6단계	• 목표에 따라 설정된 개입방법의 효과성과 효율성을 평가한다.
7단계	• 누가 의사결정에 참여할 것인가를 결정한다.
8단계	• 개입방법을 선택한다.
9단계	• 선택하고 결정한 개입방법을 실행한다.
10단계	• 실행 중인 개입방법을 검토하며 의외의 결과가 나타나는지 주의를 기울인다.
11단계	• 결과를 평가하고 추가적 문제를 확인한다.

출처: Loewenberg, M & Dolgoff, R.(1996), Ethical Decision for Social Work Practice(5th ed.), Itasca, IL: F. E. Peacock.

이러한 사회복지사가 준수해야 할 윤리강령 및 윤리적 원칙이나 윤리적 의사결정 모델은 사회복지사가 매일의 실천과정에서 직면하는 윤리적 결정에 실제적으로 적용할 수 있는 구체적 지침을 제공해주지는 못한다. 이러한 점을 고려하여 실제 적용 가능한 '윤리강령 체크리스트'와 '윤리적 이슈의 우선순위 체크리스트' 등 두 가지 체크리스트를 소개하면 다음과 같다(이영분 외, 2002).

[표 1-4] **윤리강령 체크리스트**

• 사회복지사는 어떤 선택, 행동, 혹은 결정을 고려하고 있는가?

선택 A: ______________________

선택 B: ______________________

선택 C: ______________________

• 선택이 다음 '강령'의 요구조건 중 어떤 것을 위반하고 있는가?

(예, 아니오 혹은 결정할 수 없음으로 대답한다.)

Ⅰ. 사회복지사로서의 행동과 태도

A. 교양: 사회복지사는 사회복지사의 정체성 혹은 능력에서 높은 수준의 개인적 행동을 유지해야 한다(정직, 공평, 자기규율).

선택 A	예	아니오	결정할 수 없음
선택 B	예	아니오	결정할 수 없음

B. 능력의 완전성: 사회복지사는 높은 수준의 전문직 완전성과 공평성에 따라 행동해야 한다.

선택 A	예	아니오	결정할 수 없음
선택 B	예	아니오	결정할 수 없음

Ⅱ. 클라이언트에 대한 윤리적 책임

F. 클라이언트 이익 우선: 클라이언트에 대한 사회복지사의 우선적 책임

선택 A	예	아니오	결정할 수 없음
선택 B	예	아니오	결정할 수 없음

G. 클라이언트 권리와 특권: 사회복지사는 클라이언트의 자기결정을 최대한으로 촉진시키기 위해 모든 노력을 기울여야 한다.

선택 A	예	아니오	결정할 수 없음
선택 B	예	아니오	결정할 수 없음

H. 비밀보장과 사생활: 사회복지사는 클라이언트의 사생활을 존중하고 전문적 서비스과정에서 얻은 정보에 대해 비밀을 유지한다.

선택 A	예	아니오	결정할 수 없음
선택 B	예	아니오	결정할 수 없음

III. 고용주와 고용조직에 대한 윤리적 책임

L. 고용조직에 대한 헌신: 사회복지사는 고용조직에 대해 헌신하다.

선택 A	예	아니오	결정할 수 없음
선택 B	예	아니오	결정할 수 없음

IV. 사회에 대한 윤리적 책임

P. 전반적 복지증진: 사회복지사는 사회의 전반적 복지 증진에 기여해야 한다.

선택 A	예	아니오	결정할 수 없음
선택 B	예	아니오	결정할 수 없음

먼저, 윤리강령 체크리스트를 사용하는 방법은 다음과 같다. 우선 사회복지사는 먼저 선택가능한 각각의 대안 중 가능한 행동 혹은 결정을 위 부분에 쓴다. 예를 들어 선택 A는 '나는 클라이언트의 중대한 실수를 막기 위해 나의 충고를 따르도록 압력을 가할 것이다', 선택 B는 '클라이언트의 결정이 법률상의 문제를 야기한다고 하더라도 클라이언트의 결정을 존중한다'로 써넣는다. 물론 선택 C, D, E 등도 있을 수 있다. 그 다음으로 사회복지사는 체크리스트의 각 항목에 대하여, 선택 A의 행동을 수행할 경우와 선택 B 행동을 수행할 경우에 대하여 '예'(강령을 위반한 경우), '아니오'(강령을 위반하지 않은 경우), '결정할 수 없음'(부가정보가 필요한 경우) 중의 하나에 동그라미 친다. 마지막으로 사회복지사는 각각의 '예'라는 대답(강령위반)에 대한 윤리강령을 다시 한 번 검토한다(Sheafer Horejsi & Horejsi, 1997).

다음으로 〔표 1-5〕의 체크리스트는 일곱 가지의 기본적 윤리원칙을 중요한 순서대로 서열을 매겨 윤리적 선택을 할 때 우선순위를 정하도록 한 것이다.

이 체크리스트 사용방법은 윤리강령 체크리스트와 같다. 체크리스트를 체크한 결과, 만약 우선순위가 높은 항목에서 선택 A가 선택 B에 비해 "예"라는 대답이 높게 나타났을 경우 사회복지사는 선택 A를 실행하는 것이 윤리적으로 옳은지에 대하여 진지하게 생각해 보아야 한다.

이 두 가지 체크리스트를 완성하면 사회복지사는 윤리적 딜레마 상황에서 어떤 선택을 취해야 할 것인지에 대해 보다 나은 결정을 내릴 수 있을 것이다.

[표 1-5] 윤리적 이슈의 우선순위 체크리스트

- 사회복지사는 어떤 선택, 행동, 혹은 결정을 고려하고 있는가?

선택 A: ______________________

선택 B: ______________________

- '예', '아니오' 혹은 '결정할 수 없음'으로 확인한 각각의 선택에 대해 다음 질문에 답하라(주: 가능하지만 일어날 것 같지 않은 행동의 광범위한 함의에 대해 너무 많은 가정을 피한다.).

1. 이 선택/행동이 생명, 신체적 안녕, 혹은 생존기회를 위협하는가?

선택 A	예	아니오	결정할 수 없음
선택 B	예	아니오	결정할 수 없음

2. 이 선택이 누군가를 기본적으로 부정의, 불공정, 불공평한 방식으로 다루거나, 기본적 인권을 침해하는가?

선택 A	예	아니오	결정할 수 없음
선택 B	예	아니오	결정할 수 없음

3. 이 선택이 주요하게 그리고 비합리적으로 누군가의 자기결정권, 자율성을 제한하는가?

선택 A	예	아니오	결정할 수 없음
선택 B	예	아니오	결정할 수 없음

4. 이 선택이 누군가의 중대한 개인적 고통 혹은 경제적 곤란을 야기하는가?

선택 A	예	아니오	결정할 수 없음
선택 B	예	아니오	결정할 수 없음

5. 이 선택이 이웃, 지역사회, 혹은 전체 사회 사람들의 삶의 질을 감소시키는가?

선택 A	예	아니오	결정할 수 없음
선택 B	예	아니오	결정할 수 없음

6. 이 선택이 누군가의 사생활과 비밀보장 권리를 잃게 하는가?

선택 A	예	아니오	결정할 수 없음
선택 B	예	아니오	결정할 수 없음

7. 이 선택이 개인 혹은 지역사회의 진실을 왜곡하거나 철회하는 것을 포함하는가?

선택 A	예	아니오	결정할 수 없음
선택 B	예	아니오	결정할 수 없음

4 사회복지사의 자기이해와 사회복지전문직의 정체성

1) 사회복지사의 자기이해

전문직으로서 사회복지사가 이론적 지식과 기술, 윤리 및 정체성을 갖추었다고 하더라도 그것이 곧 훌륭하고 유능한 사회복지사가 된다는 것을 의미하지는 않는다. 훌륭한 사회복지사가 되기 위해서는 사회복지사의 자기이해가 선행되어야 한다. 그래서 사회복지에서는 사회복지사의 자기인식과 성장을 중요한 요소로 다루게 된다. 즉, 상담가나 사회복지실천가가 얼마나 자기문제로부터 자유로우며 스스로 치유되었는가 아니면 아직도 본인의 문제에 얽매여 있는가 하는 것은 중요하다. 왜냐하면 이런 자신의 문제나 자기한계와 스스로의 경험으로부터 자유로워지거나, 적어도 자신이 어떤 문제를 가진다는 것에 대한 인식이 없다면, 다른 사람을 돕는 과정에서 자기문제에 봉착하게 되며 그 문제로부터 스스로 벗어나지 못하기 때문에 역전이가 일어날 수 있기 때문이다(최선화, 2007). 사회복지사의 '자기이해(self-awareness)' 과정이 사회복지직을 수행하는 동안 사회복지사 자신과 클라이언트를 위해서 끊임없이 수행해야 할 과제인 이유가 바로 여기에 있다.

예를 들면, 어린 시절 학대를 받은 경험이 있는 사회복지사는 자식을 포기하고 이혼하려는 여성을 상담할 때, 스스로의 경험과 감정에서 벗어나지 못해서 이 여성의 태도에 대해서 지나친 비난을 하거나 가치판단을 하게 되며, 클라이언트가 스스로의 삶을 선택할 수 있도록 돕는 것이 아니라 이혼을 막기 위해서 클라이언트의 자기결정권을 침해할지도 모른다. 아니면 사회복지사 속에 내재된 분노를 엉뚱하게 클라이언트에게 폭발시킬지도 모른다. 이러한 태도는 사회복지사가 자신의 문제를 투사해서 역전이가 일어난 것이다. 즉, 자신이 받은 상처로부터 벗어나지 못했기 때문에 발생하는 일이며, 바른 상담가의 태도가 아니다. 사회복지사는 이렇게 자신의 문제로부터 벗어나는 소극적인 태도에서 인간을 더 깊이 이해하고 더 넓게 사랑할 수 있는 인간적 그릇을 준비하고 키우려는 노력과 자기성찰을 게을리 해서는 안 된다. 사회복지사 자신의 개인적인 가치와 신념, 행동 등에 대한 이해를 위해서 자라난 가족적 배경과 그 영향에 대한 객관적인 이해가 필요하다. 이러한 자기 이해를 통해서 클라이언트에 대한 자신의 느낌과 생각을 개인적 경험과 분리시켜 객관적으로 다룰 수 있어야 할 것이다(최선화, 2007).

따라서 사회복지사의 자기이해는 자신에 대한 이해와 함께 사회복지 관련 기술, 지식, 가치 및 개인적 경험을 의도적으로 활용하여 자신의 업무를 효과적으로 진행, 향상시키는 원동력이 됨을 의미한다(Trevithick, 2000). 결국 충분한 자기이해를 통해 사회복지사는 필요 이상으로 클라이언트에게 개입하는 것을 막을 수 있으며, 클라이언트와의 전문적인 관계를 형성할 수 있게 된다.

2) 사회복지전문직의 정체성

그린우드(Greenwood, 1957)는 일반적인 '전문직'의 속성을 ① 기본적인 지식과 체계적인 이론체계, ② 클라이언트와의 관계에서 부여된 전문적 권위와 신뢰, ③ 전문가집단의 힘과 특권, ④ 사회로부터의 인가, ⑤ 명시적이며 체계화된 윤리강령, ⑥ 전문적 가치와 규범을 공유한 전문직의 문화 등을 꼽고 있다. 또한 플렉스너(Flexner, 1915)는 ① 개인적 책임성이 보장되는 지적 활동, ② 과학적 · 학문적 기반을 둔 이론, ③ 실제적이며 명확한 목적, ④ 교육적 전달방식, ⑤ 자발적 조직, ⑥ 이타주의적 동기 등 여섯 가지 특성을 사회복지전문직의 속성으로 언급하고 있다.

이러한 전문직의 속성에 비추어 볼 때, 과연 '사회복지사가 전문직인가?' 에 대한 논란은 오래전부터 있어 왔다. 그동안 사회복지직의 전문화를 위한 다양한 노력과 사회적 인증에도 불구하고 전문직 사회복지사의 정체성에 대한 의문은 타 전문직뿐만 아니라 사회복지직 내부에서도 끊임없이 제기되고 있다. 특히 우리나라의 사회복지사는 서구의 복지선진국에 비해서 전문적 교육과정과 자격증 제도의 느슨함, 한국전쟁 이후의 외국원조기관에 의한 구호활동과 초창기의 열악한 사회복지 환경에 대한 부정적 시각 등의 이유로 인하여 사회적 인식이나 처우가 타 전문직에 비해 낮은 편이다. 더구나 최근에 다양한 교육형태(사이버대, 학점은행제, 평생교육기관)를 통해 사회복지사들이 너무도 많이 손쉽게 배출되고 있는 상황을 보고 있노라면 사회복지전문직의 정체성 확립을 더욱 어렵게 하고 있는 것이 아닌가 하는 우려를 갖게 된다.

사회복지전문직의 정체성 확보를 위해서는 무엇보다도 체계적이고 전문적인 교육 및 수련과정, 엄격한 자격증 관리 제도를 통해 타 전문직과는 차별화된 전문적인 사회복지서비스 제공이 이루어져야 할 것이며 이러한 전문직의 활동에 합당한 사회적인 인정과 처우가 뒤따라야 할 것이다.

* 생각해 볼 점

1 사회복지사로서의 자신의 가치는 무엇인가?

2 이러한 가치갈등에 어떻게 대처할 것인가?

3 사회복지직에 대한 자부심은 어떤 것이 있는가?

4 사회복지사의 윤리강령에 대한 자신의 생각은 무엇인가?

5 사회복지사로서의 자기분석을 해보자.

6 사회복지사로서 본인은 어떤 강점과 약점을 지니고 있다고 여기는가?

▶▶ 참고문헌

김범수 · 신원우(2006). 지역사회복지론. 경기: 공동체.

김혜란 · 홍선미 · 공계순(2006). 사회복지실천기술론. 경기: 나남출판.

박태영(2003). 지역사회복지론. 경기: 현학사.

설진화(2008). 사회복지실천기술론. 경기: 양서원.

엄명용 · 노충래 · 김용석(2005). 사회복지실천기술의 이해. 서울: 학지사.

이영호(2008). 사회복지실천기술론. 경기: 공동체.

이영분 · 김기환 · 윤현숙 · 이은주 · 이원숙 · 최현미 · 홍금자(2002). 사회복지실천론. 서울: 동인.

이애재(2006). 사회복지실천기술론. 경기: 양서원.

이효선(2003). 사회복지윤리와 철학의 이해. 서울: 학지사.

조휘일 · 김경희 · 권순미 · 최희수 · 이시연 · 윤정혜 · 권현진 · 양인순 · 전선영 · 강정숙 · 원미순 · 이효선(2005). 사회복지실천기술론. 경기: 학현사.

전재일 · 이성희(2006). 사회복지실천기술론. 서울: 형설출판사.

최선화(2007). 풀어쓴 사회복지실천기술. 경기: 공동체.

최옥채(2005). 사회복지사를 위한 조직화 기술. 경기: 학현사.

Barker, R. L.(1991). *The social work dictionary.* Silver Spring, MD: National Association of Social Workers.

Barker, R. L.(1995). *Social work dictionary(3rd ed.).* Washington, DC: NASW Press.

Flexner, A.(1915). *Is Social Work a Profession? in Proceedings of the National Conference of Charities and Correction.* 42nd Annual Meeting, Boltimore.

Greenwood, E.(1957). Attributes of a profession. *Social work, 2(3)*, 45-55.

Hepworth, D. H., Rooney, R. H., & Larsen, J. A.(1997). *Direct social work practice: Theory and skills(5th ed.).* Wadsworth Publishing, a division of thomson learning, Inc.

Hepworth, D. H., Rooney, R. H., & Larsen, J. A.(2004). *Direct social work practice theory and skills(5th ed.).* 허남순 · 한인영 · 김기환 · 김용석 역. 사회복지실천이론과 기술. 서울: 나눔의집.

Johnson, L. C.(1986). *Social work practice: A generalist approach(2nd ed.).* Needham Heights, MA: Allyn & Bacon.

Loewenberg, M & Dolgoff, R.(1996). *Ethical Decision for Social Work Practice(5th ed.),* Itasca, IL: F. E. Peacock.

NASW(1981). *Standards for the Classification of Social Workers, NASW Code of*

Ethics.Washington, DC: Author.

NASW(1996). *Code of ethics of the National Association of Social Workers*. Washington, DC: Author.

Rubin, H., & Rubin. I.(2001). *Community Organizing and Development(3rd ed)*. Boston: Allyn and Bacon.

Sheafor, B., Horejsi, C., & Horejsi, H.(1997). *Techniques and Guidelines for Social Work Practice*. Boston: Allyn & Bacon.

Shulman, L.(1984). *The skills Helping: Individuals, families and Groups(3rd ed.)*. Itasca: F. E. Peacock.

Trevithick, P.(2000). *Social Work Skills: A Practice Handbook*. Philadelphia, PA: Open University Press. 우국희 · 최경원 · 황숙연 역(2002). 사회복지실천기술: 실천을 위한 핵심기술. 서울: 사회복지실천연구소.

Chapter 02

사회복지실천 모델과 개입기술: 정신분석 모델

1. 정신분석 모델의 철학과 기본개념

2. 정신분석 모델의 개입목표와 과정

3. 정신분석 모델의 개입기법

* 학습의 목표

1 정신분석 모델 철학의 본질이 무엇인지 알아본다.

2 정신분석 모델의 기본개념을 이해한다.

3 정신분석 모델의 개입목표를 알고 상담의 전 과정에 대하여 이해한다.

4 정신분석 모델에서 사용되는 다양한 상담기법에 대하여 알아본다.

1 정신분석 모델의 철학과 기본개념

1) 정신분석 모델의 철학

심리학과 상담학에서 흔히 접하는 용어인 '정신분석학(Psychoanalysis)'은 심층심리학의 한 분야로, 1890년경 오스트리아(Republic of Austria) 빈(Vienna)의 신경과 의사인 지그문트 프로이드(Sigmund Freud)에 의해 창시되었다. 정신분석학이란 개념은 다음과 같은 세 가지 내용으로 구성되어 있다(임상록 외, 2009).

첫째, 프로이드가 주장한 '무의식의 정신역동성'에 기반을 둔 인간심리에 대한 설명 모델

둘째, 심리와 대인관계의 갈등을 치료하는 정신분석적 치료방법

셋째, 문화적 현상에 대한 연구방법으로서의 정신분석적 연구방법

정신분석학은 인간심리에 대한 설명 모델이자 심리치료의 한 방법이며 문화적 현상의 연구방법의 하나이다. 이 세 가지 정신분석학의 구성내용은 초기부터 지금까지 실천가들과 연구자들로부터 끊임없이 수정되고 발전하여 왔다. 이러한 발전과정을 거친 현대 정신분석학은 이론에 있어서, 연구방법에 있어서, 그리고 치료방법에 있어서 초기와는 달리 아주 다양한 모습을 하고 있다.

정신분석이론을 대표하는 학자들은 다양하며 지금까지도 전 세계적으로 많

은 영향력을 행사하고 있다. 정신분석이론가 제1세대에 속하는 학자로는 프로이드를 필두로, 칼 아브라함(Karl Abraham), 알프레드 아들러(Alfred Adler), 칼 구스타프 융(Carl Gustav Jung), 헬레네 도이치(Helene Deutsch), 빌헬름 라이히(Wilhelm Reich) 등이 있다. 그리고 다음 세대로부터 지금까지 각 시대와 분파(分派)를 대표하는 학자로 안나 프로이드(Anna Freud), 에릭 에릭슨(Erik H. Erikson), 르네 스피츠(Rene A. Spitz), 멜라니 클라인(Melanie Klein), 하인츠 코훗(Heinz Kohut), 해리 설리번(Harry Stack Sullivan), 에리히 프롬(Erich Fromm), 그리고 최근 프랑스에서 많은 연구업적을 남긴 장 라캉(Jacques Lacan) 등이 있다(임상록 외, 2009).

정신분석학의 철학적 입장 즉 정신분석학 인간관은 정신결정론(精神決定論)과 환원주의(還元主義)로 대변된다. 그리고 정신분석학은 또한 무의식(無意識)의 중요성을 강조한다. 정신결정론, 무의식 등과 함께 프로이드가 주창한 정신분석학의 주요개념인 환원주의란 원래 '다양한 현상 전체를 어떤 기본적인 한두 개의 원리 또는 요인으로써 설명하려는 주의(主義) 또는 강력한 경향(傾向)'을 말하는데, 프로이드는 인간의 모든 행동이 무의식적 동기와 리비도(Libido) 그리고 생후 약 5년 간의 생활경험에 의해 거의 결정된다고 보아 환원주의자라는 비판을 받고 있다. 다음에서 정신결정론과 무의식이 무엇인지 보다 구체적으로 살펴보겠다.

2) 기본개념

(1) 정신결정론(精神決定論)

프로이드는 인과론적 견지에서 인간의 모든 행동에는 원인이 있다고 믿었다. 이러한 믿음에 따라 그는 인간의 생각과 감정을 포함하여 바깥으로 드러나는 모든 외적 행동은 결코 우연히 일어나는 것이 아니며, 이러한 모든 행동은 어떤 인간 내적인 원인에 의해 설명될 수 있다고 주장했다. 그의 주장을 따르면, 인간에게 있어서 원인이 없이 저절로 나타나는 행동은 없다. 물론 행동치료 이론과 같은 심리학 이론에서는 외적 환경이 인간의 행동에 결정적인 영향을 준다고 한다. 그러나 프로이드는 인간의 행동을 결정하는 것은 외적인 환경이 아니라 내적인 그 무엇, 즉 정신(마음)이라고 하였다. 이처럼 인간의 외적인 행동이나 감정, 그리고 생각은 정신이라고 하는 인간 내적인 원인에 의해 결정된다는 원리를 정신결정론(psychic determinism)이라고 한다(임상록 외, 2009).

(2) 무의식

정신분석이론은 인간의 성격구조에 있어서 의식보다는 무의식(unconscious) 측면을 강조한다. 그의 정신결정론에 의하면, 인간의 외적인 행동이나 감정 그리고 생각은 정신이라고 하는 인간 내적인 원인에 의해 결정된다고 한다. 그런데 외적인 행동이나 감정 그리고 생각의 원인이 되는 정신의 실체가 구체적으로 무엇인가에 대하여 프로이드는 그것이 바로 '무의식'이라고 주장한다.

프로이드는 인간의 성격구조를 이해하는 틀로서 '정신(마음)의 위상학(topography)'이라는 모델을 사용했다. 이 모델은 인간의 정신(마음)을 구성하는 의식을 무의식(unconscious), 전의식(preconscious), 의식(conscious)이라는 세 가지 수준으로 체계화했다. 프로이드의 성격구조 모델을 따르면, 무의식은 존재하고 있으나 우리가 인식하지 못하는 것들로, 전의식은 현재 우리가 의식은 할 수 없으나 주의를 집중하거나 노력하면 쉽게 의식으로 떠올릴 수 있는 것으로, 의식은 현재 인식의 범위 내에 있어 말 그대로 지금 인식할 수 있는 것으로 채워져 있다.

의식을 구성하는 세 가지 의식 수준을 바다에 떠 있는 빙산의 구조에 비유하기도 하는데, 바다에 떠 있는 빙산 대부분은 수면 밑에 있고 극히 일부만 바다 위로 드러나 있다. 바다 위에 떠 있는 빙산의 비유처럼 인간의 정신 또는 마음을 구성하는 의식에 있어서도 마찬가지이다. 즉 우리가 의식할 수 있는 부분은 극히 일부이고 내 마음을 구성하는 많은 것들은 의식하지 못한 채 무의식 속에 묻혀 있다고 한다.

무의식이란 것은 성장과정에 직접 혹은 간접적으로 경험한 것들로, 사람들이 과거 한때는 생생히 기억하고 있었지만, 살아오는 동안 여러 가지 이유 때문에 완전히 잊어버린 것들이 모두 모여 있는 기억의 저장고라고 할 수 있다. 이러한 망각은 누구나 살아가는 동안 위협이나 불안으로부터 자기보호와 자기방어를 위해 무의식적으로 이루어진다. 정신분석이론에 의하면 인간은 의식적이라기보다는 무의식적 존재이다. 따라서 사람들은 자기 자신에 대하여 극히 일부분만을 인식하고 있을 뿐이며 깨어 있는 의식은 무의식의 지배를 받는다고 한다(임상록 외, 2009).

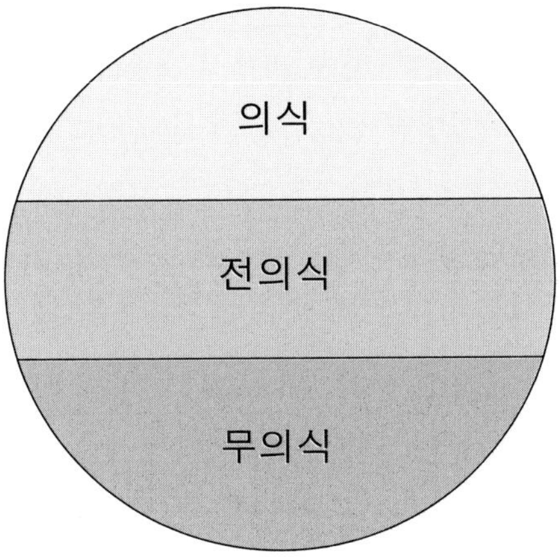

[그림 2-1] 의식의 세 수준

출처: 임상록 외(2009), 인간행동과 사회환경, p. 24.

(3) 성격의 구성요소

정신분석이론에서는 인간의 성격을 이드(id), 자아(ego), 초자아(super ego)라는 세 개의 구성요소로 설명한다. 서로 밀접한 상관관계에 있으며 나름대로 고유한 속성을 가지는 세 가지 요소로써 인간의 성격구조를 설명하는 이 모델은 인간의 근원적 성격을 설명하는 좋은 모델이기는 하다. 그러나 '내 안에 있는 세 개의 나'라고 표현할 수 있는 이 성격의 구성요소들은 프로이드가 자신의 상담과 치료결과에 바탕을 둔 가설로서, 임상의학적으로 증명된 어떤 뇌신경계의 구체적인 구조를 나타내는 것은 아니다(임상록 외, 2009).

① 이드

우리나라에서 흔히 '원초아'로 번역되기도 하는 이드는 심리적 에너지의 원천이자 본능이 자리 잡는 곳이다. 이것은 본능적 욕구를 충족시키기 위하여 '쾌락의 원칙'에 따라 기능을 한다. 즉각적인 욕구를 충족시키기 위하여 비논리적이고 맹목적이며 무의식적으로 기능을 하는 이드는 출생과 함께 타고나는 것이다. 나이가 어릴수록 이드가 성격의 더 많은 부분을 차지한다.

② 자아

자아는 이드로 하여금 본능적 충동을 제어하고 현실을 고려하도록 하는 역할을 한다. 자아는 '현실의 원칙'에 따라 현실을 고려하여, 더욱 합리적인 사고를 하며 사회적 환경에 적응하고자 한다. 이러한 자아는 생후 1년경부터 발달하기 시작하며, 본능을 통제하려는 속성으로 인해 이드와 갈등관계에 있다. 완벽과 이상(理想)을 추구하는 초자아와도 긴장관계에 있다.

③ 초자아

초자아는 성격을 구성하는 세 요소 중에서 가장 늦게 발달하는 것으로서 아이가 부모의 사회적 가치와 이상을 동일시함으로써 발달한다. 초자아는 전통적인 가치관과 사회적인 규칙, 그리고 도덕과 양심이 자리 잡은 곳이다. 따라서 옳고 그름, 해야 할 것과 하지 말아야 할 것 등을 판단하는 일은 모두 초자아의 임무이다. 그리고 잘못된 행동에 대하여 수치와 죄책감을 느끼는 것도 모두 초자아 활동의 결과이다. 초자아는 완벽과 완전, 그리고 '이상(理想)을 지향'한다.

인간의 성격을 구성하는 이 세 가지 요소는 모두 나름대로 긍정적임과 동시에 부정적인 의미가 있다. 초자아는 완전과 완벽, 그리고 이상을 추구하지만, 너무 강하면 행동이 위축되거나 활기를 잃어버리게 된다. 또한, 이드는 본능에 충실하여 쾌락의 원리에 따라 작용하기 때문에 부정적인 면이 있기는 하지만, 본능의 만족을 위한 어느 정도의 쾌락은 개인에게 있어서 삶에 활력을 주기도 한다.

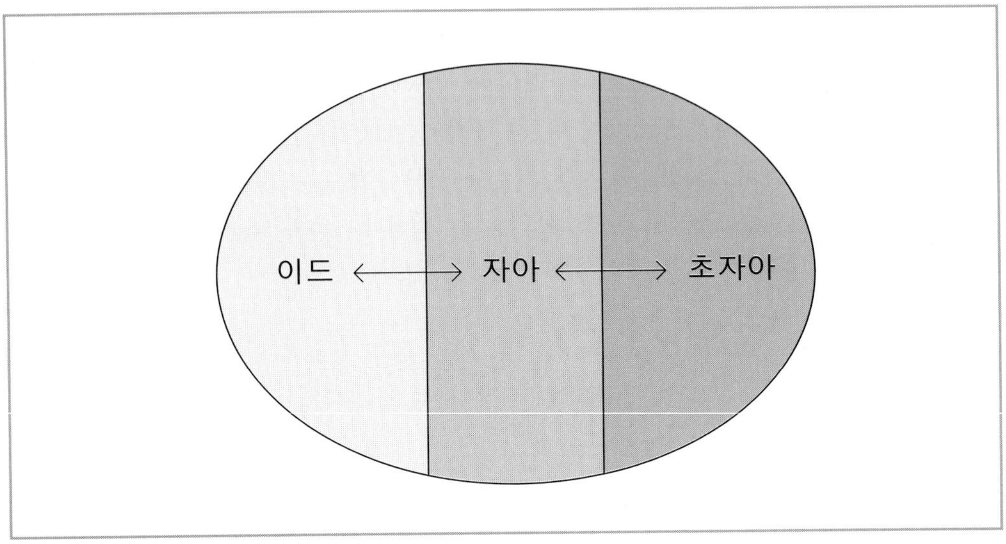

[그림 2-2] **성격 구성요소의 역동적 상호관계**

출처: 임상록 외(2009), 인간행동과 사회환경, p. 26.

(4) 성격발달

프로이드는 인간발달에 있어서 성격적인 측면에 관심을 두고 연구를 했는데, 그의 발달단계를 심리 · 성적 발달단계(psycho-sexual development)라고 한다. 그의 발달단계를 심리 · 성적 발달단계라고 하는 이유는, 성적(性的) 에너지인 리비도(Libido)가 집중된 신체부위와 그 시기에 따라 발달단계를 나누었기 때문이다. 그는 성격발달이 출생에서 청소년기까지 구강기, 항문기, 남근기, 잠복기 그리고 성기기의 다섯 단계에 걸쳐 진행한다고 하였다. 그는 이 다섯 단계 모두가 중요하지만, 특히 앞의 세 단계가 인간의 성격형성에 더 결정적인 시기라고 생각했다. 각 발달단계를 설명하면 다음과 같다(임상록 외, 2009).

① 구강기(Oral stage, 출생부터 약 18개월까지)

이 시기의 영아는 리비도가 입에 집중되어 있어 빨고, 삼키고, 깨무는 행위를 통해 쾌감을 느낀다. 따라서 이 시기의 영아는 배가 고프지 않아도 본능적으로 손에 잡히는 모든 것을 입에 넣고 빤다.

구강기의 영아는 어머니의 애정과 양육태도에 의해 성격이 다르게 형성된다.

어머니가 많은 애정과 충분한 수유를 통해 아이를 만족시키면 안정된 성격발달이 이루어진다. 그러나 애정과 수유의 결핍으로 인해 아이가 만족하지 못한다면 성격발달은 정상적으로 진행되지 못한다. 구강기의 지나친 불만족은 구강기 고착(fixation)이라는 성격발달 장애를 유발한다.

구강기 고착이란 구강기를 훨씬 지난 높은 연령에도 불구하고 성격발달은 구강기 수준에 머물러(고착) 있어 구강기적 욕구에 지나치게 집착하는 것을 말한다. 아동이나 청소년이 손가락이나 손톱을 습관적으로 빨거나 깨무는 행위, 성인의 지나친 흡연이나 습관적 폭음, 폭식 등이 대표적인 구강기적 고착현상이다. 그런데 구강기의 지나친 결핍이 고착현상을 야기하지만 이와 반대로 만족이 너무 지나친 경우에도 고착이 나타날 수 있다고 한다.

② 항문기(Anal stage, 약 18개월 이후부터 만 3세 이전까지)

이 시기의 유아는 리비도가 항문에 집중되어 있어 배설을 통해 쾌감을 느낀다. 자신의 배설물에 대한 관심이 많고 배변훈련이 이루어지는 시기이기도 하다. 배변훈련은 부모나 아이 모두에게 어려운 과제인데, 아이가 배변훈련에 성공적이지 못하고 어렵게 진행되면 성격적으로 문제가 생길 수 있다. 배변훈련이 지나치게 엄격할 경우 성격발달이 항문기에 고착될 가능성이 높다. 성격발달이 항문기에 고착되면 항문기 폭발적 성격이거나 항문기 강박적 성격이 된다. 전자는 억압에 대한 반항으로 주변을 지저분하게 하거나 어지럽히는 행동을 습관적으로 하는 것이며, 후자는 고집이 너무 세고 완고하며 지나치게 인색한 것으로 억압에 반항한다. 경우에 따라서는 권위적 인물에게 반항 대신에 철저한 복종심을 보이기도 한다. 이러한 고착적 성격 현상은 성장한 후에 나타나는 것으로써, 자신도 의식하지 못한 채 무의식적으로 이루어진다.

③ 남근기(Phallic stage, 만 3세 이후부터 만 6세 이전까지)

남근기는 리비도가 아동의 성기에 집중되어 자신의 성기와 이성의 성기에 관심을 표현하는 시기이다. 프로이드는 이 시기의 아동이 성인 같지는 않지만 성기로부터 쾌감을 느낄 수 있을 만큼 신체적으로 성숙했으므로 성기를 통해 리비도의 만족을 추구한다고 생각했다.

프로이드는 이 시기 아동의 리비도가 자신과 가까이 있는 어머니나 아버지 등과 같은 이성(異性)의 부모를 향한 근친상간적인 욕구로 나타난다고 주장하여 당시 많은 공격을 받았다. 그는 이러한 욕구를 오이디푸스 콤플렉스(Oedipus complex)와 엘렉트라 콤플렉스(Electra complex)라는 개념으로 설명했다. 프로이드의 오이디푸스 콤플렉스에 대한 설명에 따르면, 남자아이는 어머니에 대한 근친상간의 욕구를 갖고 있으나 아버지라는 강력한 경쟁자가 있어 현실적으로 불가능하기 때문에 어머니에 대한 욕구를 포기할 수밖에 없다. 그리고 경쟁자인 아버지는 대적할 수 없는 대단히 강한 존재이므로 경쟁심은 자신의 생식기와 관련된 두려움으로 변하게 된다. 이러한 두려움을 거세불안(castration anxiety)이라고 한다. 거세불안은 오이디푸스 콤플렉스의 가장 대표적인 특징이다.

엘렉트라 콤플렉스는 여자아이에 해당하는 콤플렉스이다. 이 시기의 여자아이는 사랑의 대상으로 아버지를 원하지만 어머니라는 강력한 라이벌에 의해 좌절한다. 이러한 좌절과 아버지에 대한 연민 등 복잡한 심리적 과정을 엘렉트라 콤플렉스라고 한다.

④ 잠복기(Latency stage, 만 6세부터 만 12세 이전까지)

이 시기 아동의 리비도는 신체의 특정한 부분에 집중되지 않는다. 성적 에너지인 리비도는 신체발달, 학교에서 행하는 지적(知的) 활동, 친구와의 관계 등 신체와 사회적인 것으로 분산되고 성적인 관심은 줄어들어 표면에 나타나지 않는다. 이 시기는 자아와 초자아가 발달하는 시기이며 동성끼리의 우정이 발달한다.

⑤ 성기기(Genital stage, 만 12세 이후)

약 12세가 되면 사춘기와 함께 성기기가 시작된다. 성호르몬이 분비되면서 청소년들은 성적(性的)인 관심이 다시 나타난다. 이 시기의 성적 특징은, 자기 신체 중심적이었던 이전과는 달리 지금은 성적 관심이 이성(異性)으로 향하고 이성과의 육체적인 관계를 통해서 만족을 추구한다. 부모로부터 정신적 · 신체적으로 독립하고자 하는 태도를 보여 부모와 갈등을 야기하기도 하는데, 이러한 현상은 아주 심각한 예외적인 경우를 제외하고는 문제점이라기보다 발달과정에 나타나는 특징으로 자연적인 현상이다.

2 정신분석 모델의 개입목표와 과정

1) 개입목표

정신분석적 상담의 목표는 내담자의 무의식 속에 잠재된 갈등과 불안을 의식의 세계로 끌어내고 나서, 이 갈등과 불안이 무엇인지 상담자의 해석을 통하여 알게 한 후에 다양한 치료방법과 과정을 통해 심리적 문제를 해결하는 데 있다.

프로이드의 심리상담은 단순히 겉으로 드러난 심리적 증상 자체만을 완화하는 것이 아니다. 이 상담방법은 심리적 증상의 원인에 해당하는 무의식적 충동이나 갈등 또는 불안이 무엇인지 추적하여 찾아내고, 그리고 찾아낸 것의 해석과 치료를 통하여 증상까지도 해결하는 심층적인 치료방법이기 때문에 '뿌리치료'라고도 한다. 심리적 증상의 원인을 무의식에서 찾아내는 방법은 간단하지가 않고 특별하다. 이 특별한 방법이 정신분석 상담방법의 핵심을 이루는데, 자유연상, 꿈의 분석, 해석, 전이와 역전이 등이 있다. 일반적으로 정신분석 상담방법을 정신분석 상담기법으로 표현하기도 하는데, 의미상으로 큰 차이 없이 사용되고 있다(Zimbardo, 1985; http//de.wikipedia.org/wiki/Sigmund Freud).

2) 상담과정

전통적인 방법에 따른 정신분석적 상담과정은 장기간 진행되는 힘들고 복잡한 과정이다. 상담의 외형적인 틀은 다른 상담방법과 마찬가지로 초기단계, 중기단계, 종결단계로 나눈다.

(1) 초기단계

이 단계에서는 상담자와 내담자가 상호 의존적이며 서로 신뢰하는 인간관계를 맺는다. 상담의 시작단계인 초기단계를 치료동맹을 맺는 단계라고도 표현하는데, 상담자는 내담자가 분석적 상담과정에 적응할 수 있는지를 평가하여 치료계약을 맺고 전이관계(轉移關係)를 형성하기 전까지의 단계를 말한다. 이미 언급했듯이 정신분석적 상담은 힘들고 복잡한 과정이기 때문에 내담자가 이 과정에 적응할 수 있는 사람인가를 평가하는 일이 중요하다. 니콜라이(Nicholai)가 제안한 내담자의 다섯 가지 적응 능력은 다음과 같다(노안영, 2006).

첫째, 치료동맹을 맺을 수 있는 능력이 있어야 한다.

둘째, 치료 작업을 위한 충분한 시간과 경제능력이 있어야 한다.

셋째, 치료에 있어서 일시적인 퇴행을 견딜 수 있는 능력과 이러한 퇴행으로 인한 불안을 극복할 능력이 있어야 한다.

넷째, 전이관계를 형성할 수 있는 사람이어야 한다.

다섯째, 환상과 현실을 구별할 능력이 있어야 한다.

(2) 중기단계

중기단계는 상담자와 내담자가 상호신뢰를 바탕으로 본격적인 문제해결을 하는 단계이다. 훈습(working through)이라고도 하는 장기간의 이 단계는 내담자가 상담자의 도움으로 자신의 과거와 무의식에 대한 통찰을 경험하는 한편, 통찰을 방해하는 저항을 경험하기도 한다. 상담이 진행되어 가는 과정에서 내담자는 상담자와 전이관계(轉移關係)가 형성되며, 전이관계의 의미를 깨달으면서 대인관계에서의 갈등내용이 해결되는 것을 경험한다(이장호, 1998; 노안영, 2006). 문제원인의 분석과 해결을 위해 자유연상, 꿈의 분석, 해석 등의 상담기법이 사용된다.

(3) 종결단계

상담목표에 도달했다고 판단될 때 상담의 종결이 이루어지는데, 전이의 해결에 있어서 성공의 여부가 종결의 판단기준이 된다. 즉 내담자가 전이를 이해하고 자신의 문제에 대한 통찰력을 얻게 되어 결과적으로 자신의 과거 경험과 현재의 대인관계의 문제를 이해하게 되었을 때이다.

3 정신분석 모델의 개입기법

정신분석 모델의 개입기법에는 자유연상, 꿈의 분석, 해석, 전이와 역전이 등이 있다. 이들 기법에 공통적으로 적용되는 기본적인 기법은 무의식적 갈등, 불안, 동기 등에 대한 해석이다.

1) 자유연상

자유연상은 프로이드가 당시에 유행하던 최면(催眠)의 문제점을 알고, 이를 극복하기 위해 생각해 낸 상담의 주요기법이다. 이 기법은 상담자가 내담자의 무의식 속에 억압된 수많은 자료, 즉 내담자의 과거 경험, 잠재된 갈등, 불안 등을 의식세계로 끌어오는 기능이 있다.

자유연상은 보통 상담자가 내담자에게 내담자 스스로 자신이 집중하기에 좋은 편안한 상담 분위기를 연출함으로써 시작된다. 내담자는 편안한 소파에 눕거나 기대거나 앉아서 자신에게 집중하여 과거를 회상하며 마음에 떠오르는 생각, 감정 그리고 기억들을 가감(加減) 없이 모두 말하도록 한다. 내담자 자신이 해석하거나 나름대로 내용을 구성하는 일은 허락되지 않는다. 이렇게 자유연상을 하는 과정에서 내담자의 심리적 증상과 관련된 과거의 경험이나 기억들이 차츰 의식세계로 나타나게 되며, 상담자는 이 자료들의 의미를 해석해 주고, 상담자의 해석을 통해 내담자는 자신의 문제를 이해하게 된다.

2) 꿈의 분석

프로이드는 자유연상을 통해서 무의식에 잠재된 내담자의 수많은 자료를 얻어냈지만, 꿈의 분석을 통해서도 내담자의 내면의 세계를 추적하였다. 사람은 잠을 자는 동안 상당한 시간 동안 꿈을 꾼다. 낮에 의식을 가지고 활동할 때와는 달리 잠을 자는 동안 사람은 무의식에 대한 자아의 방어가 약해지므로 무의식 속에서 억압된 욕망과 감정들이 의식의 표면에 떠오르게 된다. 의식의 표면에 떠오른 억압된 감정과 욕망은 꿈을 통해 표현되므로 내담자가 꾼 꿈은 깨어 있을 때보다 훨씬 더 많은 무의식적 자료를 포함한다. 꿈에 포함된 이 자료는 흔히 다양한 상징들로 나타나는데, 상담자는 이 꿈의 내용과 상징물들의 의미를 분석하고 해석함으로써 내담자의 문제를 이해하고자 한다.

3) 해석

해석이란 상담을 통해 얻은 자료를 분석하고 그 의미를 이해하고 설명하는 과정을 말하는 것으로, 정신분석의 상담기법 중 기본에 속하며 중요한 부분을 차지한다. 상담자는 치료 또는 상담의 진행과정에서 접하게 되는 자유연상, 꿈, 전이와 역전이, 저항, 방어기제 등을 분석하고 나서 그 속에 담겨 있는 의미를 내담자에게 해석하여 주는 과정을 거치게 된다. 이 모든 과정을 해석이라고 하는데, 이 해석이라는 과정을 통해서 내담자는 그동안 자신이 이해하지 못했던 자신의 문제들을 이해할 수 있게 된다.

해석은 상담자 자신의 임의적인 방법이 아니라 객관적으로 인정된 원칙에 따라 이루어진다. 해석은 명료화 해석, 비교해석, 그리고 소망-방어해석의 세 범주로 나눌 수 있으며, 해석의 원칙은 다음과 같다(이장호, 1998).

첫째, 해석을 시도하는 시기의 적절성이다.

둘째, 내담자가 소화해 낼 수 있는 정도의 깊이까지만 해석한다.

셋째, 저항이나 방어의 저변에 깔린 무의식적 감정과 갈등의 의미를 해석하기 전에 그 저항과 방어가 어떻게 나타나는지를 먼저 지적해 준다.

4) 전이와 역전이

상담과정에서 내담자가 무의식 속에 묻어 두었던 과거의 중요한 사람에 대한 생각이나 감정을 상담자를 통해 드러내 보이는 것을 전이라고 하는데, 상담자가 전이의 대상이 되기 때문에 과거의 중요한 사람과 동일시되는 경우가 많다. 전이과정은 내담자가 과거의 대인관계에 있어서 자신에게 중요한 사람에게 가졌던 생각이나 감정을 상담자에게 무의식적으로 표현하는 것으로, 주로 과거의 어린 시절 부모와 자녀 간의 정서적 관계를 재현하게 된다. 전이는 내담자로 하여금 과거의 중요한 사람에게 가졌던 생각이나 감정을 표현할 수 있도록 하기 때문에 정신분석에 많은 도움이 된다.

한편, 역전이는 이와 반대로 상담자가 상담과정 중에 내담자에게서 느끼는 개인적인 정서적 반응을 말하며, 상담이나 치료에는 대부분 방해가 되는 심리 현상이다.

* 생각해 볼 점

1 정신분석 모델 철학의 본질은 무엇인가?

2 정신분석 모델의 기본개념 중 정신결정론이 무엇인가?

3 프로이드가 말한 단계별 성격발달의 특징은 어떠한가?

4 '뿌리치료' 란 무엇인가?

▸▶ 참고문헌

김형태(2005). 상담심리학. 서울: 동문사.

김홍규 · 원애경(2007). 상담심리학. 경기: 양서원.

노안영(2006). 상담심리학의 이론과 실제. 서울: 학지사.

이장호(1998). 상담심리학. 서울: 박영사.

이장호 · 정남운 · 조성호(2006). 상담심리학의 기초. 서울: 학지사.

임상록 · 구승신 · 권향임 · 박주현 · 손경숙 · 윤영미 · 이명순 · 정옥희(2009). 사회복지실천의 이해. 서울: 파란마음.

임상록 · 권향임 · 김나영(2009). 인간행동과 사회환경. 서울: 창지사.

임상록 · 최영숙 · 장우심 · 윤영미 · 정옥희 · 김광병 · 변민수(2007). 사회복지개론. 서울: 파란마음.

현정환(2007). 상담심리학. 경기: 양서원.

Freud, S.(1960). *Das Interesse an der Psychoanalyse*. Gesammelte Werke Bd. 8 Fischer Verlag.

Freud, S.(1982). *Drei Abhandlungen zur Sexualtheorie*. Studienausgabe Bd. 8 Fischer Verlag.

Zimbardo, P. G.(1985). *Psychologie*. Springer Verlag.

Zimmer, Dieter(1986). *Tiefenschwindel*. Reinbeck.

http//de.wikipedia.org/wiki/Psychoanalyse.

http//de.wikipedia.org/wiki/Sigmund Freud.

Chapter 03

사회복지실천 모델과 개입기술: 심리사회 모델

1. 심리사회 모델의 철학과 기본개념

2. 심리사회 모델의 개입목표와 과정

3. 심리사회 모델의 개입기법

* 학습의 목표

1 심리사회 모델의 이론적 기반에 대해 알아본다.

2 심리사회 모델의 개입목표와 과정에 대해 알아본다.

3 심리사회 모델에 대한 개입기법을 숙지한다.

1 심리사회 모델의 철학과 기본개념

심리사회 모델은 인간의 문제를 심리적 혹은 정서적이고 사회적인 문제로 이해하면서 '상황 속의 인간(person-in-situation)'을 강조하는 관점으로써, 클라이언트를 수용하고 개별화하며 '클라이언트가 있는 곳에서 출발(start where the client is)'한다.

역사적 관점에서 볼 때, 심리사회이론은 메리 리치몬드(Mary Richmond)를 그 기원으로 보며 1930년대 후반부터 진단주의의 옹호자였던 고든 해밀턴(Gordon Hamilton)에 의해서 이 이론이 처음 언급되었다. 그 후 1960년대에 플로랜스 홀리스(Florence Hollis)에 의해서 사회복지의 실천이론과 접근방법으로 구체화되었다.

전통적으로 사회복지실천의 내용은 개인 내적 요소와 사회적 요소를 모두 중시하는 심리사회적인 것이었으며 이 전통을 계승하고 집약한 것이 심리사회 모델이다. 심리사회 모델의 주요 이론적 배경은 정신역동이며, '상황 속의 인간'의 시각을 강조하지만 개입의 초점은 클라이언트 개인의 심리적 상태, 개인을 둘러싼 사회환경 그리고 개인과 환경과의 상호작용 양상에 동시에 주어진다(엄명용 외, 2008). 즉 심리사회 모델에서는 클라이언트가 자신의 행동과 감정에 대해 이해하고 통찰함으로써 자신의 문제를 해결하기 위한 능력을 고취하도록 원조하는 것을 강조한다(김혜란 외, 2005).

우즈와 홀리스(Woods & Hollis, 1990)는 심리사회 모델의 이론적 배경으로 생태체계론, 정신역동이론, 역할이론, 의사소통이론 등을 제시하였다. 하지만 앞에서 언급하였듯이, 심리사회 모델의 가장 주요한 이론은 정신역동이며, 이 가운데 정신분석이론과 대상관계이론은 심리사회 모델의 이론에 큰 영향을 미치고 있다. 심리사회 모델은 19세기 우애방문단 및 자선조직협회의 활동, 리치몬드의 실천 모델을 전승하며 이후 프로이드(Freud)의 정신분석이론에서 파생된 자아심리학의 영향을 받았을 뿐만 아니라 생태체계이론, 문화인류학 등 인접사회과학에 이르기까지 어떤 특정이론에 근거하여 발달하였다기 보다는 사회복지실천의 과정에서 여러 요소들이 절충되어 이루어졌다고 할 수 있다.

심리사회적 접근은 클라이언트 상황에서의 정신 내부적, 대인 관계적, 환경적 측면들을 완전하게 이해하기 위해 새로운 이론과 다양한 지식을 받아들이는 개방체계로서의 성격을 가지면서 절충주의를 취하고 있다. 어떠한 우수한 생각이나 실천기술이라도 그 하나만으로 클라이언트의 복잡하고 광범위한 문제를 모두 포괄할 수는 없다. 그러한 점에서 심리사회 모델은 사회복지영역뿐만 아니라 정신의학, 심리학, 사회학, 인류학 등을 포함하는 다양한 지식체계들로부터 클라이언트 상황에 대한 더 나은 이해를 도모한다. 또한 다양한 수준-개인, 소집단, 가족, 중요한 타자, 다른 영역의 전문가 그리고 클라이언트 생활 내 여타 체계-에서의 원조 제공을 강조함으로써 복잡하고 복합적인 사안들에 효과적으로 대처하고자 하는 경향을 보이고 있다.

정신분석이론이 문제의 원인을 인간의 본능적 충동과 과거의 경험으로 보는 단선적인 관점과는 달리 심리사회이론은 문제를 사회적 환경과의 상호작용에서 파악하려고 하는 심리사회적 관점을 가진다. 개인의 심리적 특성뿐 아니라 신체생리적인 현상과 사회적인 환경까지도 모두 고려하는 상황 속의 인간이란 관점을 제시한다. 또한 인간의 수용과 자기 결정권의 가치를 존중하며, 사회적 자원의 결핍이 개인의 문제에 미치는 영향력을 중시한다.

1) 정신분석이론(Psychoanalysis Theory)

프로이드의 가장 큰 공헌은 인간의 대부분의 행동이나 성격 문제를 무의식에 의한 것으로 보고 이러한 무의식을 파헤쳐 해석하려고 노력했던 것이다. 프로이드에 따르면 인간의 마음에는 '무의식'이라는 것이 존재하는데 무의식은 의식되지 않는 것으로 무의식 속에는 마음속 깊이 억압된 사고와 감정, 기억들이 저장되어 있다.

프로이드에게 의식은 전체 마음 중의 얇은 표면에 불과한 것이고 빙산의 대부분이 수면 아래에 있는 것처럼 마음의 대부분은 의식이란 표면하에 무의식으로 존재하는 것으로 보았다. 그리고 인간의 모든 심리 현상은 우연한 것이나 의식에 의한 것이 아니라 주로 무의식적인 동기에서 비롯된다고 하였다. 이러한 무의식적인 동기나 욕구가 계속 늘어나고 이를 적절히 억압하지 못하게 될 때 신경증적인 증상이나 행동으로 나타나게 되는 것이다.

프로이드는 인간의 성격 구조를 '원초아', '자아', '초자아'로 구분하였는데, 사람이 처음 태어날 때는 원초아뿐이라고 보았다. 원초아는 본능으로 구성되고 무의식 영역에 있는 성격 구조로서 본능적 욕구가 올라오면 현실이 어떠한지 상관하지 않고 즉각적으로 본능을 충족시키고자 한다.

이러한 세 가지 성격구조에서 자아가 원초아와 초자아의 욕구와 기대를 적절히 조절하게 될 때 인간은 사회적으로 잘 기능하게 된다. 하지만 원초아가 너무 강하면 문란한 생활을 하거나 반사회적인 범죄를 저지를 수도 있게 되며, 반대로 초자아가 너무 강하면 지나치게 금욕적이고 경직된 사람으로 보이게 된다. 만일 원초아, 자아, 초자아 간에 갈등이 심할 경우 억압된 무의식적인 충동이 의식화되어 나올 것 같은 위험을 감지하게 되고 인간은 불안을 느끼게 된다.

2) 자아심리학이론(Ego Psychology Theory)

안나 프로이드(Anna Freud)의 연구는 자아심리학의 과도기적 인물인 하인쯔 하트먼(Heinz Hartmann)에게 이어져 정신분석학의 획기적인 확장을 이룬다. 하트먼의 가장 중심적인 개념은, 프로이드가 그의 견해의 상당한 부분을 다윈의 진화 연구에서 도출했던 것처럼 유기체가 환경에 고도로 적응할 수 있도록 설계되었다는 생물학적 사실을 심리발달에 적용한 것이다.

하트먼은 자아가 원초아과 초자아와는 전혀 다른 자신만의 구별된 동기를 갖고 있다고 말한다. 즉, 자아는 원초아로부터 파생된 구조물이라는 관점으로 전환함으로 자아의 중요성을 강조한다. 그리고 욕구와 현실 사이의 갈등에서 발생되지 않은 자율적 자아기능을 일차적 자아에너지라 부른다.

3) 대상관계이론(Object Relations Theory)

인간은 선천적으로 '관계 욕구'를 가지고 태어나며 삶을 통해 끊임없이 그 욕구를 실현해 나간다. 심리학, 사회학, 가족학 등 인간을 탐구하는 여러 학문 분야의 수많은 학자들도 바로 이러한 관계적 차원에서의 인간 이해에 대한 공통분모로부터 출발하고 있다.

정신분석학 내에서도 1950년 이후 프로이드의 정신분석과는 달리 관계를 향한 기본적인 욕구를 가지고 있는 인간으로서의 새로운 인간 이해에 대한 가정이 등장하게 되었다. 인간은 태어나면서부터 다른 인간과의 여러 가지 경험을 토대로 자신과 다른 사람에 대하여 배우게 된다. 즉, 인간은 양육자와의 관계에서 경험했던 이미지를 토대로 현재 대인관계를 형성한다는 것이다.

4) 체계이론(System Theory)

체계이론은 개인체계와 환경체계는 상호영향을 주고받는 개방체계라는 점과 개인의 행동은 이렇게 상호작용하는 개방체계의 맥락 속에서 이해되어야 한다는 점을 강조하고 있다.

5) 기타 사회과학이론

역할이론, 의사소통이론 등도 심리사회 모델이 이론적 기반이 되었다.

2 심리사회 모델의 개입목표와 과정

1) 개입목표

심리사회 모델은 상황 속의 인간이란 관점을 중시하기 때문에, 사회복지실천의 목적도 클라이언트와 사회환경 간 혹은 클라이언트와 타인의 상호작용에서 나타나는 사회적 역기능을 해결하는 것으로 정의한다(윤현숙 외, 2001). 심리사회 모델에서는 클라이언트의 과거 경험이 현재의 심리적, 사회적 기능에 영향을 미친다고 본다. 따라서 클라이언트의 과거 그리고 현재의 경험과 관련한 내적 갈등을 이해하고 통찰함으로써 클라이언트가 성장하도록 할 수 있다고 본다(김혜란 외, 2005). 사회복지사는 클라이언트 주변의 변화를 직접 행하기보다는 클라이언트 스스로가 주변을 변화시키는 노력을 하는 과정에 최대한 도움을 제공하도록 하고, 모든 변화가 가능한 것이 아니기 때문에 가능한 선까지 변화가 있을 수 있도록 현실적 지원 제공을 해주는 것을 목표로 한다(엄명용 외, 2008).

2) 개입방법과 개입과정

초기의 심리사회 모델은 구체적으로 개입과정을 체계화하지는 않았다. 1980년대에 체계이론을 받아들여 개입과정이 좀 더 명료화되었다. 문제해결 모델이나 과제중심 모델과 같이 개입과정이 단계적으로 구체적이지는 않으나 일반적인 개입방법과 개입과정에 따라 다음과 같이 구분된다(김현중 · 최경희, 2007).

(1) 개입방법

① 심리사회 모델에서는 클라이언트 자체에 상당한 비중을 두지만, 필요한 경우 클라이언트의 환경에 개입한다.

② 목표를 달성하기 위해 개인과 환경의 변화가 필요하며 이중적으로 개입한다.

③ 사회복지사는 클라이언트에게 문제를 야기한 사회환경을 변화시켜야 함은 물론 이러한 변화를 통해 클라이언트의 성격과 행동도 변화시켜야 한다.

④ 사회복지사는 클라이언트와 다른 사람과의 관계를 중재하고 클라이언트를 옹호하는 역할 등을 수행한다.

⑤ 심리사회 모델의 환경적 개입은 오늘날 직접개입(direct practice)과 간접개입(indirect practice)의 시초가 되었다.

(2) 개입과정

① 초기단계(심리사회적 조사)

초기단계 또는 심리사회적 조사단계에서는 클라이언트와 클라이언트의 상황에 대한 사실들을 관찰 및 조사하여 논리적으로 정리하는 과정인 심리사회적 조사가 강조된다. 심리사회적 조사에서는 클라이언트의 문제상황, 그리고 그 문제상황에 직접적으로 관여되어 있다고 생각되는 요소들과 관련된 사실들과 초기의 발달과정에 대한 정보, 가족과 관련된 정보 등을 수집하는 과정으로서 언어적 정보 이외에 비언어적 표현으로 이루어진 정보도 수집해야 한다. 클라이언트는 초기단계에서 자신의 문제를 인식하게 되고 다시 생각해 보는 기회를 갖게 된다. 홀리스(Hollis, 1970)는 초기단계에서의 기본적 과제를 다음과 같이 제시했다. 첫째, 클라이언트가 사회복지사와 왜 만나야 하는지를 이해하도록 돕는다. 둘째, 클라이언트가 사회복지사의 원조를 활용할 수 있도록 전문적 관계를 확립한다. 셋째, 클라이언트를 원조과정에 참여시킨다. 넷째, 환기(ventilation)와 지지를 제공하고 치료적 개입을 시작한다. 다섯째, 심리사회적 진단과 치료에 필요한 정보를 수집한다.

② 심리사회적 사정과 진단단계

심리사회적 사정은 심리사회 조사단계에서 수집된 정보에 대해 비판적으로 검토하는 것으로서 수집된 사실로부터 추론을 전개하는 과정이다. 따라서 심리사회적 사정(assessment)과 진단(diagnosis)단계에서는 상황 속의 클라이언트에 대해 사정평가를 한다. 즉, 클라이언트는 무엇을 알고 있는가? 클라이언트는 어떠한 곤란을 느끼고 있는가? 곤란한 이유는 무엇인가? 어떠한 변화가 그의 곤란을 경감 혹은 해소시킬 수 있는가? 등을 이해하고 어떤 개입을 하는 것이 적합한지를 결정하기 위해 문제의 배경을 알고 적절한 자료수집을 통해서 추론하는 노력단계이다. 또한 이러한 사정과정을 통해 사회복지사는 개인과 개인을 둘러싼 환경을 통합한 전체 틀 속에서 여러 체계들이 어떻게 상호작용하여 문제를 발생시켰는지 알아내야 한다.

초기의 심리사회 모델을 진단주의라고 하는데, 이는 개별사회사업의 수행을 위해서는 진단이 기본이라고 보았기 때문이다(Hollis, 1970). 진단은 문제의 성격을 상세하고 엄밀하게 이해하기 위해 클라이언트와 상황의 복합체와 도움이 요청되는 문제에 대해서 비판적으로 검토하는 것으로 클라이언트와 상황의 복합체는 클라이언트와 타인의 행동, 사회의 일반적 규범 등에 맞추어서 반복적으로 검토되어야 한다(설진화, 2009).

진단에는 세 가지의 유형이 있다. 첫째, 역동적 진단으로서 클라이언트가 충분히 기능하기 위해서는 클라이언트 성격의 제 측면이 어떻게 상호작용하는가를 검토하는 것이다. 둘째, 원인론적 진단으로서 문제요인이 현재의 상호작용 내에 있는지, 현재까지 영향을 미치는 과거의 사건에 있는지, 또는 클라이언트의 딜레마의 원인 속에 있는지를 찾아내는 것이다. 셋째, 임상론적 진단으로서 클라이언트의 여러 가지 기능적 측면을 분류하는 노력을 하는 것 등이다(설진화, 2009).

- 신상정보: 클라이언트의 연령, 성별, 종교, 결혼상태, 고용, 가족, 친구, 재정상태, 주거상태, 클라이언트의 외모, 의복상태, 지능, 언어구사능력, 면접에 대한 태도 등을 파악한다.
- 의뢰의 경위: 누구에 의해 의뢰되었는가? 의뢰처에서 말하는 클라이언트의 문제는 무엇인가? 자발적 혹은 비자발적 클라이언트인가? 클라이언트는 의뢰의 이유를 이해하고 있는가?
- 제시된 문제: 클라이언트가 지금 사회복지사와 만나게 된 이유는 무엇인가? 현재 그가 지닌 문제는 무엇인가? 이러한 질문들에 대한 답을 구하면서 클라이언트가 자신의 문제를 설명하면서 사용하는 정확한 단어 혹은 어휘들에 주목할 필요가 있다. 특히 클라이언트가 바라보는 자신의 문제가 의뢰처가 해석하는 클라이언트 문제와 다를 경우 더욱 그러하다.
- 문제의 역사: 이 부분은 문제가 발전되어 온 경우에 관한 것이다. 현재 문제 상황이 본질적으로 급성적인가? 혹은 만성적인가? 촉진적 사건이 있다면 이는 무엇인가? 증상의 진행과정은 어떠했는가? 문제를 해결하기 위해 이전에 어떠한 노력을 시도했는가? 이전에 치료를 받은 적이 있다면 당시 치료기관과 빈도 및 결과는 어떠했는가?
- 이전의 상담경험: 이전에 클라이언트가 받은 상담이 있었는가? 있었다면 그 결과는 어떠했는가?

- 가족배경: 가족의 사회경제적 · 교육적 · 직업적 배경을 설명하면서 가족구성원들의 상호작용에 대한 내용 또한 포함시켜야 한다. 클라이언트는 가족에 대해 어떻게 생각하고, 가족들은 클라이언트를 어떻게 바라보는가?
- 개인력: 클라이언트의 발달과정상의 역사를 설명하는 부분으로서, 출생과 각 발달단계에서 이루어야 했던 발달과업의 완수 등에 대한 내용을 포함한다. 이와 함께 과거의 약물복용이나 물질남용, 신체적, 성적, 정서적 외상경험 등에 대한 정보들도 다루어야 할 것이다.

③ 개입단계

이 단계에서는 개입의 목표와 계획을 수립한다. 개입의 목표는 클라이언트가 스스로 이해하며 변화되기를 바라는 것과 사회복지사가 그것이 가능하며 도움이 된다고 생각하는 것, 사회복지사가 클라이언트를 위해서 활동할 수 있는 시간, 기관의 기능, 사회복지사의 능력 등으로부터 성립된다. 또한 사회복지사가 문제의 원인, 클라이언트가 가진 문제의 역동성, 수정 가능하다고 생각되는 사람과 상황의 상태 등, 제 측면을 이해하는 방법에 따라 구체화되며, 유동적인 것으로 생활의 과정이 변하거나 새로운 방법이 출현할 때에는 상황에 따라 변화하는 것이다.

개입의 과정에서는 사회복지사가 클라이언트의 심리 내적 변화를 추구하는 직접적 개입을 할 것인지, 클라이언트의 환경에 관련된 대인관계에 개입하거나 클라이언트와 사회환경의 변화를 추구하는 간접적 개입을 할 것인지, 아니면 통합적으로 개입을 할 것인지를 선택하여야 한다.

클라이언트의 정서적 문제나 가족관계, 대인관계에서의 문제 등, 직접적 개입이 필요한 경우에는 개별면접, 집단면접, 합동면접 등의 개입방법을 선택할 수 있고, 클라이언트의 사회환경에 개입해야 하는 간접적 개입이 필요한 경우에는 사회복지사가 자원동원자, 자원개발자, 조정자, 옹호자 등의 다양한 역할을 할 수 있다.

④ 종결단계

클라이언트의 문제상황이 개선되어 개인 및 가족의 기능들이 회복되고, 개인이나 가족의 사회적 기능이 회복되었으며, 대인관계가 향상되었거나, 개입의 목표가 어느 정도 달성되었다고 사회복지사와 클라이언트가 동의하면 개입이 종료된다.

종결단계에서는 지금까지 클라이언트와 사회복지사 사이에 형성된 관계의 단절로 발생할 수도 있는 정서적 충격, 즉 일종의 분리불안을 최소화할 수 있도록, 지금까지 형성된 관계 및 감정을 다루어 주고 정리할 수 있도록 도와주는 등 모든 노력을 기울여야 한다. 또한 사회복지사 자신의 지식과 기술에 대한 자기성찰 등이 필요하다. 종결 후에 일정기간 동안 사후관리(follow-up)를 통해 클라이언트의 적응상태를 점검하는 것도 좋은 방법이다.

3 심리사회 모델의 개입기법

1) 주요개념

인간의 문제를 심리적(정서적), 사회적(환경적) 문제로 이해한다. 또한 개인의 심리적 특성뿐만 아니라 신체생리적인 현상과 사회적인 환경까지도 모두 고려하는 '상황 속의 인간(person-in-situation)'을 강조한다. 또한 클라이언트와 사회복지사와의 관계에 주목하는 특징을 가진다. 전통적으로 사회복지실천의 내용은 개인 내적 요소와 사회적 요소를 모두 중시하는 심리사회적인 것이었으며, 이 전통을 계승하고 집약한 것이 심리사회 모델이다.

(1) 클라이언트와 사회복지사의 관계

클라이언트와 사회복지사의 관계를 형성하기 위해 클라이언트를 수용하고 개별화한다. 또한, '클라이언트가 있는 곳에서 출발(start where the client is)'하는 등의 실천원칙을 강조한다. 이와 함께 클라이언트가 자신의 행동과 감정에 대해 이해하고 통찰함으로써 자신의 문제를 해결하기 위한 역량을 강화할 수 있도록 원조한다.

(2) 개별성

개별성은 공통적인 상황을 경험하더라도 개개인은 서로 다르게 반응한다는 개념으로 지금-현재(here and now)의 상황에서 클라이언트가 문제를 인지하는 방법과 이에 대처하는 행동들을 파악하는 것이 중요하다는 개념이다. 클라이언트의 인지체계는 물론 사상, 가치관, 사회적 역할, 종교관 등을 사정하여 클라이언트의 독특한 반응형태를 파악한다.

(3) 다원성

다원성은 인간의 성격이나 문제가 생활상의 다양한 요인에 의해서 형성된다는 개념으로 클라이언트의 성격에 영향을 미치는 다양한 요인들을 의미한다. 클라이언트의 다양한 생활사를 다각적으로 사정하는 것을 중요시하는 개념이다.

(4) 이중적 개입

클라이언트의 심리적인 변화와 사회환경적인 변화를 모두 추구하는 이중적인 개입방법을 활용한다는 개념이다. 클라이언트에게 문제를 야기하는 사회환경의 변화(간접개입)와 클라이언트의 성격과 행동의 변화(직접개입)의 이중적인 개입을 함으로써 사회복지실천을 타 전문직과 차별화시키는 근거가 된다고 볼 수 있다.

2) 개입기법[1)]

심리사회 모델의 개입기법은 크게 직접적 기술과 간접적 기술로 나누어 설명할 수 있다. 심리사회 모델의 직접적 개입기술로는 ① 지지하기, ② 직접적 영향주기, ③ 탐색-기술-환기, ④ 개입-환경에 대한 고찰, ⑤ 유형-역동에 대한 고찰, ⑥ 발달적 고찰로 나누어지고 간접적 개입은 환경 조정하기로 설명될 수 있다.

1) 사회복지교육연구센터(2009), 『사회복지실천기술론』과 엄명용 외(2008), 『사회복지실천기술론』 참조하여 구성.

(1) 직접적 개입

① 지지하기(sustainment)

지지과정은 심리사회 모델에 따른 사회복지사의 활동 가운데 가장 기본적이고 핵심적이다. 지지과정이란 사회복지사가 클라이언트를 수용하고 클라이언트를 원조하려는 의사와 클라이언트의 문제 해결 능력에 대한 확신감을 표현함으로써 클라이언트의 불안을 줄이고 자기존중감을 증진시키기 위한 과정이다. 특히 클라이언트가 죄책감과 수치감을 느끼거나 두려워하거나 분노를 느끼는 경우에 사회복지사는 지지기법을 적극 사용함으로써 클라이언트를 이해함을 보여주어야 한다. 지지과정은 언어적 의사소통뿐 아니라 따뜻한 표정, 어깨를 두드리는 등의 비언어적 방법을 포함하며, 클라이언트의 당면한 문제에 대해 실질적인 도움을 제공함으로써 사회복지사가 클라이언트를 수용하고 지지함을 나타낼 수 있다.

- 좀 더 말해 보세요. 그것은 자연스러운 감정이에요.

② 직접적 영향주기(direct influence)

직접적 영향이란 클라이언트의 행동을 향상하기 위한 조언이나 제안 등을 통해 사회복지사의 의사를 관철시키는 과정이다. 클라이언트가 자신의 의사에 따라 문제해결을 위한 결정에 도달하는 것이 바람직하지만, 때로는 사회복지사가 결정에 직접적으로 영향을 미칠 수 있다. 사회복지사의 영향은 다양한 방법으로 이루어지는데, 의견을 제시하는 것부터 제안, 클라이언트가 이미 하고 있는 생각의 강조, 강력한 주장, 직접적 개입 등의 방법을 포함한다. 직접적 영향이 효과적이기 위해서는 지지과정을 통해 관계를 형성하는 것이 무엇보다도 중요하다. 또한 사회복지사 자신의 욕구에 의해 조언하는 것이 아니라 클라이언트의 욕구에 따라 조언해야 하며, 조언하기 전에 충분히 경청해야 하고, 클라이언트의 현재 상황에서 출발해야 한다.

- 그것을 하는 것이 도움이 될까요? 이렇게 하는 것이 더 좋을 것 같네요.

③ 탐색-기술-환기(exploration-description-ventilation)

탐색과 기술은 클라이언트의 문제와 관련하여 클라이언트, 클라이언트의 환경, 혹은 클라이언트와 환경과의 상호작용에 관한 사실을 진술하고 설명하도록 원조하는 것이며, 환기는 사실과 관련된 감정을 끄집어냄으로써 카타르시스를 경험하도록 원조하는 것이다. 탐색, 기술과 환기는 연관되어 있는데, 사실을 진술하거나 설명하는 과정에서 자연히 감정이 표현되기 때문이다. 심리사회 모델에서는 특히 분노, 상실에 대한 애도반응, 죄책감, 불안 등의 감정에 주의를 기울인다. 이런 감정들은 말로 표현되었을 때 강도가 현격히 줄어들 수 있는데, 무엇보다 타이밍이 중요하다. 즉, 방어하지 않고 편안하게 자신의 감정을 표현할 수 있는 준비가 되었을 때에야 비로소 클라이언트는 환기를 경험할 수 있다. 때로는 환기를 경험하는 것 자체로 문제가 해결되는 경우도 있다.

- 현재의 문제에 대하여 조금만 더 이야기를 해 주세요. 당신과 가족이 함께 있을 때 어떤 일이 발생하나요?

④ 개인-환경에 대한 고찰(person-situation reflection)

개인-환경에 대한 고찰은 현재 혹은 최근 사건에 대한 고찰로서 다음의 여섯 가지를 포함한다. ⓐ와 ⓑ는 클라이언트의 외부 · 외적 고찰과, ⓒ, ⓓ, ⓔ는 내부 · 내적 고찰과 관련된다. ⓕ는 사회복지사와 원조과정에 대한 반응과 인식이 어떠한지와 관련된다.

ⓐ 타인의 건강, 상황에 대한 클라이언트의 생각

인간은 정보의 부족이나 편견, 두려움 등에 의해 자신이 처한 상황과 가족이나 친구들, 동료들, 이웃 사람들의 감정과 행동을 정확히 이해하지 못하는 경우가 있다. 사회복지사는 클라이언트의 상황에 대해 직접 설명하기도 하지만, 질문이나 언급을 통해 클라이언트가 스스로 깨닫도록 도와준다.

ⓑ 의사결정과 행동, 대안이 타인에게 미치는 영향

사회복지사는 클라이언트가 미처 깨닫지 못했거나 간과한 결과에 대해 주의를 기울인다. 예를 들어, 친구들이 보는 앞에서 청소년 자녀를 때린 아버지는 자녀가 친구들의 인정을 받기 위해서는 아버지와 대항해야만 하는 결과를 가져오게 된 상황을 이해할 필요가 있다. 이 역시 클라이언트의 행동과 결과의 관계를 사회복지사가 설명하기보다는 질문이나 언급을 통해 클라이언트가 인과관계를 직접 깨닫도록 인도한다.

ⓒ 클라이언트의 내면 인식

클라이언트가 자신의 숨겨진 반응, 사고, 감정의 성격에 대해 내부지향적인 이해를 하도록 원조한다. 예를 들어, 어머니가 자녀에 대해 분노의 감정을 가지고 있지만 인지하지 못하는 경우, 혹은 인지는 하지만 부인하는 경우가 있을 수 있다. 사회복지사는 클라이언트가 자신의 감정에 대해 스스로 통찰할 수 있도록 원조한다.

ⓓ 행동을 유발시키는 원인 및 자극에 대한 이해

클라이언트가 다른 사람들과의 상호작용이나 상황적 자극에 대해 나타낸 반응 행동의 원인을 이해하도록 원조한다. 예를 들어, 아내의 취업을 반대하는 남편은 아내가 가정을 돌보는 것을 자신에 대한 사랑의 상징으로 생각해 왔으며, 아내가 취업을 한다는 것은 자신을 더 이상 사랑하지 않는다는 의미로 생각하기 때문일 수 있다.

ⓔ 자기평가

클라이언트의 도덕과 양심, 자기 이미지, 가치 등에 관한 자기평가를 원조한다. 예를 들어, 사회복지사는 클라이언트가 현재 가지고 있는 자기 이미지가 현실에 근거하고 있는지 질문하거나 클라이언트가 가지고 있는 가치를 명확히 하기 위한 언급을 할 수 있다.

ⓕ 사회복지사 및 원조과정에 대한 반응

사회복지사, 치료, 기관의 규칙 등에 대한 클라이언트의 반응과 이해 정도를 탐색하여 원조과정의 효과를 최대화한다. 클라이언트는 과거 인생경험에 의해 치료에 대한 적대감, 두려움 혹은 의존욕구를 가지고 있을 수 있다. 때로는 사회복지사에 대한 클라이언트의 반응이 클라이언트의 대인관계 유형을 이해하는 데 주요 자료가 될 수 있다.

⑤ 유형-역동에 대한 고찰

사회복지사는 클라이언트의 성격 혹은 행동의 유형과 원초아, 자아, 초자아의 심리내적 역동에 대해 고찰한다. 또한 클라이언트가 사용하는 방어기제를 분석하고, 클라이언트가 가지고 있는 내부 대상에 대해 고찰하며, 분리와 개별화 정도 등에 대해 고찰한다.

- 당신이 때로 남편에게 화가 날 때 당신의 아들과 싸우는 것 같지 않나요?

⑥ 발달적 고찰

인간-상황에 대한 고찰과는 달리 발달적 고찰은 성인기 이전의 생애경험과 이런 경험이 현재 기능에 미치는 영향에 대해 고찰하는 것을 의미한다. 예를 들어, 남편의 무관심에 대해 지나치게 분노하는 아내가 어린 시절 자신에게 관심을 별로 주지 않았던 아버지에 대한 감정과 남편에 대한 감정에서 유사점을 깨닫도록 원조할 수 있다.

- 당신은 이전에 이와 같은 감정을 가진 적이 있습니까?
- 당신의 청소년기와 현재의 문제와는 어떤 관계가 있다고 생각하나요?

(2) 간접적 개입

① 클라이언트에 대한 탐색

사회복지사는 클라이언트를 둘러싸고 있는 인적·물적 환경에 관계된 문제를 해결하는 것을 목표로 한다. 이는 클라이언트의 경제적 자원 문제뿐만 아니라 주변에 존재하는 인적 환경에 대한 탐색과 그로 인해 발견된 자원의 활용까지 포함할 수 있는 개념이다.

② 환경에 대한 개입

환경에 관련된 사람과의 관계에 개입 또는 사회환경적인 변화를 추구하는 활동이다. 위에서 언급한 바와 같이 클라이언트 본인뿐만 아니라 주변에서 다양한 영향을 주고받는 사람들 전반에 대한 개입 활동이 간접적인 개입기술의 하나라고 볼 수 있다.

③ 사회복지사의 역할

클라이언트에 대한 개입을 실시함에 있어서 사회복지사의 역할은 다양하지만, 크게 다음의 세 가지로 구분지어 설명할 수 있다.

- 클라이언트가 필요로 하는 자원을 발굴하여 제공한다.

- 클라이언트에 대한 옹호 및 중재활동을 한다.
- 클라이언트 스스로가 주변을 변화시킬 수 있도록 원조한다.

[표 3-1] 심리사회 모델의 주요 기술

치료기술		설명
1	간접적 치료	• 클라이언트의 환경에 개입하는 과정으로서, 클라이언트를 지지하고 영향을 미칠 수 있는 가용한 자원을 연계하고 배치시키는 것
2	직접적 치료	• 사회복지사와 클라이언트 간의 신뢰관계를 바탕으로 클라이언트에게 제안과 설득을 제공함
3	수용	• 클라이언트에게 온정과 친절함을 유지하는 태도로서, 타인의 감정이나 주관적인 상태에 참여하고 받아들이는 감정이입이 중요한 요소가 됨
4	지지	• 클라이언트에게 언어적 혹은 비언어적 의사소통을 통해 관심, 수용, 감정이입적 이해, 재확신, 격려 등을 제공함
5	직접적 영향	• 클라이언트에게 주의 깊게 제안과 충고를 제공함
6	탐색 · 기술 · 환기	• 클라이언트의 상황에 관한 사실들을 드러내고 다른 감정을 표현하게 함으로써 감정의 전환을 제공함
7	인간과 환경 간의 구성을 성찰	• 현재의 상황과 타인과의 상호작용에 관한 클라이언트의 인지, 사고, 감정을 인식하도록 도움
8	유형의 역동 성찰	• 클라이언트의 행동, 사고, 감정의 경향을 명확히 하도록 도움
9	발달적 성찰	• 현재의 클라이언트의 성격이나 기능에 영향을 미친 가족 기원이나 초기 경험을 고찰하도록 함

출처: Woods & Robinson(1996), Psychosocial Theory and Social Work treatment, In F. Turner(Eds.), Social Work Treatment(4판), pp. 555~580. 재구성.

3) 사례적용

(1) 사례 1

영재는 저소득층 가정의 첫째 아들로서 16세다. 아버지는 건설회사에서 노무를 담당하고 있다. 하나뿐인 남동생은 14세이다. 영재 어머니는 영재가 최근 들어 집에서 큰소리를 지르며 화를 내는 적이 많고, 친구들과는 자주 싸우고 동생에게도 폭언을 자주하며 괴롭히는 등 행동에 이상이 있다며 평소 이용하는 복지관의 사회복지사에게 문제를 호소하였다. 영재 어머니는 영재의 문제만 해결되면 가정이 당면한 다른 문제들을 잘 극복해 갈 수 있을 것이라고 생각하여 영재를 대상으로 한 개별상담을 요청하였다.

① 초반기 면접 및 심리사회 상황조사

위 사례에서 사회복지사는 심리사회 모델에 기초하여 심리사회조사를 실시하였다. 그 결과 영재의 아버지가 근무력증으로 고생하고 있으며, 그것으로 인한 해직의 두려움이 가정을 휩싸고 있음이 드러났다. 아버지의 질환과 해직의 두려움이 영재 어머니로 하여금 가정을 빈틈없이 운영해 가야겠다는 부담을 갖게 했고, 이것이 첫째 아들 영재에게 완벽한 행동을 요구하는 쪽으로 나타났다. 반면, 영재는 발달과정상 정서적 · 정신적 · 육체적으로 독립을 요구하는 시점에 와 있음이 밝혀졌다. 영재는 누군가 모델링을 통해 자아의 모습을 발전시켜 나가려 하면서 강한 남성상을 원하는 반면, 영재 아버지는 그것을 충족시켜 주지 못하고 있었다.

② 사정(진단적 이해)

위 사례를 사정한 결과, 영재 어머니의 지나친 걱정이 현 가정의 어려움에 또 다른 부담을 초래하고 있는 것으로 잠정 판단되었다. 영재 어머니의 지나친 걱정은 친정에서의 유사한 경험(친정아버지의 실직과 고통)에 뿌리를 두고 있음이 밝혀졌다. 하지만, 현재 이 가족구성원 중 가장 활력적인 삶의 의지를 보이는 것도 영재 어머니였다. 전체적인 상호작용양상의 분석을 통해 지금까지 전혀 문제가 없는 것으로 판단되어온 영재 동생도 최근 말이 없고 정신적으로 위축되어 가고 있음이 발견되었다. 영재는 변화되어야 할 대상은 자신이 아니라 부모들이라면서 상담에 비협조적이었다.

③ 개입목표의 설정 및 개입

개입목표는 현재 가장 많은 의욕을 보이며 문제의 중심에 있다고 판단되는 영재 어머니의 행동을 이해하고 변화시키는 것으로 하였다. 먼저, 이 상황이 아버지의 질환으로부터 발생하였고, 질환으로 인한 걱정과 그로 인한 부담 및 경직된 가정운영으로 이어진 만큼, 아버지를 상담에 포함시켜 이러한 문제와 갈등을 터놓고 논의할 기회를 제공하였다. 이것을 통해 부부가 상황을 전체적으로 파악하는 시각을 갖게 되었으며 따라서 문제가 없다고 생각한 둘째 아들의 문제(우울 및 의기소침), 희생양으로서의 큰 아들의 처지 등이 이해되었다.

어머니는 혼자 지고 있던 부담을 남편과 공유함으로써 어느 정도의 정신적 부담을 덜게 되었다. 사회복지사는 원만한 자녀교육을 위해 지역복지관에서 실시되는 부모교육 프로그램에 등록할 것을 제안하였고 영재 어머니는 이에 응하였다. 또한, 아버지에게는 근무력증세의 치료를 위한 의료자원을 찾아 소개해 주었을 뿐만 아니라 직장 근처 복지관에서 실시되고 있는 물리치료 프로그램을 권하였다.

④ 종결

위 사례에서 가정의 비통한 분위기, 영재의 반항적 분노, 어머니의 강박 등이 사라지면서 가족 모두가 현재의 상황(아버지의 질환)을 공유하였고, 함께 해결책을 모색해 가고자 하는 분위기가 되었다. 영재도 아버지의 상황을 이해하고 자신의 행동을 반성하게 되었다. 이러한 분위기에서 영재 동생도 예전의 상태로 돌아가고 있었다. 이 가정의 상황이 어떻게 변화되어 가는지 2주일에 한 번씩 전화를 드릴 것을 약속하면서 상담을 종료하였다.

* 생각해 볼 점

1 우리가 사회복지사라면 심리사회 모델을 통한 개입을 할 수 있을 것인가?

2 심리사회 모델은 어떤 클라이언트에게 적용이 될 수 있을 것인가?

3 심리사회 모델 중 개입기법은 어떤 것이 있는가?

▸▶ 참고문헌

김현종 · 최경희(2007). 사회복지실천기술론. 서울: 시대고시기획.

김혜란 · 홍선미 · 공계순(2006). 사회복지실천기술론. 경기: 나남출판.

사회복지교육연구센터(2009). 사회복지실천기술론. 서울: 나눔의집.

설진화(2009). 사회복지실천기술론. 경기: 양서원.

엄명용 · 노충래 · 김용석(2008). 사회복지실천의 이해. 서울: 학지사.

윤현숙 · 김기환 · 김성천 · 이영분 · 이은주 · 최현미 · 홍금자(2001). 사회복지실천기술론. 서울: 동인.

Cooper & Lesser(2007). *Clinical Social Work Practice*. Addison-Wesley.

Hollis, F.(1970). The Psychosocial Approach to the Practice of Casework. In R. W. Roberts, and R. H. Hee(eds.). *Theories of Social Casework*. Chicago: University of Chicago Press.

Woods, M. E.(1990). *Casework: A Psychosocial Therapy*. McGraw-Hill.

Woods, M., & Robinson, H.(1996). *Psychosocial Theory and Social Work treatment*, In F. Turner(Eds.). Social Work Treatment(4th ed.). NY: The Free Press.

Chapter 04

사회복지실천 모델과 개입기술: 인지행동 모델

* 학습의 목표

1 인지행동 모델의 기반이 되는 철학과 인지행동 모델의 기본개념들을 이해한다.

2 인지행동 모델의 개입을 통해 이루고자 하는 목표와 개입과정을 이해한다.

3 인지행동 모델의 개입기법을 이해하고 경험한다.

최근 우울증, 알코올 중독, 공황장애, 사회공포증과 같은 심리장애가 사회적으로 많은 문제의 원인이 되고 있는 가운데, 이러한 심리장애를 치료하기 위한 인지행동치료(REBT) 프로그램이 개발되어 치료과정에 다양하게 사용되고 있다. 특히 청소년의 주의력결핍 과잉행동장애, 인터넷 중독, 약물중독, 흡연 등에 적합한 인지행동치료 프로그램이 다양하게 개발되고 있는 추세이다.

인지행동이론은 행동주의 이론가인 반두라(Bandura)의 사회인지이론에서 인지과정의 중요성을 강조한 것에 기초하여 벡(Beck)의 인지치료(Cognitive Therapy: CT)와 엘리스(Ellis)의 합리-정서치료(Rational-Eomotive Therapy: RET)로 발전하였다. 인지행동 모델은 행동과 사고와 정서 간의 상호작용을 중시한다. 특히 개인의 심리 · 사회적 문제는 자신이나 주변에 대해 갖고 있는 비합리적인 믿음이나 왜곡된 신념체계로 인해 야기된다고 본다. 따라서 문제해결의 열쇠는 사고의 재구조화에 있다(원요한, 2007). 한편, 인지행동이론에서 제공하는 실천기술은 사회복지실천기술 가운데 가장 많이 활용되고 있는데 인지행동이론에 입각한 개입기술은 문제를 일으키는 잘못된 가정과 사고의 유형을 확인 · 점검하고 재평가하여 수정하도록 격려하고 원조한다. 인지행동이론에 포함되는 치료접근방법으로는 인지치료, 행동치료, 합리정서치료, 인지행동치료가 있다(Gilliland & James, 1997; 양옥경, 2000 재인용).

1 인지행동 모델의 철학과 기본개념

1) 철학적 전제

인지행동치료사들은 행동주의의 영향을 받아 각 사람은 행동적이며 인지적인 습관과 성향이 얽혀진 존재라는 원자론을 수용함으로써 우리가 저지른 행동과 지나치게 동일시하여 고통을 당하지 않도록 하는 데 도움을 준다.

또한, 인지행동치료에는 다양한 현상을 기본적인 하나의 원리나 요인으로 설명하려는 경향인 환원주의가 전제되어 있으며, 모든 사건을 조작적 조건화 학습으로 환원시키는 대신 인간이라는 현상을 예기(expectancies, 기대하는, 가능성이 있는)와 자기 진술(내현행동, 속이야기) 등과 같은 용어로 이해하려고 하므로 인간에 대한 전인적인 관점은 없다고 평할 수 있다.

한편, 인지행동치료는 생각 패턴이 행동의 강력한 결정요인이 된다는 관점을 가진 동시에 비물질적 정신이나 영혼을 믿는 심리주의를 받아들이지 않는다는 점에서 유물론적이다. 또한 생각은 자연주의적 과정의 결과라고 간주하며 단순히 강화작용의 결과가 아니라 복합적이면서도 인과성이 있는 현상이라고 믿는다.

반두라(Bandura, 1978)는 인간이 환경에 의해 결정되는 반면 또한 제한된 범위 내에서 환경을 결정하는 존재라는 상호적(reciprocal) 결정론이라는 개념과 인간과 환경의 상호 작용주의(interactionism)라는 관련된 개념을 사용하였다. 예를 들면 우리는 학교(학과, 교내 서클)에서 학우들이 우리를 대하는 행동에 영향을 받을 수 있지만 우리가 어떤 학교(학과, 교내 서클)를 선택할 것인지를 제한된 범위 내에서 선택할 수 있다. 그리고 우리가 타인들을 대하는 태도에 따라 타인들이 우리를 대하는 태도를 결정짓는 데 부분적인 역할을 할 수 있다. 그런 점에서 우리는 상호적으로 결정하며 우리의 환경에 의해 결정된다고 볼 수 있다(이관직 역, 2009). 즉, 인간은 외부자극에 수동적으로 반응하는 존재가 아니고, 심리 내적 힘에 의해서 결정되는 존재도 아니라고 본다. 또, 인간의 행동은 개인과 환경 간의 상호작용의 결과로 환경이 제공하는 정보와 개인의 인지적 과정의 상호작용의 결과로 이루어진다고 본다. 환경은 끊임없이 인간에게 경험과 정보를 제공하고 이러한 환경의 영향은 관심, 기대, 자극 변형, 반응과 같은 개인의 인지적 과정에 의해 중재된다고 보는 것이다(설진화, 2009).

2) 기본개념

인지란 용어는 '알다' 라는 의미의 라틴어 'Cognoso' 에서 파생하여 비교적 넓은 의미로 사용된다. 이 용어는 태도, 기대, 귀인 등의 포괄적인 인지적 활동과 지각체계를 모두 포함한다.

인지행동 모델은 하나의 실천 모델이 아니라 여러 모델을 총칭하는 용어로, 1960년대 이후 정신역동 모델의 치료에 대한 거부감 및 그 효과성에 대한 의문을 갖게 되면서, 다양한 클라이언트와 복잡한 문제에 모두 적용될 수 있는 통합이론의 필요성, 클라이언트와 환경 간의 상호작용에 대해 포괄적으로 이해할 수 있는 이론 및 모델에 대한 필요성이 제기되어 다양한 인지행동 모델이 등장하였다. 인지행동 모델의 저자들에 따라 정신분석 배경을 가지거나 행동주의 배경을 가지기도 한다. 인지행동 모델로는 합리정서치료, 행동치료, 인지치료, 현실치료, 인지행동치료, 문제해결치료 등이 있다([표 4-1] 참조).

본 장에서는 가장 활발한 활동을 한 사회인지 모델과 인지 모델, 합리정서행동 모델, 인지행동 모델에 대해 살펴보려고 한다.

[표 4-1] **인지행동주의 모델의 연보**

첫 출판 연도	치료명칭	저자
1962	• 합리정서행동치료 (Rational Emotive Behavior Therapy)	엘리스 (Ellis)
1963	• 인지치료 (Cognitive Therapy)	벡 (Beck)
1971	• 자기지시훈련 (Self-Instructional Tranining)	마이켄바움 (Meichenbaum)
1971	• 불안관리훈련 (Anxiety-Management Tranining)	수인 & 리차드슨 (Suinn & Richardson)
1971	• 문제해결치료 (Problem-Solving Therapy)	즈릴라 & 골드프라이드 (D'Zurilla & Goldfried)
1971	• 문제해결치료 (Problem-Solving Therapy)	스파이백 & 셔 (Spivack & Shure)
1973	• 스트레스 면역훈련 (Stress inoculation Training)	마이켄바움 (Meichenbaum)
1974	• 체계적인 합리적 재구조화 (Systematic Rational Restructuring)	골드프라이드 (Goldfried)
1974	• 개인과학 (Personal Science)	마호니 (Mahoney)
1975	• 합리적 행동치료 (Rational Behavior Therapy)	몰츠비 (Maultsby)
1977	• 자기통제치료 (Self-Control Therapy)	렘 (Rehm)
1983	• 구조적 심리치료 (Structural Psycho Therapy)	구이다노 & 리오티 (Guidano & Liotti)

출처: 김혜란 외(2008), 사회복지실천기술론, p. 83. 재인용.

(1) 사회인지 모델의 기본개념

사회인지 모델(Social Cognitive Model: SCM)은 행동에 영향을 주는 심리 · 사회적 측면과 행동의 변화를 촉진시키는 방법에 역점을 두며 개인의 인식과 행동이 미래의 행동에 영향을 주는 점을 강조한다. 사회인지이론에서는 인간의 행동을 개인적 요소(인지 포함), 환경 그리고 상호작용의 결과로 보고, 사람들이 어떻게 행동패턴을 얻고 유지하게 되는지를 설명할 뿐만 아니라 행동변화를 위한 개입전략의 기초를 제공한다(원요한, 2007).

특히, 반두라는 인지행동치료에 기여하는 중요한 많은 개념들을 제시하였다. 그는 직접적인 경험은 물론, 다른 사람들의 행동을 지켜보거나 생각을 들음으로써 배울 수 있는 인간의 능력에 관심을 두었는데 이것을 모델링 현상이라고 한다. 이 모델링 개념은 인지행동치료 과정에 중요한 요소가 되었다. 뿐만 아니라 반두라는 자기조정 개념과 상호 결정론이라는 개념을 제안하였다. 그리고 오늘날 인지행동치료 현장에서 핵심적 개념이 된 행동을 결정짓는 것은 우리 자신의 능력에 대한 평가, 즉 자기효능감에 달렸다는 자기효능감(self-efficacy) 개념을 개발하였다. 다른 사람과 어울리는 것을 꺼려하는 수줍음이 많은 사람의 행동을 설명할 때 활달한 행동이 가져다 줄 긍정적 결과를 기대하는 것도 필요하지만 다른 사람과 잘 어울릴 수 있다고 스스로 자기 효능감을 갖는 것이 더 중요하다는 것이다. 사회인지 모델 치료자는 행동수정을 위해 보상을 창출해낼 뿐만 아니라 두려워하는 내담자가 용기 있게 행동하도록 하거나 외롭고 우울한 사람이 사람들과 어울리도록 하기 위해서 내담자가 스스로 자기효능감을 가질 수 있도록 도와야 한다(이관직 역, 2009).

사회인지 모델의 기본 틀을 설명하기 위한 사회인지 모델의 주요개념들은 다음과 같다(원요한, 2007).

① 환경(environment)

개인의 물리적인 외부 요소로서 기회와 사회적 지지를 제공하는 자원으로서의 환경을 의미한다.

② 상황 지각(situation)

환경에 대한 인간의 지각으로서 잘못된 지각을 고치고 건전한 규범 증진을 내포한다.

③ 행동 능력(behavioral capability)

특정한 행동을 수행하는 데 필요한 지식과 기술로서 기술훈련을 통한 전문적 학습능력의 증진을 의미한다.

④ 기대 결과(expectation)

행동의 기대된 결과로서 건강한 행동에 대한 모델이 되며 긍정적인 결과들을 의미한다.

⑤ 기대 가치(expectancies)

인간의 특정한 결과와 대가 가치로서 기능적 의미를 가진 변화의 현재 결과들을 의미한다.

⑥ 자기조절(self-control)

목표에 부여하는 지향적인 행동에 대한 개인적인 규제로서 스스로 모니터링하는 것, 목표를 설정하는 것, 문제를 해결하는 것, 자신에 대한 보상의 기회를 제공하는 것을 의미한다.

⑦ 관찰 학습(observational learning)

타인의 행동결과와 활동을 관찰함으로써 따라오는 행동의 습득으로 목표된 행동의 신뢰할 만한 역할 모델을 포함하는 것을 의미한다.

⑧ 강화물(reinforcements)

행동의 재현 가능성을 증가시키거나 감소시키는 반응으로서 자율적으로 시작하도록 촉진하는 동기와 보상을 의미한다.

⑨ 자기효능감(self-efficacy)

특정한 행동을 수행하는 개인의 자신감으로서 성공을 확신하는 작은 단계 안에서 행동의 변화에 접근하는 것, 추구했던 변화를 명확히 하는 것을 의미한다.

⑩ 감정적 대처 반응(emotional coping responses)

감정적 자극을 다루기 위해 사용되는 전략으로서 문제해결과 스트레스 관리를 위한 훈련을 제공하여 감정적으로 흥분한 상황에서의 대처기술을 연습하는 기회를 제공하는 것을 의미한다.

⑪ 상호적 결정론(reciprocal determinism)

행동을 일으키는 환경, 인간, 행동의 역동적인 상호작용으로서 환경적인 변화, 기술의 변화 그리고 개인의 변화를 포함하는 행동의 변화를 위한 다양한 방법을 고려하는 것을 의미한다.

(2) 인지 모델의 기본개념

정신분석학의 배경에서 수련을 받은 벡(Beck, Ruch, Hollon & Shaw, 1979)의 인지 모델은 우울증을 치료하기 위하여 시작되었는데 적용 범위를 확대하여 불안까지 포함시켜 모든 정서장애를 치료하려는 접근이 되었다. 그래서 인지 모델이 병적인 감정을 설명하는 이론은 물론 적응력이 떨어지는 감정반응을 감소시키는 데 효과적인 치료책이 된 것이다. 그러나 인지 모델에서는 인간의 행동이 정신분석이론에서와 같은 결정론적인 힘에 의한 것이 아닌 인간의 의지로 변화할 수 있다는 입장을 취한다는 점에서 정신분석이론과는 대조를 이루고 있다. 벡은 다른 치료기법들을 활용함에 있어서 개방적이었으며, 치료의 효과성을 과학적으로 평가할 필요성을 강조하였다. 그는 이론보다는 임상적으로 실제적인 것에 더 관심을 두었다. 그리고 내담자의 호소 문제를 중점적으로 다루며 직접적으로 접근하는 치료를 강조하였다. 이런 면에서 벡의 접근을 인지행동 모델에 포함시킨다(이관직 역, 2009).

인지 모델은 인간의 감정, 동기, 행동 등이 의식적인 사고과정의 결과이며 인간의 행동은 무의식적인 힘, 혹은 충동에 의한 것이 아니라 인간의 의지에 의해 결정되는 것임을 밝히고, 부적응적인 행동은 곧 역기능적인 사고 혹은 인지적 왜곡에 의해 발생한다고 주장한다. 또 인지이론에서는 인지가 정서 및 행동의 역기능을 중재한다고 간주한다(Thyer & Myers, 1997; 엄명용 외, 2000 재인용). 따라서 인지이론에 기반한 치료과정에서는 부적응적인 사고유형을 파악하고 이에 직면하여 변화할 수 있도록 돕는다. 인지이론이 제시하는 몇 가지 기본가정은 다음과 같다(Lantz, 1996; Werner, 1981; 엄명용 외, 2000 재인용).

① 인간의 행동은 무의식적인 힘이 아닌 인간의 의지에 의해 결정된다.

② 인간의 행동은 사고에 의해 결정되며, 부정확한 지각과 생각이 부적응적인 행동을 초래한다.

③ 잘못된 인지, 왜곡된 생각, 비합리적인 신념은 개인의 의식수준 밖에서 일어난다. 특히 잘못된 생각을 학습하고 이를 지속적으로 사용하면서 인지적 신념들을 자동적(automatic)으로 활용하게 되어 자신도 모르게 역

기능적인 정서가 형성된다.

④ 인간의 감정은 자기 자신과 사회적 상황에 대해 생각하고, 말하고, 가정하고, 믿는 것으로부터 초래된다. 인간이 가지는 감정의 대부분은 사람들의 생각, 자기 스스로에게 하는 말 그리고 자신이나 자신의 환경에 대해서 믿거나 가정하는 바에서 직접적으로 파생되는 결과이다.

⑤ 인간은 창조적이고 성장의 욕구를 가지며 자신의 능력을 최대한 개발하고 목표달성을 추구하는 기본적인 성향을 가지고 있다.

(3) 합리정서행동 모델의 기본개념

합리정서행동 모델은 역기능적 행동과 정서는 비합리적 신념에서 비롯되며 행동 또는 정서적 결과는 실제적 사건이 아니라 상황을 바라보는 신념체계에 따라 영향을 받는다고 본다.

예를 들어 우리가 어떤 일에 관심을 가지는 것은 적절하지만 안달하는 것은 적절하지 않으며, 슬퍼하는 것은 적절하지만 우울증에 빠지는 것은 적절하지 않으며, 실망할 수는 있으나 수치감을 느끼는 것은 적절하지 않고, 괴로울 수는 있으나 분노하는 것은 적절하지 않은데, 이런 후자의 감정이 부정적 감정이며 부정적 감정은 비합리적 신념에서 비롯된다는 것이다. 따라서 합리정서행동치료(REBT: Rational Emotive Behavior Therapy)에서는 부정적 감정이 아닌 비합리적 신념에 개입의 초점을 둔다. 치료의 목표는 부정적 감정의 뿌리가 되는 비합리적 신념을 규명하고 도전함으로써 이를 재구조화하는 것이다(김혜란 외, 2008).

또한, 합리정서행동 모델 이론은 인간의 생물학적 경향을 강조하며 동시에 비합리적 사고를 수정할 수 있는 인간의 능동적 성향도 인정하고 있다. 정서는 합리적 정서와 비합리적 정서로 나뉘며 전자는 합리적 사고와 연결된다. 합리-정서치료는 치료자의 설득과 논박을 통해서 내담자가 자신의 비합리적인 신념([표 4-2] 참조)에 도전하도록 하므로 부정적인 사고를 긍정적인 사고로 변화시킨다(원요한, 2007).

[표 4-2] 엘리스(Ellis)의 초기 11가지 비합리적 사고

구분	번호	비합리적 사고	내용
사람관계	1	인정요구 (demand for approval)	• 알고 있는 모든 중요한 사람들로부터 사랑받고, 인정받고, 이해받아야만 가치 있는 사람이다.
	2	의존성 (dependency)	• 우리는 타인에게 의지해야만 하고 의지할 만한 강한 누군가가 있어야만 한다.
	3	지나친 타인 염려 (overconcern about others)	• 타인의 문제나 혼란스러움에 함께 괴로워하고 속상해야만 한다.
	4	비난경향 (blame proneness)	• 어떤 사람들은 나쁘고, 사악하며 따라서 비난받고 처벌을 받아야만 한다.
세상일	5	높은 자기기대감 (high self-expectation)	• 완벽한 능력이 있고, 사교적이고 성공을 해야만 가치 있는 사람이다.
	6	좌절반응 (frustration reactivity)	• 일이 뜻대로 진행되지 않는다면 이는 무시무시하고 끔찍한 일이다.
	7	완벽성 (perfectionism)	• 인간의 문제에는 완벽한 해결책이 있고 만약 그 해결책을 발견할 수 없다면 이는 끔찍한 일이다.
운명	8	정서적 무책임 (emotional irresponsibility)	• 불행이란 외부 사건들에 의해 결정되며 우리는 통제할 수 없다.
	9	문제회피 (problem avoidance)	• 인생에서 어려움을 부딪치기보다 피해가는 것이 편하다.
	10	과잉불안 (anxious over)	• 위험하거나 두려운 일이 일어날 가능성을 늘 생각하고 있어야 한다.
	11	무력감 (helplessness)	• 과거의 일들이 현재의 행동을 결정한다.

출처: 강주희(2005), 인지 · 정서 · 행동치료(REBT)를 활용한 체계적인 불안 감소 훈련 프로그램의 효과, p. 25.

[표 4-3] 합리적 사고와 비합리적 사고의 차이

구분	합리적 사고	비합리적 사고
논리성	• 논리적으로 모순이 없다.	• 논리적으로 모순이 많다.
현실성	• 경험적 현실과 일치한다.	• 경험적 현실과 일치하지 않는다.
실용성	• 삶의 목적달성에 도움이 된다.	• 삶의 목적달성에 방해가 된다.
융통성	• 융통성이 있다. 경직되어 있지 않다.	• 절대적/극단적/경직되어 있다.
파급효과	• 적절한 정서와 적응적 행동에 영향을 준다.	• 부적절한 정서와 부적응적 행동을 유도한다.

합리정서행동 모델의 기본 틀을 설명하기 위한 합리-정서 모델의 주요개념들은 다음과 같다(원요한, 2007).

① A(사실: Acting Events or Experiences)는 우리가 일상생활에서 경험하는 어떤 사실, 즉 자신의 행동 또는 그와 관련된 다른 사람의 행동 그 자체를 말한다.

② B(생각: Belief Systems or Thoughts)는 A에 대한 자신의 생각이다. 즉 B는 사실에 대해 내가 어떻게 생각하고 있는가 하는 것이다.

③ C(결과: Consequences)는 사실 즉 A에 대해 B와 같이 생각한 결과를 의미한다. B가 합리적이면 적절한 정서적·행동적 결과를 나타내고, B가 비합리적이면 부적절한 정서적·행동적 결과를 나타내게 되는 것이다.

④ D(논박: Disputing)는 부적절한 정서와 부적절한 행동을 하지 않기 위해 비합리적 생각이 타당하지 못하다는 것을 밝히는 것이다. 논박의 인지적 기법은 철학적 설득이나 교훈적 제시, 대리 경험, 그리고 소크라테스식의 대화법을 통하여 내담자의 비합리적 생각들을 변화시키기 위한 노력이다. 가장 많이 이용하는 기법 중의 하나가 질문기법이다. 논박의 정서적 기법은 합리적·정서적 심상법, 내담자의 무조건적 수용, 치료자의 자기개방, 유머러스한 기법의 활용, 열정적인 합리적 자기진술문의 사용 등이 있다. 논박의 행동적 기법에는 역할 연기, 합리적 역할 바꾸기, 여론조사기법, 실제 탈감법, 숙제활동, 강화와 벌, 기술훈련, 범람법과 점진적 탈감법, 수치심 공격하기 연습, 위험 무릅 쓰기 연습, 그곳에 머물러 있기, 활동 지연시키기에 반하는 연습, 집단 사회화 기법, 힘이 있는 자기대화 연습하기, 자기언어의 사용 등이 있다(강주희, 2005).

⑤ E(효과: Effect)는 논박의 효과를 말한다. 논박을 하게 되면 먼저 비합리적 생각이 합리적 생각으로 바뀌는 인지적 효과가 나타난다. 그렇게 되면 비합리적 생각 때문에 일어난 부적절한 정서가 적절한 정서로 바뀌는 정서적 효과와 부적절한 행동이 적절한 행동으로 바뀌는 행동적 효과가 나타난다.

(4) 인지행동 모델의 기본개념

인지행동 모델은 인지 모델과 행동 모델을 통합하여 활용한 것으로 때로 행동이론에 근거한 인지적 개입기술(cognitive intervention based on behavioral approach)로 불리기도 하는 마이켄바움(Meichenbaum, 1977; 1985)의 인지행동 모델이며 인지행동치료사들은 일부 행동들이 내면적인 사건이나 정신적인 사건 때문에 생긴다고 본다. 인지행동치료사들은 생각과 감정과 같은 인간의 내면적 행동은 동물의 행동을 설명할 때 사용하는 두 가지의 단순한 법칙과는 다른 원리에 따라 작용할 수 있다고 주장한다(이관직 역, 2009).

인지행동주의 모델은 첫째, 인지활동은 행동에 영향을 미치며, 둘째 인지활동은 모니터 되고 변경될 수 있고, 셋째 바람직한 행동변화는 인지변화를 통한 영향을 받는다는 기본적인 가정을 공유한다(Dobson & Dozois, 2001).

대부분의 인지행동 모델들은 문제에 초점을 둔 시간제한적인 접근으로서 클라이언트가 자신의 사고와 행동을 통제하기 위한 대처기제를 학습하는 교육적 접근을 강조한다. 또한 인지변화는 감정의 변화로 쉽게 이어지는 반면 인지변화가 자동적으로 행동변화를 수반하는 것은 아니므로 인지변화를 행동변화로 이끌기 위한 다양한 행동주의 기술과 기법들을 적극 활용한다(김혜란 외, 2008). 인지행동 모델의 기본개념을 간략하게 정리하면 다음과 같다(설진화, 2009).

① 기본개념

- 스키마(도식, Schema): 기본적 신념과 가정을 포함하여 사건에 대한 개인의 지각과 반응을 형성하는 준거틀(framework) 또는 인지구조로 특정 대상에 관한 과거의 경험, 그 대상에 대해 타인이 겪은 경험의 관찰, 그 대상에 관한 타인과의 대화 등 대개 과거의 경험과 다양한 경로를 통해 형성된다. 스키마는 한 개인에게 적응적이고 기능적인 기능과 부정적 기능을 할 수 있다.
- 자동적 사고: 순간순간 머리에 떠오르는 평가적 사고나 이미지로서 당사자에게는 타당하며 현실적인 것처럼 생각되기도 하지만 심사숙고하거나 합리적으로 판단한 결과가 아니다. 대부분 자동적 사고(automatic

thinking)에 뒤따라 일어나는 감정의 변화를 인식하는 경우가 더 많아 결과적으로 자동적 사고를 사실인 것처럼 무비판적으로 받아들이기 쉬우며 "이건 너무 어려워!"와 같이 대부분 부정적 내용이며 역기능적으로 작용한다.

- 핵심믿음 또는 핵심믿음체계: 자동적 사고는 지속적 인지현상인 믿음으로부터 나온다. 어린 시절부터 사람들은 자신과 다른 사람들, 그리고 세상에 대해 믿음을 형성해 나간다. 이렇게 자신도 인지하지 못하면서 근원적으로 깊은 수준에서 형성된 믿음이 핵심믿음체계이다. "나는 너무 무능해!"와 같이 핵심믿음(core belief)이 정확한 근거 없이 부정확하고 역기능적일지라도 그것만을 맹목적으로 믿고 일반화하게 되어 반대되는 정보는 무시하거나 개의치 않게 된다.
- 중간믿음 또는 중간믿음체계: 핵심믿음체계와 자동적 사고 사이에는 태도, 규칙, 가정들로 이루어진 중간믿음(intermediate belief)체계가 있다. 이것은 어떤 상황을 보는 관점에 영향을 주어 그 사람이 어떻게 느끼고 행동하는지에 영향을 주지만 자신은 잘 인식하지 못한다.

한편 인지적 산물(cognitive products)은 인지적 구조의 바탕 위에서 외부자극에 대한 정보의 처리 결과로 생성된 인지를 의미한다. 인지적 산물은 외부의 자극과 개인 내부의 인지적 구조가 상호작용한 결과물로 사고나 심상의 형태로 나타나며 이것은 감정과 행동에 영향을 미치게 된다. 정서장애를 지닌 사람들은 특정한 주제에 대해서 편향된 인지내용을 구성하는데, 불안장애를 지니면 주변 환경에 존재하는 위험 가능성을 과도하게 평가하고, 우울증상이 있는 사람들의 인지적 구조는 상실이나 실패를 너무 심각하게 받아들이며 지나치게 비판적으로 평가하는 경향이 있다. 이러한 인지적 구조는 역기능 신념 형태로 나타나고 자동적 사고로 발전되어 개인은 자신에 대한 통제력을 상실하게 된다(엄영문, 2009).

인지적 과정(cognitive processes)은 인지적 구조가 인지적 산물을 만들어 내는 방식이며 입력된 정보가 지각되어 의미부여가 이루어지고 추론되어 의미가 확대되는 정보변환의 과정을 의미한다. 심리장애를 가진 사람들은 외부자극을 해석하는 인지적 과정에서 여러 가지 오류를 범하게 되어 외부자극의 의미가 현저하게 과장되거나 왜곡되며 이로써 현실적응이 어렵다. 이들의 부적응적 인지의 속성은 ① 특정한 인지기능 저하나 결손, ② 편향되고 왜곡된 사고 등이며 공황장애자들은 이런 부적응적 인지 속성을 지니고 있다(Beck, 1964; Hollon, 1984; Ingram, 1986; 권석만, 2006; 엄영문, 2009 재인용).

- 인지적 오류 또는 인지적 왜곡: 스트레스성 생활사건이나 환경적 자극의 의미를 해석하는 정보처리과정에서 범하는 체계적 잘못을 인지적 오류라고 하며 그 종류는 다음과 같다.
- 이분법적 사고: 어떤 사건이든지 간에 흑 아니면 백으로 보는 극단적 사고경향을 말한다.
- 임의적 추론(자의적 유추): 자신들이 경험한 한두 번의 사건만 가지고 확실한 증거 없이 부정적 결론을 내는 것을 말한다.
- 선택적 추론: 주된 내용은 무시하고 특정한 일부의 정보에만 주의를 기울여 전체 의미를 해석하는 것으로 전체적 상황이나 맥락을 무시한다.
- 과잉일반화: 일부 사건에 근거하여 일반적 법칙이나 결론을 내리고 무관한 상황에까지 적용하는 것으로 연관되지 않은 사건에 대한 결론이나 법칙을 끌어내서 관련되는 상황에 광범위하게 적용하는 것이다.
- 과장과 축소: 어떤 사건의 중요성이나 크기를 평가할 때 지나치게 과장하거나 축소하는 것으로 사건의 의미나 크기를 왜곡하는 것이다.
- 개인화: 자신과 관련지을 뚜렷한 증거가 없는데도 부정적 사건이나 상황을 자신과 관련지어 해석하는 것이다.
- 행동성형(행동형성, 순응, 조성): 기대하는 반응이나 행동을 학습할 수 있도록 기대에 부응하는 행동에 대해 강화를 함으로써 긍정적 행동을 점진적으로 만들어 나가는 것을 말한다. 클라이언트가 원하는 반응에 접근할 때마다 강화가 주어지는 점진적 접근방법이다.

이외에도 규칙(rules), 의미(meaning), 부적응적 사고(maladaptive thoughts), 학습이론 등의 개념이 있다(설진화, 2009).

다음은 인지행동 모델의 특징을 정리한 것이다(엄명용 외, 2008; 이영호, 2008).

② 인지행동 모델의 특징

- 주관적 경험의 독특성: 각 개인이 갖는 삶의 사건과 정서반응의 독특한 의미, 현실을 조직하는 데 작용하는 정보전달 과정, 신념, 신념구조와 같은 주관적 경험의 독특성을 존중하고 이해해야 한다.
- 협력적 노력: 클라이언트의 문제해결은 클라이언트와 사회복지사의 협력적 노력에 의해 이루어진다고 가정하고 있기 때문에 클라이언트의 협력적 노력과 상호신뢰를 기반으로 하는 특징이 있다.
- 자신과 타인을 위한 무조건적 관심: 인지행동 모델에서 사회복지사는 모든 인간은 가치가 있다는 견해를 가지며 인간은 누구나 강점과 제한점, 기술과 재능, 지식과 무지, 예외적 특성과 흐름을 가지고 있다는 자기수용을 기반으로 하고 있다.
- 구조화되고 직접적인 접근: 사회복지사는 일정한 절차가 있는 개입과정을 유지하고 비협조, 힘의 갈등, 종결 등과 같은 이슈를 관리하고 표적이 되는 문제에 전략적 초점을 유지한다. 사회복지사와 클라이언트 간의 협력이 중요하지만 궁극적 책임은 사회복지사에게 있다.
- 적극적 참여: 클라이언트는 적극적 역할을 수행하도록 기대되며, 협력을 통해 변화를 위한 전략이 세워지면 클라이언트는 사회복지사와 함께 변화 노력을 기울이며 성취에 필요한 자료를 모으고 스스로가 능동적으로 문제해결에 참여해야 하며 성취된 것이 유지되도록 노력해야 한다.
- 교육적 모델: 효과적 개입에서 중요한 것은 클라이언트 문제에 대해서 파악하고, 인지행동 모델의 개념을 이해하는 것이다. 이를 위해서 개입의 초기에는 인지행동 모델에 관한 교육이 필요하다. 독서요법, 쓰기 과제, 문서, 오디오와 비디오 테이프 사용, 강의와 세미나 참여 등 직접적 교육을 포함한다.
- 문제에 초점을 두며 목표 지향적이고 문제 중심적이다.
- '지금-여기'를 강조한다.
- 소크라테스 식 방법: 소크라테스 식 질문 및 접근방법은 클라이언트의 문

제를 논박을 통해 인지적 왜곡이나 오류가 있음을 밝혀내고 질문을 통해 자기발견과 타당화의 과정을 거치게 되어 사건이나 행동의 의미를 재발견하는 것이다.

- 사고, 감정, 행동을 변화시키기 위해 다양한 치료기술을 사용한다.

2 인지행동 모델의 개입목표와 과정

1) 인지 모델의 개입목표와 과정

인지 모델에서는 클라이언트의 학습경험을 강조한다. 클라이언트는 첫째, 자신의 부정적 자동사고(automatic thought)를 모니터하고, 둘째 인지와 정서, 행동의 연관성을 인식하며, 셋째 자신의 왜곡된 자동 사고를 뒷받침하거나 반박하는 근거를 점검해 보고, 넷째 왜곡된 인지를 보다 현실 지향적으로 해석하며 대체하고, 마지막으로 왜곡된 인지유형으로 기울어지게 된 저변의 가정들과 믿음을 규명하고 변경할 수 있도록 학습한다(Beck, Ruch, Shaw, & Emery, 1979).

다른 인지행동 모델과는 달리 인지치료에서는 클라이언트들의 의미체계가 서로 다르다는 것을 강조한다. 따라서 사회복지사는 클라이언트가 왜 그렇게 반응했는지에 대해 추측할 것이 아니라 클라이언트의 생각들이나 이미지들에 대해 물어보아야 한다. 이를 통해 클라이언트의 생각들이나 이미지들이 어떤 의미인지 확인하고 개별 클라이언트의 의미체계를 이해하며 이들이 보다 현실적으로 변화하도록 교육한다. 치료가 진행됨에 따라 클라이언트는 보다 많은 책임을 지게 되고 사회복지사는 치료자가 아닌 자문의 역할을 수행한다. 인지치료에서 흔히 사용하는 '역기능적 사고에 대한 일지'(〔표 4-4〕 참조)는 클라이언트가 자신의 일상생활에서 불쾌한 감정을 경험할 때마다 상황과 감정, 감정에 선행하는 자동사고, 자동사고에 대한 합리적 반응, 합리적 반응에 따르는 결과를 작성하도록 교육하기 위한 도구이다(김혜란 외, 2008).

[표 4-4] 역기능적 사고에 대한 일지

날짜	상황	정서적 반응	자동적 사고	합리적 반응	결과
	아래의 사항을 기록하십시오. ① 불쾌한 감정을 가져다 준 실제의 사건 ② 불쾌한 감정을 가져다 준 사고의 흐름, 공상, 회상	① 슬픔, 불안, 분노 등을 확실하게 한다. ② 감정의 강도를 1~100으로 사정한다.	① 감정에 앞선 자동적 사고를 기록한다. ② 자동적 사고가 어느 정도 적합한지 1~100으로 사정한다.	① 자동적 사고에 대한 합리적 반응을 기록한다. ② 합리적 반응이 어느 정도 적합한지 1~100으로 사정한다.	① 자동적 사고가 어느 정도 적합한지 1~100으로 재측정한다. ② 그 후의 감정을 1~100으로 사정한다.

출처: 원요한(2007), 사회복지실천기술론, p. 286.

2) 합리정서행동 모델의 개입목표와 과정

합리정서행동 모델의 개입목표는 교육적 환경에서 클라이언트의 비합리적 신념을 합리적 신념으로 바꾸도록 원조하는 것이다.

먼저 클라이언트가 자신의 부정적 감정 혹은 행동과 연관된 비합리적 신념을 찾아내고 비합리적 신념이 옳은지 그른지에 대해 사회복지사와 토론함으로써 비합리적 신념과 합리적 신념을 구분해 내도록 교육한다. 토론과정에서 사회복지사는 클라이언트에게 일방적으로 설명하는 것이 아니라 소크라테스 산문법(dialogic method)을 주로 사용한다. 즉 클라이언트의 비합리적인 신념에 대해 질문하고 이에 대한 클라이언트의 답변에 대해 반복적으로 질문함으로써 결국 클라이언트가 자신의 논리를 비판적으로 검토하도록 원조한다. 예를 들어 '당신이 이것을 반드시 해야 하는 근거가 있습니까?', '당신이 이것을 원하면 반드시 이것을 해야 한다고 어떻게 생각할 수 있습니까?' 등의 질문을 사용한다.

합리정서행동치료에서 사회복지사는 일정양식을 작성하는 숙제를 클라이언트에게 부여하기도 한다. 이 양식은 다음의 내용으로 구성되어 있다(Dryden

& Ellis, 2001; 김혜란 외, 2008 재인용).

① 부정적 감정 혹은 행동에 선행하는 사건

② 부정적 감정 혹은 행동

③ 부정적 감정 혹은 행동으로 이끈 비합리적 신념(예 나는 내가 의미를 부여하는 사람들에게 인정받아야만 한다.)

④ 비합리적 신념에 대한 반박(예 왜 내가 인정받아야만 하는가?)

⑤ 효과적인 합리적 신념(인정받고는 싶지만 반드시 인정받아야만 하는 이유는 없다.)

⑥ 합리적 신념에 따르는 감정과 행동

3) 인지행동 모델의 개입목표와 과정

인지행동치료의 개입목표는 행동과 감정에 대한 생각 즉 인지의 영향을 이해하는 방법과 그 영향의 본질을 변화시키는 방법을 개발하는 것이었다. 효과적인 변화를 위해서는 다음 세 단계의 과정이 필요하다(Meichenbaum, 1977).

첫째, 클라이언트는 호소문제와 관련성이 있는 생각을 점점 인식하는 것이다.

둘째, 사회복지사와 클라이언트는 클라이언트에게 고통을 불러일으키는 생각들을 대체할 대안적인 생각들 즉 대안적인 자기진술을 결정한다.

셋째, 사회복지사는 클라이언트가 변화된 생각을 계속 실행하며 비파괴적인 인지의 유익을 경험하도록 한다.

위와 같은 과정을 기반으로 인지행동 모델의 구체적인 개입과정을 살펴보도록 한다.

① 클라이언트가 호소하는 심리적 문제를 정서적 · 행동적 · 신체적 문제별로 나누어 클라이언트와의 합의하에 치료 목표를 정한다.

② 이러한 심리적 문제가 인지적 요인과 관련되어 있음을 클라이언트가 납

득할 수 있도록 인지치료의 기본원리를 이해시킨다.

③ 클라이언트의 심리적 증상을 야기하는 부적응적인 자동적 사고를 클라이언트와 함께 탐색한다.

④ 확인된 자동적 사고의 현실적 타당성을 클라이언트와 함께 살펴본다.

⑤ 부적응적 사고에 대해서 보다 현실적이고 적응적인 대안적 사고를 탐색하고 이러한 사고로 대체한다.

⑥ 과거의 습관화된 부정적 사고 패턴이 생활 속에서 나타날 때마다 보다 적응적 사고로 대체하는 작업을 꾸준히 계속하도록 격려한다(Beck, 1997; 엄영문, 2009 재인용).

3 인지행동 모델의 개입기법

1) 치료관계의 적극적 이용

인지치료에서 클라이언트와 사회복지사와의 관계는 잘못된 인지를 바꾸도록 원조하는 수단으로서 다음의 두 가지 방식을 효과적으로 사용할 수 있다(Lantz, 1996).

① 관계에서 긍정적 배려(positive regard) 기법은 클라이언트의 성장, 능력 등에 관한 사회복지사의 의견 혹은 견해는 지지의 형태로 클라이언트에게 전달될 수 있고 이는 클라이언트의 자긍심 향상에 기여한다. 즉 사회복지사가 치료과정 동안 존중과 지지, 격려를 제공함으로써 클라이언트가 가치 있는 중요한 존재임을 나타낼 수 있고 이때 비로소 왜곡된 인지과정은 차단될 수 있다.

② 클라이언트와 사회복지사 사이의 관계에서 일어나는 왜곡에 초점을 두면서 검토하는 기법은, 이 과정을 통해 클라이언트는 자기 자신에 대한 잘못된 생각과 타인으로부터 어떠한 대우를 스스로 기대했는지 깨닫게 된다.

2) 내적 의사소통의 명확화

내적 의사소통의 명확화(clarifying internal communication) 기법은 클라이언트 스스로 자신에 대해 독백하고 생각하는 것으로 이에 대해 사회복지사가 피드백을 제공하는 장점 때문에 효과적이며 인지적 사회복지실천에서 흔히 사용되고 있다. 이를 통해 사회복지사는 클라이언트가 자기 자신 및 타인에게 한 말 속에 감추어져 있는 수많은 잘못된 생각 및 비합리적 신념을 더 잘 이해하도록 돕는다.

3) 설명

설명(explanation) 기법은 클라이언트가 잘못된 생각들을 변화시키도록 돕는 기법으로서 엘리스(Ellis)의 ABC 모델에서의 인지, 정서, 행동의 사이클을 이해시킴으로써 이 정서의 파급효과에 대한 것을 인식하도록 하는 것에 초점을 둔다. 즉, 촉발사건(Accident)이 있은 후에 클라이언트는 자신의 신념(Belief), 사고 혹은 사건에 대해 스스로 이야기하며, 이 신념 인지, 자기대화로부터 야기된 감정적 결과(Consequence)를 설명하는 것이다.

4) 서면 과제물 할당

서면 과제물(written homework)은 클라이언트가 읽고 쓰는 능력을 갖추었다면 비합리적 자기대화 등을 확인하고 변화시키는 데 있어 유용한 도구가 될 수 있는 방법으로서 클라이언트의 적극적 참여와 협조를 기반으로 하고 있다. 클라이언트가 자신의 문제에 대한 인식을 향상시킬 수 있고 새로운 행동을 획득하거나 과거의 반응을 제거할 수 있도록 돕는다(Cormier & Cormier, 1991).

5) 역설적 의도

역설적 의도(paradoxical intention)는 클라이언트가 어떤 불유쾌한 구체적 행동이 자꾸 발생하는 것을 불안해하는 나머지 그 행동을 오히려 더욱 발전시킬 경우에 가장 적절하게 사용될 수 있다. 그러나 이 기법은 많은 유용성에도 불구하고 주의를 요한다. 이 기법은 클라이언트의 불안에 대한 인지적 오류에 도전하고 두려워하는 행동을 하도록 지시하는 것으로 이중구속 메시지(double bind message)를 전달하는 것이다.

예를 들어 "계속 우울하게 지내세요."라고 우울증상을 가진 클라이언트에게 지시하면 클라이언트는 우울한 것을 유지하기 위해 노력하게 되고, 이는 자신의 우울에 대한 통제력을 지속적으로 유지함으로써 자신감이 생기게 되고 반대로 우울해지기를 거부하면 증상으로부터 벗어나는 긍정적 결과를 초래한다. 그러나 클라이언트의 우울이 신체적인 것이거나 공격적 성향이 있는 경우, 역설적 의도에 대한 충분한 이해가 없는 경우 등에는 사용할 수 없다.

6) 시연

시연(행동시연: rehearsal)이란 클라이언트가 습득한 새로운 행동기술을 현실에서 직접 실행하기 이전에 사회복지사 앞에서 반복적으로 연습하는 것을 말한다(Lantz, 1996). 특히 집단의 장면에서 많은 사람의 긍정적 피드백을 동시에 받을 수 있다면 더욱 효과적이다.

이외에도 정적 강화, 부적 강화, 소거, 체계적 둔감법, 주장훈련, 모델링 등 많은 행동수정 기법이 활용된다(설진화, 2009).

[표 4-5] 인지행동이론의 주요기술

치료기술	설명
내적 의사소통의 명확화	• 클라이언트 스스로에게 피드백을 줌으로써 자신의 생각과 이야기 속에 숨겨진 인지적 오류와 비합리적 신념에 대한 통찰력을 발전시키고 이해할 수 있도록 도움
설명	• 클라이언트의 정서가 엘리스(Ellis)가 제시한 ABC 모델(사건–인지–정서적 결과)에서 어떻게 작용하는가를 가르쳐 주는 일련의 치료기술
기록과제	• 클라이언트로 하여금 정서에 대한 엘리스의 ABC 모델을 활용하는 방법에 대해 읽고 기록할 수 있도록 양식을 제공함
경험적 학습	• 클라이언트에게 자신의 인지적 오류에 부합하지 않는 특정한 행동을 하도록 함으로써 클라이언트가 자신의 인지적 오류를 발견하고 수정하도록 함
역설적 의도	• 특정행동에 대한 클라이언트의 불안이 그 행동을 유발할 때 클라이언트가 두려워하는 행동을 하도록 지시함으로써 클라이언트의 인지적 오류에 도전하고 불안을 감소시킴
역동적 · 실존적 숙고 치료활동	• 객관적이고 물질적인 세계에 초점을 두고 실제적인 문제에 대한 답을 찾아가는 것을 강조한다. 역동적 숙고와 삶에 대한 의미와 잠재적 의미에 대해 숙고하는 실존적 숙고를 통해 인지적 재구조화를 촉진시킴
인지 재구조화	• 클라이언트의 역기능적 사고와 관념을 인식하고 이를 현실적인 사고와 관념으로 대치하고 순기능적일 수 있도록 돕는 것
모델링	• 관찰학습과정을 통해 클라이언트가 시행착오 학습을 거치지 않고 원하는 행동을 학습할 수 있도록 하는 것
시연	• 발달시키고자 하는 행동을 반복적으로 연습함으로써 행동으로 숙달되도록 하는 것
자기지시 기법	• 목표선택, 목적행동 형성, 자기탐지, 계획의 실천 등의 과정을 통해 자신을 통제하거나 변화시키기를 원하는 구체적인 행동에 대한 지침과 계획들을 세우는 것
체계적 둔감화	• 클라이언트에게 가장 덜 위협적인 상황에서 가장 위협적인 상황까지 상황들을 순서대로 제시하면서 불안 자극과 불안 반응 간의 연결이 없어질 때까지 불안을 일으키는 자극들을 반복적으로 이완 상태와 짝짓는 것
이완훈련	• 근육의 수축과 이완, 깊고 규칙적인 호흡, 즐거운 사고나 심상 등을 훈련함으로써 일상생활에서 유발되는 스트레스에 대처할 수 있도록 가르침

출처: 이영호 외(2008), 사회복지실천기술론, p. 156. 재인용.

＊ 생각해 볼 점

1 자신이 경험하는 역기능적 사고에 대한 일지를 매일 작성해 본다.

2 클라이언트의 자기결정권(self-determination)에 대한 존중이 자연스럽게 표현되기 위해서 필요한 노력에 대해 알아본다.

3 인지행동 모델의 개입과정을 실제 혹은 가상 사례에 적용하는 연습을 해 보고 결과에 대해 토론해 본다.

▸▶ 참고문헌

강주희(2005). 인지 · 정서 · 행동치료(REBT)를 활용한 체계적인 불안 감소 훈련 프로그램의 효과. 박사학위논문. 대구카톨릭대학교 대학원.

김혜란 · 홍선미 · 공계순(2008). 사회복지실천기술론. 경기: 나남출판.

설진화(2009). 사회복지실천기술론. 경기: 양서원.

양옥경 · 김정진 · 서미경 · 김미옥 · 김소희(2000). 사회복지실천론. 서울: 나남출판.

엄명용 · 김성천 · 오혜경 · 윤혜미(2000). 사회복지실천의 이해. 서울: 학지사.

엄명용 · 노충래 · 김용석 (2008). 사회복지실천기술의 이해. 서울: 학지사.

엄영문(2009). 최면-인지행동상담 프로그램이 공황장애, 내담자의 공황발작 및 광장공포, 불안, 우울에 미치는 효과. 박사학위논문. 홍익대학교 대학원.

원요한(2007). 사회복지실천기술론. 경기: 학현사.

이관직 역(2009). 현대심리치료와 기독교적 평가(A Comprehensive Christian Appraisal). 서울: 대서.

이영호(2008). 사회복지실천기술론. 경기: 공동체.

Bandura, A.(1978). The self system in reciprocal determinism. *American Psychologist, 33*, 344-358.

Beck, A. T., Ruch, A. J., Shaw, B. F., & Emery, G.(1979). *Cognitive therapy of depression*. NY: Guilford.

Beck, A., Ruch, A., Hollon, S., & Shaw, B.(1979). *Cognitive therapy of depression*. NY: Guilford.

Cormier, W. H., & Cormier, L. S.,(1991). *Interviewing Strategies for Helpers: Fundamental Skill and Cognitive Behavioral Intervention*. Pacific Grove, CA: Brooks/Cole.

Dobson, K. S., & Dozois, D. J. A.(2001). Hisorical and philosophical bases of the cognitive-behavioral therapies. In Dobson, K. S.(Ed). *Handbook of cognitive-behavioral therapies(2nd ed.)*. NY: Guilford.

Lantz, J. E.(1996). Cognitive theory and social casework. *Social Work, 23(5)*, 361-366.

Meichenbaum, D.(1977). *Cognitive-behavior modification*. NY: Plenum.

Meichenbaum, D.(1985). *Stress Inoculation training*. NY: Pergamon.

Thyer, B. A., & Myers, I.(1997). Behavioral and cognitive theories. In Brandell, J. R.(Ed.). *Theory and Practice in Clinical Social Work*. NY: Free.

Chapter 05

사회복지실천 모델과 개입기술: 행동주의 모델

* 학습의 목표

1 행동주의 모델의 이론적 기반을 알아본다.

2 고전적 조건화와 조작적 조건화에 대해 알아본다.

3 행동주의 모델을 사례를 통해 알아본다.

1 행동주의 모델의 철학과 기본개념

행동주의 이론은 정신분석이론에 반대되는 이론으로서 인간은 자신의 심리적 역동성에 의해 지배를 받는 것이 아니라, 외부환경의 학습에 의해 영향을 받는다고 가정한다. 행동주의 모델은 인간의 '행동의 관찰'을 강조한 파블로프(Pavlov)의 고전적 조건화, 스키너(Skinner)의 조작적 조건화, 반두라(Bandura)의 관찰학습 등의 이론적 배경을 갖고 클라이언트의 '환경' 요인의 중요성을 인정함으로써 사회복지실천의 중요한 지지를 받게 되었다.

행동주의 이론은 1913년 미국의 실험심리학자 존 왓슨(John B. Watson)이 창시자이며 고전적 조건형성을 동물이 아닌 사람에게 적용하였다. 그 후 1950년대에 접어들면서 프로이드(Freud)의 정신분석에 회의를 느끼는 많은 학자들이 행동주의적 접근방식의 연구를 시작하였다. 스키너를 비롯하여 앨론(Ayllon), 린드슬레이(Lindsley), 패스터(Fester), 프레멕(Premack), 울프(Wolpe) 등은 각기 조작적 행동 및 체계적 둔감법에 대한 개념을 연구, 발전시켜 치료적인 영역에 많은 영향을 미쳤다.

행동주의 이론 중 고전적(반응적) 조건이론은 1900년대 초에 파블로프가 연구한 개의 침샘실험에서 비롯되었는데, 인간을 환경에 수동적으로 반응하는 존재로 보는 이론이다. 조작적 조건이론은 1950년대에 왓슨의 행동주의에 영향을 받은 스키너에 의해서 발전된 이론으로서 인간의 행동은 외부환경으로부터 받는 강화에 의해서 결정된다고 보는 급진주의적 행동이론이다. 대리적 조건형성이론은 반두라의 이론이 소개되면서 고전적 행동주의에서 인지행동주의로 넘어가게 되었다. 특히 이 이론은 인간의 행동을 관찰하고 측정할 수 있는 장점으로 인해 사회복지실천의 객관적 평가를 높일 수 있는 과학적 이론으로 받아들여지게 되었다.

행동주의자들은 인간의 행동은 학습되는 것이며, 인간이 느끼고 생각하고 행동하는 것은 학습사(learning history)의 결과라고 주장한다. 인간의 감정은 매우 중요하지만, 흔히 생각하는 것처럼 감정이 행동을 결정짓는 것은 아니며, 감정은 행동과 환경의 관계로 인한 결과로써 나타나는 것이라고 주장한다. 따라서 행동주의에서는 행동과 행동을 통제하는 환경, 즉 조건부(contingencies)에 초점을 맞춘다.

학습이론의 기본원칙과 가정은 다음과 같다(Bruce & Fedric, 1997; 양옥경 외, 2006 재인용).

- 인간에 의해 일어나는 모든 현상들(분명한 행동과 언어, 숨겨진 사고와 인지, 느낌, 꿈 등)은 관찰이 가능하건 혹은 불가능하건 모두 행동으로 간주된다.
- 전부는 아니지만 많은 경우 인간 행동은 생활 경험에서 광범위하게 학습된다. 이러한 학습은 전 생애를 통해서 일어난다.
- 기본적인 학습은 여러 문화와 생활환경을 통하여 개인의 행동으로 나타나며, 정상적이거나 역기능적인 행동, 느낌, 사고 등은 학습의 결과이다.
- 대인적(對人的) 행동 역시 이러한 학습과정에 의한 기능이며 개별관계나 집단, 조직, 지역사회, 사회현상 모두에게 일어난다. 이러한 행동은 범위가 커질수록 기본적인 학습기전(mechanism)이 보다 복잡하게 작용한다.
- 주요 학습과정은 반응적 조건화, 조작적 조건화, 관찰학습과 같이 세 가지로 대표된다.

1) 고전적(반응적) 조건형성

고전적(반응적) 조건형성에 의해 학습된 반응적 행동(respondent behavior)은 선행 자극에 대한 반응으로서 나타난 행동이다. 이런 경우 자극(stimulus)은 반응(response)을 일으킨다는 공식이 성립된다.

반응적 행동을 처음 관찰한 학자는 러시아 생리학자인 파블로프이다. 파블로

프는 개에게 음식을 줄 때마다 종을 울리면 일정기간이 지난 후 개는 종소리만 듣고 음식을 보지 않고서도 침을 흘리게 되었는데 이런 현상을 조건화(conditioning)라 하고, 종소리만 듣고도 침을 흘리는 행동을 조건반응(conditioned response: CR)이라고 불렀다. 이와 같은 일련의 조건형성과정을 고전적 조건형성이라고 부른다.

고전적 조건반응이 동물실험의 결과이기 때문에 인간행동에도 이 법칙이 적용될 수 있는지 많은 의문이 제기되었으나, 왓슨을 비롯한 고전적 조건화 이론가들은 정서적 측면을 포함한 모든 인간행동이 고전적 조건화 원리로 학습되는 것이라고 주장했다(이인정 외, 2004).

(1) 고전적(반응적) 조건형성의 주요원리

① 반응적 조건화(Respondent Conditioning)

반응적 조건화란 특정 자극에 반응하여 행동하는 것이다. 특정 자극(stimulus)은 특정 반응을 이끌어낸다. 자극은 말하는 것, 보는 것 혹은 소리를 듣는 것 등이다. 대부분의 반응은 학습되지 않고 자극에 노출될 때 자연적으로 유발된다. 이러한 자극을 '무조건 자극(unconditioned stimulus: US)'이라고 한다. 반응적 조건화는 새로운 자극에 반응하는 것을 학습할 때 일어난다. 여기서의 자연적으로 반응을 유발하는 것이 아닌 자극을 '조건적 자극(conditioned stimulus: CS)'이라고 한다. 새로운 자극이 조건 자극(CS)으로 되기 위해서는 자연적으로 반응을 유발하는 자극과 짝을 이루어야 한다. 그렇게 되면 원래의 반응과 아무 상관없이도 특정한 반응을 하는 학습이 이루어지는 것이고, 이러한 관계는 〔그림 5-1〕에서와 같이 B 선생님은 학생들이 경솔하게 말할 때 손으로 학생을 세게 때린다. 그 결과 학생들은 B 선생님을 무서워 한다. B 선생님과 손으로 때리는 것은 하나의 개념이 되어, 학생들은 선생님이 때리지 않을 때도 무서워 하는 것이다(김규수 외 역, 2002).

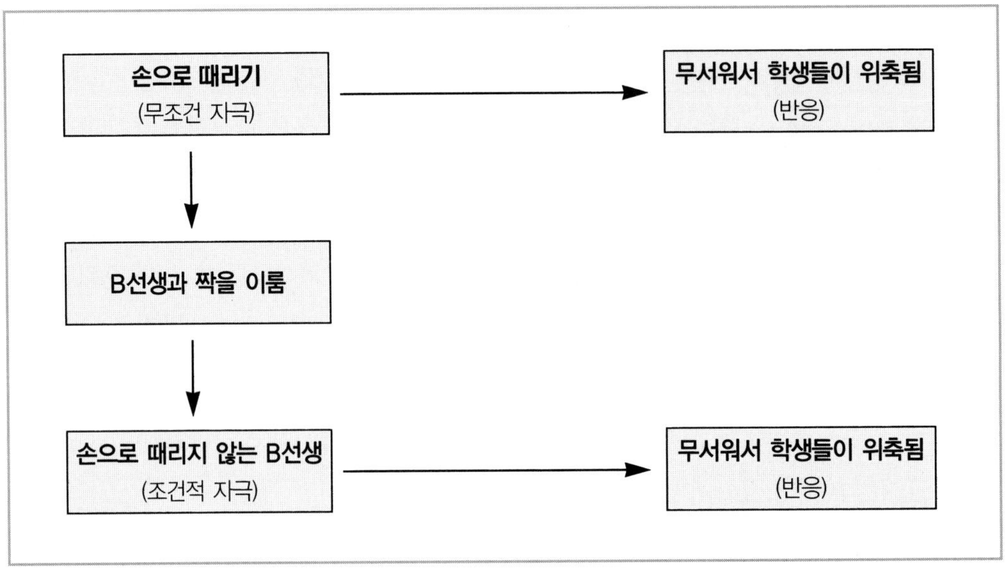

[그림 5-1] 반응적 조건화

출처: 김규수 외 공역(2002), 인간행동과 사회환경, p. 166. 재인용.

② 자극의 일반화

특정한 조건적 자극(CS)에 대한 조건반응(CR)과 유사한 다른 자극에 의해서도 발생하는 것을 자극일반화(stimulus generalization)라고 한다. 목소리와 음식의 강화제시로 자극과 반응이 짝지어져 학습된 개가 음식이라는 강화 없이 비슷한 목소리가 예시되었을 때에도 반응하는 현상을 말한다. 이 현상은 생존을 위한 필수적인 것으로, 동물이 환경의 균형에 대한 보상을 위해 보다 비슷한 다른 자극에 반응하도록 일반화한 것이다(강진령, 2008). 자극일반화는 다른 자극의 유사한 반응이다.

③ 변별자극

조건화가 되면서 비슷한 자극에 대해 반응을 보이지만 일정 시점 이후에는 특정한 자극에만 반응을 하고, 다른 자극에는 반응을 하지 않는 것을 변별자극(discrimination stimulus)이라고 한다. 유기체의 행동을 통제하기 위해 유기체의 특정행동에 대한 강화가 주어지는 때와 연합되어 보상이 가능함을 암시하는 특수자극, 소리 또는 판에 색깔이 있는 조명을 비추는 것과 같은 특수 자극이 있을 때 반응하는 것을 학습하게 되는 것이 그 예이다(강진령, 2008).

④ 소거

반응적 조건화(RC)에서 무조건 자극(US) 없이 조건자극(CS)만이 지속되는 경우, 조건반응(CR)은 서서히 약해지고 더이상 반응 자체가 일어나지 않게 된다. 이와 같이 반응 자체가 일어나지 않게 되는 것을 소거(extinction)라고 한다.

예를 들면 아장아장 걷는 어린아이의 어머니는 아이가 짜증을 내면서 울거나 떼를 쓸 때 아이에게 사탕을 사줌으로써 아이의 떼쓰는 행동을 강화하게 한다. 사회복지사는 그 부모에게 이전과 같은 반응을 하지 않게 함으로써 아이의 그러한 행동을 무시하도록 지시할 것이고, 그렇게 되면 아이의 떼쓰는 행동이 소거될 것이다(배태순 외 역, 2008).

⑤ 자발적 회복과 재조건형성

소거현상에 의하여 조건반응이 일어나지 않게 된 후, 조건적 자극도 무조건 자극도 전혀 제시하지 않다가, 무조건 자극을 다시 제시하면 소거되었던 것으로 보이던 조건반응이 다시 회복되는 경향이 있다. 이것을 자발적 회복(spontaneous recovery)이라고 한다. 자발적 회복이 생긴 이후 계속해서 조건적 자극과 무조건 자극을 짝지어 제시하면, 조건반응은 곧 원래의 강도를 되찾게 된다. 이러한 현상을 재조건형성(reconditioning)이라고 한다. 재조건형성은 처음 조건형성될 때보다 시간이 단축되어 빨리 이루어지는데, 이것은 소거가 이루어진 후에도 원래 조건형성되었던 것이 어느 정도 남아 있기 때문이다(전남련 외, 2007).

⑥ 고차조건형성(Higher-order Conditioning)

조건화가 형성된 이후에 조건적 자극을 무조건 자극으로 하고, 조건반응을 무조건반응으로 하여 또 다른 조건반응을 형성할 수 있다. 이것을 2차적 조건형성이라고 한다. 이런 방식으로 하여 제3, 제4의 조건적 자극을 만들어 낼 때, 이러한 절차로 이루어진 형성을 고차적 조건형성이라고 부른다(전남련 외, 2007). 예를 들어, 찰깍 하는 소리가 날 때마다 불이 번쩍인다면 그 불은 결국 조건적 자극이 될 것이며, 심지어 찰깍 하는 소리가 나지 않을 때에도 눈

깜빡임을 이끌어 낼 것이다. 고차 조건형성은 그것이 중성자극과 짝을 이룰 때 조건적 자극을 얼마나 잘 설정하였는가에 달려 있다(안병환 외, 2009).

대부분의 조건형성 실험에서, 중성자극은 먹이 같은 무조건 자극(US)과 짝지어진다. 고차 조건형성에서는 중성자극이 잘 확립된 조건적 자극(CS)과 짝지어진다. 이 절차는 조건반응을 습득시키는 데 있어서 일반적으로 조건적 자극(CS)-무조건 자극(US) 짝짓기보다 덜 효과적이지만, 인간의 삶에서 아주 중요하다. 우리가 보이는 정서적 반응들(예컨대 선호, 혐오, 공포, 사랑) 중에 최소한 부분적으로는 고순위 조건형성을 통해 습득되는 것으로 보이는 반응이 많다(김문수 · 박소현 역, 2008).

2) 조작적 조건형성

왓슨의 행동주의에 영향을 받은 스키너가 손다이크(Thorndike)의 문제상자에 시행착오 학습원리를 적용한 지속적인 실험을 통하여 실생활에서의 학습원리로 발전시켰다. 손다이크의 조건형성실험은 고양이가 한 조각의 고기를 얻으면 문제상자에서 탈출할 수 있도록 고안되어 고기조각을 얻는 경험이 많아질수록 탈출시간이 빨라지는 것을 알아냈다. 스키너는 이 원리를 인간의 실생활에 적용하면서 일상생활에서 어떤 행동에 대한 결과적 반응이 긍정적이냐 혹은 부정적이냐에 따라 후속행동의 계속 여부가 결정되는 것을 발견하였다(최순남, 1993; 양옥경, 2006 재인용).

스키너는 행동의 발생가능성은 결과에 의해 영향을 받는다는 것을 관찰하였다. 즉, 결과에 영향을 미친다는 의미에서 조작적 행동(Operant Behavior)이라 하며, 선행사건-행동-결과를 강화의 조건부라 한다.

(1) 조작적 조건형성의 주요개념

① 조작적 행동(Operant Behavior)

조작적 행동을 개념화하는 방법 중의 하나는 A, B, C 즉 '선행사건(Antecedents)', '행동(Behaviors)', '결과(Consequences)'로 나누어서 살펴보는 것이다. 선행사건(A)은 행동 이전에 일어나는 사건을 말한다. 이 사건은 일어날 행동의 단계를 설정한다. 여기서 중요한 점은 행동이란 '측정할 수 있는 용어로 정의한다'는 것이다. 따라서 생각과 감정조차 이것을 명확하게 기술할 수 있는 용어가 있는 한 변할 수 있다. 행동(B)은 관찰 가능하고 측정 가능한 행동이다. 결과(C)는 강화와 벌로 특정 행동의 직접적인 결과물이다.

조작적 조건화에 포함되는 대부분의 행동은 관찰할 수 있다. 생각과 느낌조차도 그에 따르는 부수적인 행동으로 관찰할 수 있다. 조작적 조건화의 마지막 과정은 행동의 결과이다. 여기서 결과란, 특정 행동의 직접적인 결과인 그 무엇을 말한다. 강화와 벌은 결과를 가장 잘 설명하는 용어이다(김규수 외 역, 2002).

② 강화(Reinforcement)

강화는 특정 행동을 자주 하는 경우 특정 행동의 증가를 관리하는 것을 의미한다. 특정행동은 특정의 선행조건이 있으며, 그 행동을 좀 더 자주, 그리고 그 빈도를 유지하도록 했다면, 그 결과를 강화라고 한다. 강화물은 행동을 강화해 미래에 그 행동을 다시 할 가능성을 높이는 역할을 한다.

스키너는 행동의 결과로 일어날 수 있는 강화에는 두 가지 강화, 즉 정적 강화(positive reinforcement)와 부적 강화(negative reinforcement)가 있다. 이 두 가지 강화는 모두 반응의 가능성을 증대시킨다. 즉, 행동을 강화한다. 정적 강화에는 반응을 하고 난 이후에 정적 강화물이 제시된다. 정적 강화물이 반응 직후에 주어졌을 때 그 행동이 일어날 확률이 높다. 예를 들어 음식, 물, 성적 접촉 등과 같은 것을 제시하는 것인데 이것을 정적 강화 자극이라 한다.

부적 강화물은 어떤 행동이 일어난 직후에 부정적인 사건을 제거했을 때 그 행동이 점차 일어날 확률을 높이는 자극을 말한다. 예를 들어 견디기 힘든 추위나 더위, 아주 큰 소음, 위협, 전기충격과 같은 어떤 것을 제거시켜 줌으로써 어떤 행동이 일어날 확률을 높이는 것이다. 이 두 가지 강화의 효과는 동일하며, 모두 반응의 확률이 증가한다. 스키너는 부적 강화보다는 정적 강화를 더 선호했다. 그는 어떤 상황을 회피하기 위해 행동을 하는 경우(부적 강화의 경우)보다는 행동을 한 결과로 어떤 것을 획득할 수 있을 때(정적 강화의 경우)가 가장 좋다고 생각했다(전남련 외 2007). 〔그림 5-2〕는 긍정적 강화, 부정적 강화, 벌, 소거의 개념에 대한 차이를 잘 보여 주고 있다.

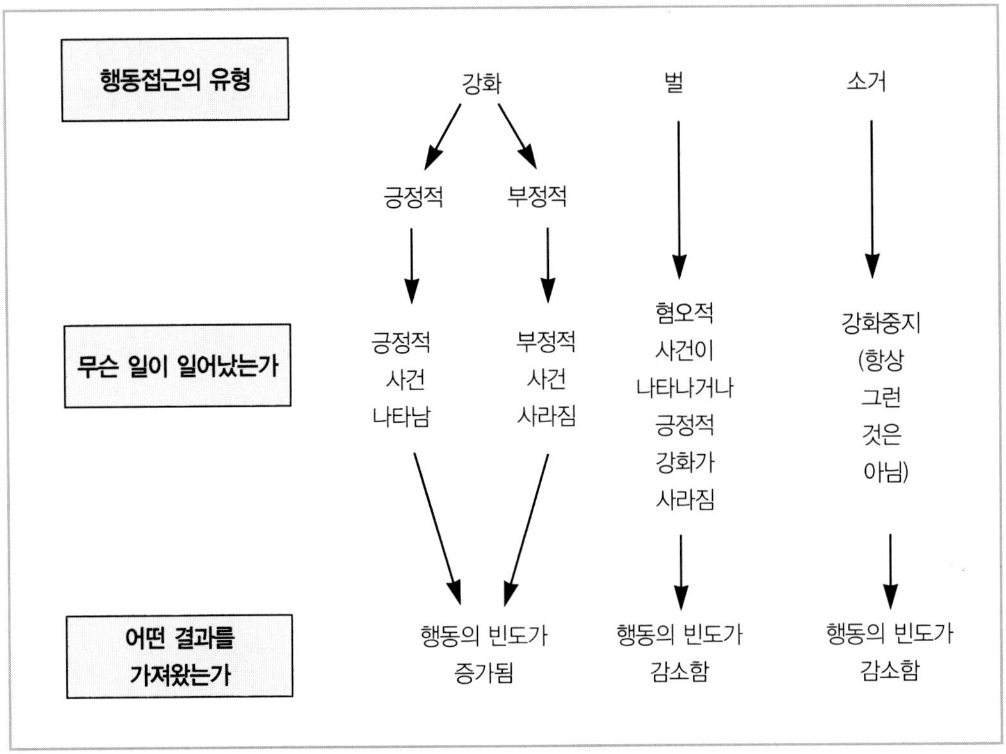

[그림 5-2] **긍정적 강화, 부정적 강화, 벌, 소거**

출처: 김규수 외 공역(2002), 인간행동과 사회환경, p. 172. 재인용.

③ 벌(Punishment)

벌은 특정한 행동에 대해 혐오적인 사건을 표현하거나 특정행동에 대한 긍정적 강화물을 제거하는 것을 말한다. 여기에는 2가지 중요한 측면이 있다. 첫째는 벌의 결과로 특정 행동의 빈도가 감소한다는 점이다. 이는 특정 행동의 빈도가 증가하는 부정적 강화와 정반대이다. 두 번째는 2가지의 서로 다른 방식으로 벌을 다룰 수 있다. 하나는 특정한 행동 뒤 즉각 부정적이거나 혐오스러운 사건을 표현하는 것이다. 부정적인 사건으로는 엉덩이를 찰싹 때리는 것, 야단치는 것, 전기 쇼크를 주는 것 등이 있고 혐오 자극은 앞으로의 행동발생 가능성을 감소시키는 자극을 말한다. 두 번째 방식은 긍정적 강화물을 철회하는 것이다. 긍정적 강화물을 일단 철회하면 특정 행동의 빈도는 줄어든다(김규수 외 역, 2002).

④ 행동조성(Shaping)

행동조성은 다양한 점진적인 단계를 통해 궁극적으로 희망하는 복잡한 행동을 서서히 성취해가는 행동주의 기법이다. 이 분야의 전통적인 실험은 비둘기나 다른 동물들을 대상으로 실시되었다. 완벽한 방향전환을 하기 위해 희망하는 방향으로 작고 서서히 시도하는 회전이 긍정적으로 강화된다. 궁극적으로 비둘기는 한 조각의 먹이를 보상으로 받기 전에 완벽한 회전을 하도록 조성된다(배태순 외, 2008).

두 가지 유의할 점으로 첫째, 목표를 현재 클라이언트가 위치한 수준보다 조금 낮은 수준으로 설정한다. 둘째, 점차 목표를 높게 할 때 클라이언트가 위축되지 않도록 넓혀가는 범위의 간격을 좁게 잡아야 한다(설진화, 2009).

⑤ 강화계획(Reinforcement Schedule)

강화계획은 강화가 주어지는 방식을 체계적으로 기술하는 규칙을 말한다. 강화에는 일관성 있게 강화하는 계속적 강화와 부분적으로 강화하는 간헐강화가 있다. 모든 적절한 반응이 강화되는 계속적 강화는 각 행동마다 강화물을 주어 행동을 빨리 변화시키기 때문에 학습 초기단계에서 가장 효과적이며 그만큼 빠르게 진행된다. 예를 들어, 쥐가 레버를 누를 때마다 항상 강화를 받으면 레버 누르기가 연속 강화 계획상에 있는 것이다. 간헐적 강화는 가끔씩 강화를 하여 적용된 경우에 학습이 서서히 일어나지만 행동의 소거에 대한 저항이 강해지기 때문에 학습된 행동을 유지하는 데에 보다 유용하다(김혜란 외, 2006).

〔표 5-1〕과 같이 행동에 따라 다른 효과를 내는 여러 종류의 강화계획이 있다.

[표 5-1] 강화계획 종류

연속강화계획	간헐강화계획			
	간격강화계획(기준: 시간)		비율강화계획(기준: 횟수)	
	고정간격강화계획 ⓐ	변동간격강화계획 ⓑ	고정비율강화계획 ⓒ	변동비율강화계획 ⓓ

ⓐ 고정간격계획: 일정한 시간이 지난 뒤에 일어나는 첫 번째 행동을 강화한다(㉠ 두 시간마다 사은품 제공).

ⓑ 변동간격계획: 정해 놓은 평균간격을 유지하면서 불규칙한 시간간격 후의 첫번째 반응에 따라 강화한다(㉠ 두 시간 안에 사은품 제공).

ⓒ 고정비율계획: 반응행동이 발생한 이후 일정한 횟수만큼의 반응을 했을 때 강화가 주어진다(㉠ 작업량에 따라 지급되는 성과급 보수제도).

ⓓ 변동비율계획: 변동반응 수가 어떤 평균 수에 따라 변동한다(㉠ 도박장의 슬롯머신).

3) 대리적 조건형성

반두라에 따르면, 인간은 자신이 직접 경험하지 않더라도 행동을 학습할 수 있는데, 이런 행동을 대리적 행동(vicarious behavior)이라 한다. 즉, 인간은 단지 다른 사람들의 행동을 따라할 수 있고, 다른 사람들의 행동에 따른 결과를 관찰함으로써 행동을 학습할 수 있다.

행동을 학습한다는 이론으로서 기본적으로 강화이론에 토대를 두나, 다른 사람의 보상이나 벌을 받는 것을 관찰함으로써 간접적으로 강화를 받기 때문에 학습이 이루어진다는 이론으로 관찰학습, 모방학습이라 한다.

반두라는 모델을 관찰하는 동안 혹은 그 직후 일어나는 주의과정(attentional process), 파지과정(retention process), 운동재현과정(motor reproductive process), 동기과정(motivational process)으로 관찰학습을 설명하였다.

주의과정들은 유기체가 모델의 행동과 그 결과의 유관한 면을 관찰하는 것과 관련된다. 관찰자가 모델에게 주의를 기울이지 않거나 모델의 행동 중 상관없는 면에 주의를 기울이면 학습이 거의 일어나지 않고, 여러 변인들이 관찰자가 모델의 행동 중 적절한 면에 얼마나 주의를 기울이는가에 영향을 미친다.

반두라는 일단 유기체가 모델의 행동 중 유관한 면에 주의를 기울이고 나면,

파지과정들이 작용하기 시작하는데 파지과정이란 모델의 행동을 회상하는 데 도움이 되도록 관찰자가 행하는 행위이다. 중요한 파지과정 하나는 모델의 행동을 어떤 방식으로든 표상하는 것인데, 이것은 흔히 말로 이루어진다. 언어를 습득하고 나면 복잡한 행동을 몇 개의 단어로 요약하는 것이 가능할 때가 많다. 예를 들어 제과제빵을 배우고 있는 학생이 제과제빵사가 케익을 만드는 것을 관찰하면서 '반죽을 섞는 것이지 거품을 내는 것은 아니구나' 라고 혼잣말을 할 수가 있다.

파지과정 이후에 운동재현과정들이 이루어지는데 관찰자가 관찰한 행동을 수행하기 위해 요구되어진다. 어떤 아이가 서커스 재주꾼이 공을 가지고 재주를 부리는 것을 볼 수 있지만 많은 연습을 하지 않고는 그런 행동을 성공적으로 모방할 가능성이 적다.

마지막 동기과정이 중요한데, 특히 관찰된 행동이 모방될 것인지를 결정하는 데에 있다. 반두라에 따르면 관찰자는 모방된 행동이 강화를 가져올 것이라는 기대를 가지고 있어야 한다. 그렇지 않다면 그 행동을 수행하지 않을 것이기 때문이다.

밀러와 돌라드(Miller & Dollard)의 강화이론은 대리학습을 단순히 조작적 학습의 변형으로 취급하는 것도 가능하다고 보았다. 관찰자의 행동의 변화는 모델의 행동이 아니라 관찰자의 행동의 결과로 인한 것이다. 예를 들어 한 소년이 아버지가 직장에서 돌아오시는 소리를 듣고 인사하러 문간으로 달려갔고, 이 소년의 동생이 소년을 따라 문간으로 달려간 후에 아버지가 두 소년에게 과자를 하나씩 준다면, 이 아버지가 강화한 행동은 무엇인가? 형의 경우에는 아버지가 돌아오셨을 때 문간으로 달려가는 행동이 강화된 것이다. 동생은 형이 문간으로 갈 때 따라가면 보상이 주어짐을 학습한다.

반두라의 주장은 관찰자가 모델을 관찰하는 동안 일어나는 주의 및 파지 과정이 결정적으로 중요하다는 것이고, 밀러와 돌라드 이론에서 대리학습이 사실상 조작적 학습의 한 형태라고 가정하는 이유는 대리학습은 관찰하고 모방하는 행동이 과거에 어떻게 강화 받았는가에 좌우되기 때문이다(김문수 · 박소현 역, 2008). 대리적 학습이론에 기초한 기법은 모델링(modeling), 행동시연(behavior rehearsal), 사회기술훈련(social skills training), 역할극 등이 있다.

2 행동주의 모델의 개입목표와 과정

1) 모델의 개입목표

일반적인 원조 과정과 마찬가지로 행동주의 모델에서도 사회복지사는 클라이언트를 수용하고 지지하며, 클라이언트의 문제해결에 대한 능력과 자신감을 격려하고, 클라이언트가 가지고 있는 장점을 강조한다. 그리고 클라이언트의 문제는 클라이언트의 행동과 환경의 관계에 기인한다고 전제하기 때문에 클라이언트의 문제를 병리적으로 보지 않고 중립적인 입장을 견지한다.

관찰가능한 객관적이고 구체적이며 행동과 환경을 강조하는 행동주의 모델을 적용하는 사회복지사는 클라이언트의 문제가 되는 행동과 행동 전후에 어떤 상황과 결과가 있었는지를 분석하고, 클라이언트의 행동을 변화시키기 위한 목적으로 개입한다.

먼저, 클라이언트의 문제를 구체적으로 규정하고, 강화 조건부를 변화시키기 위한 개입방법을 결정한 후, 사회복지사와 클라이언트가 동의하는 사항에 대해 계약한다. 개입은 클라이언트가 최종 레퍼토리를 달성하도록 원조하는 데에 초점을 두며, 개입과 동시에 진행과정을 모니터하고 기록, 평가한다. 특히 클라이언트의 일상생활에서의 강화 조건부가 중요하므로, 클라이언트를 도와줄 수 있는 가족이나 친구들, 이웃 사람들을 찾아내어 클라이언트의 환경에서 강화가 이루어지도록 개입한다(김혜란 외, 2001). 이를 정리한 내용이 다음과 같다.

(1) 행동주의 이론을 적용할 때 필요한 실무지침(최옥채 외, 2008)

① 클라이언트가 지니고 있는 문제는 환경 속에 있는 사람들과의 상호작용의 결과라는 사실을 이해해야 한다.

② 변화과정은 문제행동을 유지하거나 새로운 행동의 학습을 방해하는 환경과 개인 간의 상호작용에 대한 사정으로부터 시작해야 한다.

③ 사정은 문제행동과 그 행동의 선행요인 및 결과를 검토하는 것이다.

④ 변화가 있기 이전에 실천가와 클라이언트는 함께 행동의 기초선을 설정

해야 한다.

⑤ 변화는 변화를 얻기 위해서 사용되는 방법뿐 아니라 실천가와 클라이언트와의 계약의 결과에 의해서도 이루어진다.

⑥ 변화절차는 명확하게 구체화된 변화 목적을 얻기 위해서 설정한 기초선을 수정하는 것과 관련되어야 한다.

⑦ 개입은 행동의 선행요인과 결과를 수정하는 것이며, 클라이언트의 환경적 조건을 그에게 도움이 되는 방식으로 변화시키는 것이다.

⑧ 실천가와 클라이언트는 구체적인 목표와 관련된 조건뿐 아니라 변화과정에서 나타날 수 있는 기대하지 않았던 결과에 대해 정기적이고 체계적인 점검을 하여야 한다.

2) 행동주의 모델의 개입과정

(1) 사정과 계약

슈바르츠와 골디아몬드(Schwartz & Goldiamond, 1975)는 행동주의 모델에서 클라이언트와 사회복지사는 함께 문제를 규정하고 객관적이고 관찰할 수 있는 개입의 목표를 설정해야 한다고 했다. 초기단계의 마지막 부분에서 사회복지사와 클라이언트는 계약을 맺는다. 계약은 개입의 결과는 무엇이며, 클라이언트와 사회복지사는 각각 개입과정에서 어떤 활동을 수행하는지를 분명하게 제시하고 동의하기 위한 것이며, 개입을 진행하면서 수정할 수 있다.

(2) 프로그래밍과 평가

개입 프로그램의 목적은 클라이언트가 자신의 강점과 현재 레퍼토리를 사용하여 자신에게 필요한 강화물을 획득하고 계약에서 합의한 최종 레퍼토리를 달성하도록 원조하는 것이다.

이를 위해 사회복지사는 클라이언트에게 행동주의 접근의 논리를 교육한다. 행동주의 연구결과에 따르면, 바람직하지 않은 행동을 처벌하는 방법보다는 바람직한 행동을 보상하는 방법이 행동변화를 위한 전략으로 효과적이다. 따라서 사회복지사는 바람직한 행동을 보상하는 방법을 학습하도록 격려하고, 바람직한 행동을 보상하는 방법을 모색한다. 필요한 경우, 사회복지사는 바람직한 행동을 모델링한다. 또한 클라이언트가 학습한 새로운 행동을 실제 생활에서 언제, 어디서, 어떻게 수행할지 계획하고, 클라이언트의 수행과정과 결과를 모니터한다.

개입의 과정과 결과를 모니터하기 위해 먼저, 개입 이전의 행동을 분석하기 위해 기초선을 설정하며, 개입이 진행되면서 나타나는 행동 변화를 모니터하고 기록, 평가한다. 이를 위해 회기 밖에서 일어나는 사건에 대한 클라이언트의 서면 기록인 로그를 사용하거나 클라이언트가 말로 보고하도록 하거나 혹은 사회복지사가 직접 관찰하는 방법 등을 사용한다. 로그를 사용하는 경우, 사회복지사는 로그 양식을 만들고 로그에 적절히 기입하는 방법을 클라이언트에게 가르친다. 또한 사회복지사는 클라이언트가 현재의 관련 레퍼토리로부터 단계들을 통해 점차적으로 원하는 상태의 조건부를 형성하고 최종 레퍼토리를 달성하도록 지도한다. 한 주에 달성할 수 있는 하위목표를 설정하여 진행과정을 모니터하고, 모니터 결과에 따라 다음 주 하위목표를 설정한다. 하위목표를 달성함으로써 결국은 최종 목표를 달성하도록 지도한다.

(3) 종결과 사후지도

계약에 의한 최종 목표가 달성되었을 때 종결한다. 클라이언트의 문제가 해결되었을 뿐 아니라 비슷한 혹은 다른 문제 상황에서 클라이언트 스스로 프로그래밍하고 변화과정을 모니터할 수 있는 행동 분석가가 되도록 원조한다. 즉, 행동주의 모델에서는 클라이언트가 바람직한 행동을 학습하도록 원조할 뿐 아니라 클라이언트가 자신의 행동 분석가가 되도록 학습시킴으로써 개입 이후에도 자신의 행동을 스스로 변화시킬 수 있도록 원조하는 것을 강조한다. 종결한 후에는 일정기간 동안 사후지도를 통해서 행동의 변화를 지속적으로 확인한다.

3) 행동주의 모델의 장 · 단점

행동주의 사회학습이론은 상당수 사회복지전문직으로 하여금 원조의 초점을 정신 내적 갈등에서 외형적 행동으로 이동시키는 영향을 미쳤다. 또한 이 이론은 인간의 신체적 · 심리적 발달에 환경이 얼마나 중요한지에 관한 사회복지분야의 지식기반이 되었다. 사회복지실천의 목표 중 하나가 바람직한 행동을 증가시키고 바람직하지 않는 행동을 완화 혹은 소멸시켜 사람들에게 적절하게 원조하는 것이라고 볼 수 있다(이인정 · 최혜경, 2004). 행동주의 사회학습이론은 부모와의 관계, 대인관계를 포함한 주변환경에서의 적절한 학습의 실패 및 학습기회의 단절과 제한으로 클라이언트의 현재 증상과 행동은 과거 및 현재의 잘못된 사회적 학습과 관련이 있다고 보고 있다.

행동주의 이론은 개인의 행동에 영향을 미치는 가족조건을 수정할 수 있는 많은 도구들을 제시하고 있다. 이러한 행동주의 기법은 한 가지씩 따로 사용하기보다는 여러 가지 요소를 한꺼번에 응용하여 사용하는 것이 효과적이다. 그런데 행동주의 심리학 이론은 1960년 이후 쇠퇴하고, 그 이후 인지심리학 이론이 관심을 받고 있다. 이후로 집단상황에서 행동주의 이론의 변화원리를 어떻게 활용할 것인지에 대해서도 많은 연구가 이루어졌다.

행동주의 모델의 장점으로는, 행동주의 학습이론 중 행동수정, 행동조성의 기본원리로 강화라는 개념이 현재까지 널리 활용되고 있으며, 강화원리를 기초로 하여 프로그램수업이나 교수기계 등이 고안되었으며, 그 결과 교수공학 측면의 발전에 공헌하기도 하였다는 점이다. 특히 이 이론은 인간의 행동을 관찰하고 측정할 수 있는 장점으로 인해 사회복지실천의 객관적 평가를 높일 수 있는 과학적 이론으로 받아들여지게 되었으며, 사회복지실천에 있어서는 조작적 행동을 중심으로 그 효과가 인정되고 있다. 그런데 최근에 들어서는 이 접근에서도 인간관이 바뀌면서 인간의 창조성과 자기 지도적 측면이 강조되고 있다. 그러므로 상담 목표를 자아실현적인 방향에 두고 단계별 세부목표를 정하여 자기 지도를 해 나간다면 이 접근도 자아실현적인 측면에 기여할 수 있는 길이 있음을 알 수 있다.

행동주의적 접근이 상담에 기여한 점 가운데 가장 대표적인 것 중 하나는 상담을 과학적으로 발전시킨 점이다. 행동주의적 접근에서는 겉으로 드러나는 구체적인 행동을 소거시키거나 새로운 행동을 획득하도록 상담 목표를 정한다. 이 접근에서는 상담의 목표가 달성되었는지의 여부를 분명히 알 수 있을 뿐만 아니라 어떤 행동이 소거되고 획득되었는지도 객관적으로 분명히 알 수 있기 때문에, 객관적인 평가가 가능하다는 점을 장점으로 꼽을 수 있다

단점으로는, 행동치료는 사람들에게 특별한 기술을 가르치는 데 효과적이고 비용이 많이 들지 않으며 통찰치료보다 효과가 빨리 나타나지만 자율성이나 독창성을 무시하고 통제한다는 비판이 따르고 있다. 또한 행동주의적 접근이 구체적인 문제 행동을 수정하는 데는 효과적일지 모르나 자아실현적인 측면에서는 아주 부적합하다는 비판이다. 행동주의적 접근은 그 기본이 되는 원리를 학습이론에 두고 있는데, 이들 학습이론이 실험실에서 동물을 대상으로 한 연구에서 나왔기 때문에 실험실 밖의 일상생활에서나 동물이 아닌 인간에게는 적절하지 않을 수 있으며, 특히 인간을 동물과 같이 취급하는 데 대한 비판이 따른다. 행동주의적 접근은 행동의 변화는 있을지 모르나 느낌의 변화는 없다는 단점을 가지고 있다. 몇몇의 비판가들은 인간에 있어 행동이 변화하기 위해서는 느낌의 변화가 먼저 있어야 하는데 행동주의적 접근은 그렇지 않다는 것이다. 뿐만 아니라 행동수정을 위한 처벌, 부적 강화기법을 활용하는 것은 사회복지사에게 윤리적 측면에서의 어려움을 야기하기도 한다.

이렇게 객관적인 평가를 가능하게 함으로써 상담은 점차적으로 오늘날에 이르기까지 과학적으로 발전할 수 있게 되었다. 파블로프, 스키너, 반두라 등과 같은 과학자들의 행동주의 모델의 실험적 정신과 도전적 정신이 오늘날 인간의 심리적인 문제와 그로 인한 행위적인 문제들을 해결해 나가는 데 큰 밑거름이 되었다.

3 행동주의 모델의 개입기법

1) 체계적 둔감화(Systematic Desensitization)

조작적 조건화는 결과를 변화시킴으로써 '특정행동은 지지하고 다른 행동은 장려하지 않도록 환경을 프로그램화 하는' 기법(Shelden, 1995)이다. 강화는 토큰 경제도식에서와 같이 보상의 형태를 취할 수도 있다. 마지막으로, 반두라

(1969)는 행동수정의 효과적인 방법으로 모델링을 강조했다. 이는 다른 사람의 행위나 행동들을 모방함으로써 행동 습득을 겪게 하는 것이다.

체계적 둔감화는 이완되어 있는 상태에서 불안의 반응을 상상하게 하여 불안을 감소시키거나 소거하는 것을 말한다.

역조건화(counter conditioning)를 이용한 체계적 둔감화는 공포나 불안을 제거하는 데 쓰인다. 비현실적인 불안을 일으키는 사건들을 이완반응과 단계적으로 연합시켜 불안을 점차적으로 극복하도록 하는 방법이다(이유섭 외, 2009). 울프의 체계적 둔감화의 개발은 공포증과 불안과 관련된 상황의 치료를 위한 획기적 발전이었다. 이 기술은 상대적으로 시간이 많이 걸리고, 지루하고, 동일한 질병에 대해 성공률이 낮은 정신역동적 개입과는 놀라운 대조를 나타냈다. 체계적 둔감화는 자아강화를 서서히 성공적으로 진행하는 일정한 기본적인 행동원칙에 토대를 두고 있다(배태순 외 역, 2008).

체계적 둔감화는 세 가지 과정으로 나눠볼 수 있는데 첫째는 불안을 일으키는 상황을 구체적으로 계층화시켜서 계획목록을 작성한다. 둘째, 근육이완훈련을 받아서 사회복지사가 이완훈련이 이 치료기법에 어떻게 활동되는지 설명해준다. 셋째, 클라이언트가 이완을 통해서 평온한 상태에서 최소의 불안반응을 상상하여 그 상황에서 자신이 극복하도록 유도한다.

다음의 사례를 통해 점차적으로 행동 반응을 변화시키는 과정을 자세하게 살펴보기로 한다.

(1) 체계적 둔감화 사례

자폐증을 가지고 있는 조이는 11세의 남자아이로서 치료보호센터에 거주하고 있다. 그는 중증 장애를 가지고 있는 비슷한 나이 대의 아이들 6명과 저녁시간을 보낸다. 그러나 다른 소년들은 조이보다 기능적이고 '정상적으로 보이며' 정확하게 인식을 한다. 더구나 이 연령대 아이들의 전형적인 특징으로 아이들은 서로 다르다는 것에 매우 민감하다. 조이는 가끔 혼잣말을 하고 짜증을 내며 심하게 자기학대를 하고 스스로를 구타하기 때문에, 아이들은 조이를 불쾌하게 생각한다. 조이는 또한 상당한 두려움과 공포증을 가지고 있었다. 조이는 센터 주변에서 산책을 하는 동안 개를 볼 때마다 겁에 질려서 오줌을 싼다.

그때마다 바지를 바꿔 입기 위해서 곧바로 센터로 되돌아와야 한다. 이것은 조이와 다른 아이들을 매우 당황스럽게 만들었다. 조이 때문에 야외산책은 항상 단축되고, 조이는 아이들의 즐거움을 방해한다고 비난을 받는다.

다행스럽게도 조이가 개에 대한 두려움을 극복할 수 있도록 돕기 위한 결정이 내려졌다. 그 과정은 조이가 좋아하는 기숙사의 상담가가 정규적으로 조이에게 작은 강아지에 관한 아이들 책을 읽어주고 보여줌으로써 시작되었다. 어린 아이들을 위한 책은 전형적으로 대단한 업적을 수행하거나 위험에 처하게 되는 귀여운 강아지 그림들이 그려져 있다. 이러한 이야기를 가지고 일주일 동안 매일 1시간의 회기가 실시된 후, 조이는 강아지를 좋아하고 큰 개는 좋아하지 않는다고 말했다.

점차적으로 조이를 원조하는 다음 단계는 보다 큰 개에 관련된 그림이나 이야기를 읽는 것이었다. 상황은 항상 긍정적이었다. 일주일 간의 회기에서 큰 개들이 어떻게 사람들을 돕고 있는가에 관한 그림과 이야기를 토의하였다. 그 다음 주에는 천천히, 점차적으로, 쉽게 성취할 수 있는 단계들이 진행되었는데, 누군가가 개를 데리고 산책을 하는 동안에 아이들의 야외산책이 실시되었다.

이 체계적인 행동주의적 과정은 조이에 대한 둔감화 과정을 잘 인식하고 있는 건물관리인이 센터에 강아지를 데리고 있겠다고 제의함으로써 더 진전되었다. 다른 행정직원과 토의를 하고 보건부서에 연락을 취한 후에, 조이가 이 생각에 대해 동의하도록 요구했다. 관리인은 처음에 조이에게서 멀리 떨어져서 강아지를 데리고 있겠다고 제안했다. 조이는 동의를 했으며 강아지가 떨어져 있으며 그 강아지가 정말 보고 싶을 것 같다고 표현했다.

강아지가 도착하는 날 조이를 포함한 아이들을 위한 즐거운 행사가 준비되었다. 그러나 사회복지사는 조이와 기숙사 상담사와 함께 3층 직원 거주 공간에서 그 강아지를 발견하고, 거기에 있는 정원에서 아이들이 강아지와 노는 것을 관찰하도록 제안했다. 그러나 욕구가 쉽게 두려움으로 변할 수 있다는 것을 알고 있는 사회복지사는 먼 거리에서 관찰하도록 했고, 점차적으로 그 거리를 좁혀나가도록 했다. 따라서 조이와 상담사는 며칠 동안 3층에서 강아지를 관찰했고, 그 후에는 2층, 1층, 마침내 보다 가까운 거리로 옮겨 갔다. 강아지가 도착한 후 한 달이 지난 후 강아지를 만지고 붙잡고 있었다. 조이와 직원들과 아이들은 그 강아지를 '조이의 개'라고 불렀다. 조이는 강아지를 사랑했고, 강아지를 끈으로 묶은 채 혼자서 산책하고 싶어 했다(배태순 외 역, 2008).

2) 모델링(Modeling)

모델링은 다른 사람의 행동을 관찰해서 그 행동을 학습하는 것을 말한다. 모델을 학습한다고 하여 반드시 그 행동에 참여해야 하는 것은 아니다. 단지 모델이 되는 그 사람이 어떻게 행동하는가를 보기만 하면 된다. 모델링을 관찰학습으로 부르는 데는 분명한 이유가 있다. 행동하는 것을 관찰만 해도 행동을 할 수 있기 때문이다.

모델링은 부모 역할이라는 맥락에서 볼 때 중요하다. 부모는 자녀가 모방할 수 있는 모델이기 때문이다. 사회복지 실천에서 모델링은 아이를 적절하게 치료하는 데 사용할 수 있는데, 부모는 이것을 관찰할 수 있다(김규수 외 역, 2002). 사회복지실천에서 모델링을 사용하는 사례와 또 다른 역할놀이 사례를 자세하게 살펴보기로 한다.

(1) 모델링 사례

가끔 행동상의 문제를 보이는 5세의 래리는 사회복지사가 우연히 떨어뜨린 연필을 주워서 사회복지사에게 돌려주었다. 이때 사회복지사는 부모에게 모델이 될 수 있는데, 아이의 선의에 대해 어떻게 긍정적 강화를 줄 것인지에 관한 것이다. 사회복지사는 "래리야, 내 연필을 주워 주다니 고맙구나. 네가 연필을 주워 줘서 선생님한테 많은 도움이 되었단다"라고 말할 수 있다. 부모는 이러한 사회복지사의 행동을 보고 생활에서 적용한다(김규수 외 역, 2002).

(2) 역할놀이 사례

사회복지사는 아들을 통제하는 데 어려움이 있는 부모에게 아들의 행동을 흉내 내는 역할을 하도록 요청한다. 어머니는 자신이 생각하는 아들의 행동 방식대로 행동하라고 교육받는다. 이때 사회복지사는 아들에게 이러한 부모의 행동(자신처럼 행동하는 부모)을 보고 어떻게 말하는 것이 적절하고 효과적인지 행동하게 한다. 이러한 아이의 행동은 부모에게 모델이 될 수 있다. 이처럼 모델링은 부모가 아들에게 반응하는 새로운 방식을 학습할 수 있는 기회를 제공한다(김규수 외 역, 2002).

3) 토큰경제(Token Economy)

토큰경제의 목적은 구조화된 치료 환경 혹은 교육적 환경 내에게 매우 드물게 나타나는 내담자의 바람직한 행동을 강화하고 바람직하지 않은 행동을 감소시키는 데 있다. 청소년들이 바람직한 행동을 했을 때 받았던 점수가 토큰이다. 토큰은 바람직한 행동을 하는 즉시 주어지며 나중에 교환강화인(backup reinforcer)과 교환할 수 있다. 토큰은 다른 강화인과 짝을 이루고 있기 때문에 바람직한 행동을 강화하는 조건강화인이 된다. 교환강화인은 토큰을 지불해야만 얻을 수 있고, 토큰은 바람직한 행동을 할 때만 얻을 수 있다. 교환강화인은 치료 환경에서 내담자에게 강력한 강화인이 되는 것으로 선택되기 때문에 내담자가 바람직한 행동을 하고 바람직하지 않은 행동은 피하도록 동기화된다(안병환 외, 2009). 행동수정에서 토큰경제 사례를 자세하게 살펴보기로 한다.

① 토큰경제 사례

맥래플린과 말라비(McLaughlin & Malaby, 1972)는 5학년과 6학년 교실에서 학생들에게 토큰경제를 사용하였다. 학생들은 학업 수행에 대한 토큰을 받았다. 또한 다양한 문제행동에 대해 점수를 잃는 반응대가 프로그램이 수행되었다. 연구자들은 학생들에게 교실에서의 특권을 교환강화인으로 사용하였다. 〔표 5-1〕은 그들이 토큰경제에서 사용했던 점수 계획이다. 토큰경제 사용으로 학생들의 학업 수행이 향상되었다(안병환 외 역, 2009).

[표 5-2] 표적행동과 바람직하지 않은 행동에 대한 점수 가치

표적행동	획득되는 점수
규준에 맞는 일	6~12
오전 8:50~9:15 공부	하루당 5
동물들에게 먹이 갖다주기	1~10
동물들에게 톱밥 갖다주기	1~10
예술	1~4
경청점수	수업당 1~2
별도점수	**할당된 점수**
단정함	1~2
숙제 가져오기	5
공책 가져오기	1~3
점심시간에 줄 설 때 정숙	2
카페테리아에서 정숙	2
점심시간의 적절한 행동	3
바람직하지 않은 행동	**상실점수**
숙제 미완성	숙제당 25
수업시간에 껌이나 사탕 먹기	100
부적절한 언어행동	15
부적절한 운동행동	15
싸움	100
부정행위	100

출처: McLaughlin & Malaby(1972), Intrinsic reinforcers in a classroom token economy, Journal of Applied Behavior Analysis, 5, pp. 263~270(안병환 외, 2009, 최신행동수정, p. 403. 재인용).

4) 타임-아웃(Time-out)

타임-아웃은 소거의 한 형태로 강화를 일시적으로 중지한다는 것을 의미한다. 즉, 특정 행동의 발생 빈도를 줄일 목적으로 이전의 강화를 철회하는 것이다. 특정행동이 일어나면 찰싹 때리는 것과 같은 혐오스러운 결과 대신 아동을 강화 상황에서 다른 곳으로 단순히 옮겨 놓는 것이다. 아동이 특정 행동에 대해 어떠한 긍정적 강화나 관심을 받지 못한다면 그 행동은 결국 제거될 것이다.

다양한 측면에서 타임-아웃의 효과를 높일 수 있는데 첫째, 표적 행동이 일어난 직후에 한다. 둘째, 몇 초에서 몇 분으로 늘려 나가야 한다. 짧은 시간이 더욱 효과적이다. 셋째, 아주 싫어하는 장소를 사용해야 한다. 넷째, 시행하는 사람은 타임-아웃 동안 아이에게 관심을 보이는 등 긍정적 강화를 주지 않도록 주의해야 한다. 다섯째, 아이에게 어떤 행동을 할 때에는 타임-아웃을 사용할 것에 대해 미리 정확하게 얘기해 주어야 한다. 여섯째, 만일 아이가 타임-아웃 장소를 거부하면 아이가 장소를 선택할 수 있도록 한다. 마지막으로 가장 중요한 것은 같은 상황에서 좀 더 적절한 대체 행동을 강화할 수 있어야 하는 것이다. 타임-아웃 직후 적절하게 행동을 하면 즉시 칭찬을 해주어야 한다(김규수 외 역, 2002). 사회복지실천에서 자주 사용하는 강화의 절차와 중지에 대한 사례를 통해 자세하게 살펴보기로 한다.

(1) 타임-아웃 사례

어떤 엄마가 2세 된 아이를 쇼핑카트에 앉히고 쇼핑을 하고 있다. 그런데 갑자기 아무런 이유 없이 아이가 소리를 질러댄다. 쇼핑을 하고 있던 주위 사람들이 놀라자 엄마는 조용히 자기 코트를 벗어 아이의 머리 위에 20초 동안 놓았다. 타임-아웃 기법을 잘 모르는 사람들은 아이가 소리를 못 지르게 하기 위해 그렇게 한 것으로 생각하였다. 그러나 그 엄마는 이러한 일련의 과정을 조용하면서도 상냥하게 해냈다. 엄마가 코트를 들어 입었을 때 아이는 평안하고 조용해졌다. 그날 아이는 슈퍼마켓에서 더 이상 소리 지르지 않았다. 이 엄마가 사용한 방법은 잠깐 아이를 모든 긍정적 강화에서부터 벗어나게 한 것이다. 아이는 소리 지르는 것이 아무런 긍정적인 결과를 가져오지 않는다는 것을 알았고, 그 결과 소리 지르는 행동을 멈추었다(김규수 외 역, 2002).

* 생각해 볼 점

1 여러분이 사회복지사라면 행동주의 모델을 적용하여 클라이언트에게 개입할 수 있는가?

2 행동주의 모델의 장·단점을 통해 실천현장에 어떻게 적용시켜 볼 것인가?

▸▶ 참고문헌

강진령(2008). *Dictionary Counseling Psychology*. 경기: 양서원.

김규수·김인숙·박미은·박정위·설진화·우국희·홍선미 역(2002). 인간행동과 사회환경. 서울: 나눔의집.

김문수·박소현 역(2008). 학습과 행동. 서울: 시그마프레스.

김혜란·홍선미·공계순(2006). 사회복지실천기술론. 경기: 나남출판.

배태순·최명민·김영미 역(2008). 전문사회복지실천기술. 서울: 시그마프레스.

설진화(2009). 사회복지실천기술론. 경기: 양서원.

안병환·윤치연·이영순·이효신·천성문 역(2009). 최신행동수정. 서울: 시그마프레스.

양옥경·김정진·서미경·김미옥·김소희(2006). 사회복지실천론. 경기: 나남출판.

이유섭·손연숙·허홍무·박영숙(2009). 사회복지실천기술론. 서울: Rainbow Books.

이인정·최혜경(2004). 인간행동과 사회환경. 경기: 나남출판.

전남련·신재명·이권일·김상조(2007). 사회복지실천기술론. 경기: 학현사.

최옥채·박미은·서미경·전석균(2008). 인간행동과 사회환경. 경기: 양서원.

McLaughlin, T. F., & Malaby, J.(1972). Intrinsic reinforcers in a classroom token economy. *Journal of Applied Behavior Analysis, 5*, 263-270.

Schwartz, A., & Goldiamond, I.(1975). *Social casework: A behavioral approach*. NY: Columbia University Press.

Chapter 06

사회복지실천 모델과 개입기술: 과제중심 모델

1. 과제중심 모델의 철학과 기본개념

2. 과제중심 모델의 개입목표와 과정

3. 과제중심 모델의 개입기법

* 학습의 목표

1 과제중심 모델의 기반이 되는 철학과 기본개념들을 이해한다.

2 과제중심 모델의 개입을 통해 이루고자 하는 목표와 개입과정을 이해한다.

3 과제중심 모델의 개입기법을 이해하고 경험한다.

과제중심 모델(task-centered model)은 문제해결에 대한 단기적 치료접근으로 리드와 엡스타인(Reid & Epstein)에 의해 개발된 모델이다. 사회복지사는 개인과 환경의 상호작용에서 발생하는 문제를 주요 표적문제(target problem)로 규정하고 표적문제를 해결하기 위한 행동(action), 즉 과제(task)의 수행을 중심으로 진행된다. 또한 과제중심 모델은 특정 심리사회적 문제를 가진 개인이나 가족을 돕기 위한 계획된 단기 형태 혹은 시간 제한적 형태의 모델로서, 장기적인 치료로 인한 비용의 문제, 중도 포기의 문제, 사회복지사의 업무 부담 등으로 인해 단기치료에 대한 관심이 고조되면서 집중적으로 구조화된 개입형태의 필요성에 의해 개발된 모델이다(전남련 외, 2008). 특히 과제중심 모델은 정해진 시간 내에 수행해야 할 특정한 과업을 선택한다는 점이 강조되며 문제해결을 위한 시간 제한을 두는 것이 특징이다. 시간 제한을 둠으로써 클라이언트는 자신의 관심과 에너지를 문제해결에 집중하게 되고 문제해결을 위한 과제를 신속히 채택할 수 있게 된다. 과제중심의 접근은 클라이언트가 문제를 신속히 의미 있게 파악하고 대응하며 행동을 취할 수 있도록 고안된 행위 모델이다(이윤로, 2008).

1 과제중심 모델의 철학과 기본개념

과제중심 모델에서는 펄만(Perlman)의 문제해결과정과 스튜트(Elliot Studt)의 서비스 초점을 클라이언트의 과제에 둔다는 생각이 유용하게 받아들여졌다. 그리고 과제중심 모델의 가치 전제와 관련된 것으로 과제중심 모델은 클라이언트의 자기결정권을 존중한다. 그러므로 사회복지사는 클라이언트가 자기 문제라고 인정하고 함께 해결하고자 지적한 문제에 대하여 접근하는 것이다(엄명용 외, 2005). 즉, 과제중심 모델은 이전의 장기 치료와는 달리 단기 심리사회적 접근 방법을 이용하여 전문가의 진단에 의해서가 아닌 클라이언트가 표현하고 도움을 요청한 욕구를 무엇보다 우선시하며 클라이언트가 자신들의 문제를 완화하기 위한 과제나 활동을 고안하고 수행치료과정을 통해 이를 조율해 나가는 방식을 취한다.

1) 과제중심 모델의 철학

(1) 단기 개입

과제중심 모델은 시간제한 단기치료로서 2~3개월 동안 8~12회기 전후로 이루어진다. 따라서 과제중심 접근에서는 클라이언트의 과거보다는 현재에 초점을 맞추며 오래된 내면의 문제들 또한 과거의 경험과 결핍이 현재의 생활에 미치는 영향을 최소화하는 데 초점을 둔다. 그러나 때로는 과제중심 단기 개입보다는 장기 개입이 필요한 경우도 있는데, 클라이언트가 과거의 상처로 인해 현재를 개선하는 노력을 할 수 없을 때에는 과제중심 모델을 적용하기보다는 장기 개입이 더 적절하다(김혜란, 1996).

(2) 구조화된 개입

과제중심 모델은 클라이언트가 문제해결활동을 수행하기로 동의한 과제를 중심으로 단계별 과업이 구체화 · 구조화된 접근으로서, 사회복지사는 클라이언트가 과제를 수행할 수 있게 원조한다. 과제중심 모델에서 강조하는 구조화된 접근은 시작하기, 문제규명, 계약하기, 실행, 종결의 다섯 단계로 이루어진다. 대부분의 경우, 개입은 앞에 제시한 순서대로 이루어지지만 단계가 겹치거나 필요에 따라 이전 단계로 돌아가는 등의 유연성을 지닌다.

(3) 클라이언트의 자기결정권(self-determination)에 대한 존중

과제중심 모델은 조사에 근거한 경험적 자료에 의존하여 직접적인 치료기법을 제공해 주기보다는 클라이언트 스스로 실행가능한 과제로 대치하도록 하고 과제를 수행할 수 있도록 인도한다. 따라서 상담과정에서 자칫 소홀하기 쉬운 클라이언트의 자기결정권을 최대한 존중한다. 개입의 초점이 되는 표적문제를 설정하는 과정에서 사회복지사가 동의하는 한 클라이언트의 견해와 우선순위를 우선적으로 반영하며 클라이언트와 사회복지사가 개입방향에 대해 명확히 알고 동의하는 가운데 개입을 진행한다. 더불어 과제를 설정하고 실행 · 평가하는 문제해결 작업을 수행하는 과정에서도 클라이언트의 자기결정권을 최대한 반영한다.

(4) 클라이언트의 환경에 대한 개입

과제중심 모델은 다른 어떤 모델보다도 클라이언트의 환경에 대한 개입을 강조한다. 그러므로 클라이언트의 문제를 사정할 때 표적문제의 사회적 맥락을 충분히 검토한다. 즉, 클라이언트의 문제는 자원의 부족, 기술의 부족과 연관된 것으로 보기 때문에 문제와 관련한 자원에 대해 탐색하고 이를 활성화하는 방안을 개입의 모든 과정에서 강조한다. 그러므로 활용 가능한 자원을 알아보고 표적문제와 관련된 사회 · 환경적 맥락을 탐색하며 문제해결과정에 참여해야 할 사람들을 관여시키고, 클라이언트의 공식적 · 비공식적 환경에 적극 개입한다.

(5) 개입의 책임성에 대한 강조

과제중심 모델은 개입의 책무성을 강조한다. 개입 과정을 객관적으로 기록하고, 진보 상황을 회기마다 모니터한다. 과제수행을 모니터하기 위해 행동주의 기법들, 구조화된 표기법, 차트, 그래프, 간결한 서술 등을 사용하며, 개입 과정과 사회복지사의 실천에 대한 클라이언트와 사회복지사의 평가 등을 중요하게 여긴다(김혜란, 1996; 엄명용 외, 2005).

이외에도 과제중심 모델은 클라이언트와 사회복지사가 표면적으로 계약한 구체적 문제의 해결에 초점을 두며, 사회복지사의 역할은 제한된 기간 내에 가능한 한 건설적으로 클라이언트의 문제를 완화시킬 수 있는 활동을 할 수 있도록 원조하는 특징을 지닌다(엄명용 외, 2005).

2) 기본개념

(1) 표적문제

표적문제(target problem)란 클라이언트가 직면하고 있는 문제 중 당장 해결해야 할 표적이 되는 문제로, 클라이언트가 자신의 문제로 인식하고 이를 경감 혹은 해결하기를 원하며, 사회복지사도 전문적 판단에 의해 인정한 문제를 말한다(Epstein, 1992; 신성자, 2009 재인용). 표적문제를 설정하는 과정에서 사회복지사는 클라이언트의 견해를 최대한 반영하여야 하며, 설정한 표적문제가 무엇인지 사회복지사와 클라이언트 모두 분명하게 이해하고 있어야 한다. 초기 면접에서 문제에 대한 정보를 획득하여 클라이언트와의 협조하에 표적문제를 잠정적으로 결정하며 클라이언트의 욕구를 근거로 우선순위를 매겨 지속적인 탐구를 통해 표적문제를 상술한다(신성자, 2009).

(2) 일반적 과제(일반적 과업)

일반적인 과제는 어떤 경우에는 클라이언트가, 어떤 경우에는 사회복지사가 수행하는 행위이다. 일반적 과제는 행동의 방향을 제시하는 '무엇이 행해져야 하는가?'를 말한다. 일반적 과제는 항상 클라이언트의 목표를 내포한다. 목표는 과제가 행해졌을 때 달성되어야 하는 상태를 말한다. 목표와 과제 모두를 진술하고 이해하는 것이 필수적이다(전남련 외, 2008).

주의해야 할 것은 클라이언트가 성공적으로 달성할 가능성이 높은 특정과제를 결정하는 것이 무엇보다도 중요하다. 어떤 중심 과제가 성공적이라면 또 다른 것을 시도할 때 용기와 신뢰를 갖게 될 것이며 실패한다면 원조과정에 대한 신뢰가 손상되거나 용기를 잃게 될 것이다(허남순 외, 2004).

(3) 조작적 과제(구체적 과제)

조작적 과제는 클라이언트가 수행해야 하는 구체적 과제를 말하며, 대부분의 조작적 과제는 일반적 과제로부터 파생된다. 일반적 과제들은 고통 당하는 클라이언트에게는 때로 부담으로 작용할 수 있으므로, 과제중심 모델의 핵심은 매 세션마다 일반적인 과제를 수행하는 클라이언트와 사회복지사가 취해야 할 행동에 대해 구체적으로 계약을 맺는 것이다(허남순 외, 2004). 조작적 과제는 명확한 활동에 대한 정보를 포함하고 있기 때문에 일종의 하위과제의 형태를 띤다. 예를 들어 '부모와 자녀 간의 의사소통을 향상시켜 대화를 원활하게 하는 것'이 치료의 목표라고 하면 일반적 과업은 '부모와 자녀 간의 의사소통 증진'이 되고 구체적 과업은 목표를 달성하기 위한 구체적인 활동으로 '매일 식사 때 자녀를 한 가지씩 칭찬하기, 식사 때 긍정적인 대화 나누기' 등이 될 수 있다(전남련 외, 2008). 특히, 조작적 과제는 클라이언트의 노력이 수반되는 행동적이거나 인지적인 활동들로 구성되어 있다. 다음은 행동적이고 인지적인 구체적 과제의 예이다(허남순 외, 2004).

① 행동적 과제들

- 재활 프로그램에 대한 정보를 얻기 위해 전화하기
- 손상 당한 감정에 대해 친한 사람에게 알리기
- 매일 정해진 시간 동안 공부하기
- 집안일을 완수하기 위해 계획표를 실천하기
- 가족들에게 매일 적어도 세 번 긍정적인 피드백 주기

② 인지적 과제들

- 매일 30분 동안 명상하기
- 직장 상사에게 말하기 연습 등 인지적 예행연습하기
- 세 시간마다 한 시간씩 자기 비하적인 생각에 대해 일일 기록지 작성하기
- 통제할 수 없을 정도로 분노하기 전에 그 징후를 파악하기
- 아침에 15분 동안 직장에서 예상되는 어려움을 생각해 보고 대처방안을 마음속으로 연습해 보기

③ 과제의 다른 유형들

- 유일과제: 한 번의 수행을 위해 계획된 것
- 되풀이 과제: 반복적인 활동을 위해 계획된 것
- 단일과제: 여러 단계들이 필요한 하나의 과제
- 복잡한 과제: 매우 밀접하게 관련된 둘 또는 그 이상의 구분된 활동들
- 개인적 과제: 한 사람이 수행하는 것
- 상호적 과제: 둘 또는 그 이상의 사람들이 수행해야 하는 과제로서 구분되지만 서로 연관되어 있는 과제
- 공유과제: 둘 또는 그 이상의 사람이 같은 과제를 하는 것
- 인지적 과제: 정신적인 활동들을 검토하여 명확히 하기(양옥경 외, 2005)

2 과제중심 모델의 개입목표와 과정

단기 개입, 구조화된 접근, 클라이언트의 자기결정권에 대한 존중, 클라이언트의 환경에 대한 개입, 개입의 책무성에 대한 강조의 특성을 지닌 과제중심 모델의 실천 과정은 시작하기, 표적문제의 규명, 계약하기, 실행, 종결의 다섯 단계로 이어진다([표 6-1] 참조). 이 단계들은 서로 겹치거나 또는 필요에 따라 이전 단계로 돌아가는 등 유연하게 변형될 수 있으나 좋은 결과를 가져오기 위해서는 개입 과정이 체계적일 필요가 있으며 따라서 단계에 따라 개입을 진행하는 것이 중요하다(김혜란 외, 2002).

[표 6-1] **과제중심 모델의 실천과정**

시작	• 클라이언트의 자발적 참여 또는 다른 기관으로부터의 클라이언트 의뢰
문제 규명	• 클라이언트의 표적문제 확인 및 설정 • 신속한 초기 사정
계약하기	• 계약 체결(목표, 표적문제, 과제, 치료 기간, 치료 일정, 참가자 등)
실행단계	• 사정하기 • 과제의 개발과 수립 • 과제의 수행 • 점검 및 모니터
종결단계	• 표적문제와 전체 문제 상황에 대한 검토 • 성공적 문제해결 전략 규명 • 남아 있는 문제에 대한 논의

출처: 신성자(2009), 사회복지실천기술론, p. 169. 재인용.

1) 제1단계: 시작하기(starting up)

사회복지사와 클라이언트는 클라이언트가 자발적으로 찾아오는 경우와 다른 기관에 의해 의뢰되는 비자발적인 경우(교사가 학생을, 보호관찰소에서 관찰대상 청소년을, 법원에서 가족폭력 가해자를 의뢰한 경우)로 처음 만나게 된다. 클라이언트가 스스로 찾아온 경우에 과제중심 모델에서는 바로 문제규명 단계로 넘어가지만 클라이언트가 다른 기관에 의해 의뢰된 경우에는 의뢰기관에서 클라이언트를 의뢰하는 이유는 무엇인지, 의뢰기관이 제시하는 클라이언트의 문제와 목표는 무엇인지, 이 문제와 목표가 클라이언트 자신이 제시하는 문제, 목표와 일치하는지에 대해 탐색한다. 만일 의뢰기관과 클라이언트가 일치하지 않는다면 사회복지사는 이에 대해 협상하고 조정한다. 또한 의뢰기관에서 제공할 수 있는 자원으로서 정서적 지지와 관심뿐 아니라 실제적, 물질적 자원 등이 있는지 알아보고 이를 활용한다. 예를 들어 법원으로부터 보호관찰대상 청소년의 수강명령으로 위임된 목표가 있는 경우에는 클라이언트가 이에 대해 분명하게 이해하고 있는지 확인하고 더불어 의뢰기관의 제공 가능한 자원 즉 정서적 지지, 관심, 실제적 · 물질적 자원 등을 활용한다(전남련 외, 2008; 김혜란 외, 2008).

2) 제2단계: 문제 규명(problem Identification)

과제중심 모델에서 문제의 규명은 가장 핵심적인 단계이다. 과제중심 모델에서의 문제는 클라이언트가 자신의 문제로 인식하고 있고, 이를 경감 혹은 해결하기를 원하며, 사회복지사가 전문적 판단에 의해 인정한 문제를 의미한다(Epstein & Brown, 2002). 문제는 클라이언트의 이익에 부합되어야 하며, 클라이언트의 독립성, 자기결정권 그리고 자신의 삶에 대한 스스로의 통제권을 존중하는 과제중심 모델의 철학을 배경으로 클라이언트 자신의 말로 표현되는 것이 좋다(엄명용 외, 2006).

과제중심 모델의 문제 규명 단계에서는 표적문제를 설정한다. 표적문제(target problem)란 클라이언트가 자신의 문제로 인식하고 이를 경감 혹은 해결하기를 원하며 사회복지사도 전문적 판단에 의해 인정한 문제를 의미한다(Epstein & Brown, 2002). 표적문제를 설정하는 과정에서 사회복지사는 클라이언트의 견해를 최대한 반영하여야 하며 설정한 표적문제에 대해 사회복지사와 클라이언트 모두의 분명한 이해가 있어야 한다.

특히 과제중심 모델의 효과적인 적용을 위해 무엇보다도 구체적인 표적문제를 설정하는 것이 중요하다. 표적문제를 구체적으로 규정할 때 무엇이 변화해야 하는지, 변화를 가져오기 위해 무엇을 해야 하는지 등이 명확해지기 때문이다. 표적문제는 2~3개월 사이에 현실적으로 다룰 수 있는 문제 수의 한계 때문에 최대한 세 개까지로 제한하는데(전남련 외, 2008), 표적문제를 확인하고 분석하는 과정은 다음과 같이 진행된다(신성자, 2009).

① 클라이언트가 현재 관심을 보이는 여러 문제들을 이끌어 낸다.

② 각각의 문제들을 분명하고 구체적 행동 용어로 규정한다.

③ 클라이언트가 중요시하는 순으로 우선순위를 정한다.

④ 클라이언트와 협의하에 임시로 표적문제를 결정한다.

⑤ 사회복지사가 표적문제를 분류하여 세분화한다.

⑥ 표적문제에 대한 탐색을 계속하여 더욱 명확화한다.

한편, 과제중심 모델에서 다룰 수 있는 문제를 분류하면 다음과 같다 (Epstein, 1988; 신성자, 2009).

- 대인관계의 갈등: 개인의 욕구나 성격 그리고 역할 기대요인이 다른 사람과 상호작용할 때 문제를 일으키는 경우를 말한다.
- 사회적 관계에 대한 불만: 대인관계에서 자신이 부족하거나 지나치다고 생각하거나 자기의 상호 작용 방법에 불만이 있는 경우를 말한다.
- 조직체에서의 문제: 직장, 학교 등에서 잘 적응하지 못하는 문제이다.
- 역할 수행의 어려움: 사회적 역할 수행상의 문제로서 귀속적 역할(딸, 어머니)보다 획득적 역할(회사의 과장)과 관련된 어려움이 많은 경우를 말한다.
- 사회적 변천에 따르는 문제: 생의 주기마다 경험하는 위기를 말한다.
- 정서적 고통: 슬픔, 우울증 또는 분노와 같은 감정 자체가 중심문제인 경우이다.
- 자원의 부족: 집, 금전, 직업 등 구체적 자원을 결여한 경우를 말한다.

표적문제를 설정한 후 사회복지사는 클라이언트와 계약하기 위한 예비 사정으로 초기의 신속한 사정을 한다. 신속한 사정을 통해 클라이언트의 특성, 사회적 상황, 과거에 문제를 해결해 온 방법 등에 대한 정보를 얻게 된다. 고통받는 클라이언트에게 가능하면 빨리 고통을 덜어줄 수 있는 행동을 취하고 또한 기관이나 지역사회도 가능하면 일들이 신속히 이루어지기를 요구하는 것이 현실이기 때문에 사정은 신속히 이루어지는 것이 좋다(엄명용 외, 2006). 본격적인 사정은 제4단계 실행단계에서 이루어진다.

3) 제3단계: 계약하기(contracting)

계약은 문제해결 방향에 대한 클라이언트와 사회복지사의 동의로서 클라이언트와 사회복지사 사이에 표적문제, 서비스 목표, 클라이언트의 과제, 사회복지사의 과제, 개입 기간과 일정, 면접 일정, 클라이언트와 사회복지사 외의 참여자 등에 대해 서면 혹은 구두로 이루어진다(〔표 6-2〕 참조).

[표 6-2] **과제중심 모델 계약서**

기　　　　관: ○○ 종합사회복지관
담당사회복지사: 이철수

계 약 서

• 표적문제	① 정호의 가출과 잦은 외박 ② 정호의 낮은 학교성적 ③ 사촌과 비교하는 할머니의 잔소리
• 목적	① 정호가 가출하지 않고 전화하기 ② 정호의 고교 진학에 대해 결정하기 ③ 할머니가 다른 아이와 비교하지 않고 믿어주기
• 클라이언트의 과제	① 정호 – 매일 집에 들어오기 – 늦을 경우에는 전화하기 – 학교에 나가 수업일수 채우기 – 실업계 고교 진학 상담하기 ② 할머니 – 이모에게 당분간 정호 양육은 혼자 하겠다고 말하기 – 이모 아들과 비교 안 하기 – 늦는다고 전화하면 알았다고 이해해 주기
• 사회복지사의 과제	① 정호가 갈 수 있는 실업계 고등학교 알아봐 주기 ② 담임선생님과 정호의 졸업 가능성 상담하기 ③ 할머니에게 매일 저녁 전화하여 격려해 주기 ④ 할머니가 참석할 수 있는 복지관 부모 모임 소개하기 ⑤ 정호에게 Big Brother 알선해 주기
• 개입 계획	① ○○○○년 10월 1일부터 11월 31일까지 8주간 ② 주 1회 정호와 할머니 개별 면담함 ③ 격주로 할머니와 정호가 함께 면담함

위 과제는 사정에 따라 수정 변경될 수 있음.

• 면담장소: ○○종합사회복지관 상담실
• 일　　시: 매주 토요일 오후 3:00~4:00

위와 같은 사항에 합의하며 합의사항을 준수하기로 약속합니다.

○○○○년 ○○월 ○○일

클라이언트 서명
사회복지사 서명

출처: 엄명용 외(2006), 사회복지실천의 이해, pp. 445~446. 재인용.

특히 비자발적 클라이언트의 경우는 계약을 체결하는 과정에서 쉽게 충격을 받거나 별생각 없이 계약에 동의하는 등의 문제를 보이기도 하므로 비자발적 클라이언트와 계약을 체결하는 경우에는 이들의 이해와 동의를 구하기 위한 특별한 노력이 요청된다(신성자, 2009). 한편 일반적으로 하나의 표적문제에 대해 하나의 목표를 설정하며 표적문제와 목표는 클라이언트의 입장에서 주어와 서술어의 형식으로 구체적으로 서술한다(신성자, 2009; 전남련 외, 2008; 김혜란 외, 2008). 표적문제와 목표를 규정하는 데 있어서 바람직한 것과 바람직하지 못한 경우의 예를 들어보면 다음과 같다(김혜란 외, 2006).

- 바람직하지 않은 표적문제: 사회기술 부족
- 바람직하지 않은 목표: 사회기술 향상
- 바람직한 표적문제: A는 학급에서 친구와 이야기하는 것이 어렵다.
- 바람직한 목표: A는 학급에서 친구와 이야기한다.

과제란 목표를 달성하기 위하여 클라이언트와 사회복지사가 해야 하는 활동으로서 클라이언트와 사회복지사가 함께 계획하고 동의한 후 수행하는 문제해결 활동을 말한다(Epstein & Brown, 2002). 과제는 사회복지사가 클라이언트에게 일방적으로 부과하는 숙제와는 차이가 있으며 클라이언트만 과제를 수행하는 것이 아니라 사회복지사도 이를 수행하는 경우가 일반적이다. 사회복지사의 과제는 주로 클라이언트의 과제수행을 지원하기 위한 활동으로 다른 기관 혹은 클라이언트의 가족, 친구, 이웃 등과 협의하고 협상하는 과제를 수행한다. 과제에는 회기에서 수행하는 과제(in-session tasks), 회기 사이에 가정(home tasks) 혹은 환경(environmental tasks)에서 수행하는 과제가 있다. 또한 혼자서 수행하는 과제(individual tasks), 두 사람 이상이 교환으로 수행하는 과제(reciprocal tasks), 두 사람 이상이 함께 수행하는 과제(shared tasks)가 있다. 일반적 과제(general tasks)는 보다 상세한 세부과제(subtasks)로 나누어질 수 있다. 표적문제, 목표와 마찬가지로 과제도 주어와 서술어 형식으로 구체적으로 서술한다(김혜란 외, 2008).

4) 제4단계: 실행(implementation)

실행단계는 개입 과정에서 가장 많은 시간을 할애하는 단계로(8회기 개입이라면 2회부터 7회기까지가 실행단계에 해당) 문제에 대해 집중적으로 사정하고 대안들을 모색 · 결정하며, 문제를 해결하기 위한 과제들을 수행하고 과제수행의 정도를 점검 · 모니터 하는 단계이다. 사정은 표적문제와 사회적 맥락, 클라이언트의 장점을 포함한 인지 · 정서적 상황에 대해 포괄적으로 이루어진다. 사회적 맥락으로는 직장 혹은 학교 상황, 사회경제적 지위, 재정 상태, 주거 상태, 건강, 가족, 또래집단, 문화적 배경 등을 포함하며 클라이언트의 성격과 기능 양식, 문제를 해결하기 위한 과거의 노력과 결과 등에 대해 탐색한다. 문제해결을 위한 대안들을 실행하기 위해 클라이언트와 사회복지사는 과제들을 개발하고 수행하며 과제를 수행하는 과정에서 예견되는 어려움과 장애물을 검토해보고 이를 제거, 감소, 변경하기 위한 활동을 계획한다(김혜란 외, 2008; 신성자, 2009; 전남련 외, 2008).

(1) 사정

실행단계에서 사정은 초기단계에서의 사정보다 정교화하는 과정으로 기초선을 설정하고 사회적 맥락과 인지 · 정서적 상황에 대한 사정이 이루어진다. 과제중심 모델에서의 사정은 활동을 위한 요구 사항, 활동하는 데 예견되는 장애물 등을 확인하고자 하는 것이다(Payne, 1991).

사회적 맥락은 클라이언트의 물리적 환경, 사회적 관계망, 사회경제적 조건, 문화, 지역사회 등을 말한다. 클라이언트의 문제해결 과정에 영향을 주는 사회적 맥락을 규명하고 이해하게 되면 클라이언트의 조건을 향상시키기 위해 변화를 가져올 수 있는 영역을 명확하게 이해할 수 있을 것이다.

또한 효과적 개입을 위해서 클라이언트의 인지적 · 정서적 상황에 대한 사정을 통해 클라이언트의 성격, 특질, 생활방식, 대인관계 양상, 문제해결 능력, 인지 능력 등 클라이언트의 장점과 한계를 이해할 수 있다.

(2) 과제개발과 수립

표적문제를 해결하기 위한 과제를 사정 자료에 근거하여 개발하고 수립해야 한다. 과제는 실제 상황에서 클라이언트가 수행해야 하는 행동이기 때문에 측정 가능하며 현실적 상황을 모두 고려하여 구체적으로 설정하여야 한다. 또한 과제 계획은 개방적이고 융통성 있게 진행하는 것이 바람직하며, 클라이언트가 과제의 성격과 합리성을 이해하고, 이를 수행하려는 의지를 가져야 한다. 따라서 사회복지사는 클라이언트가 과제에 대해 회의적일 때 일방적 지시를 내리지 않도록 해야 한다. 과제를 개발하고 수립하는 과정은 다음과 같다.

① 가능한 과제의 제시

과제를 계획하는 첫 단계는 가능한 과제에 관한 아이디어들을 생성해 내는 것이다. 이러한 아이디어는 클라이언트와 사회복지사로부터 나오는데 클라이언트가 문제해결을 위해 어떤 노력을 해왔는지 검토하여 아이디어가 생각나도록 할 수 있고 사회복지사가 아이디어를 제시할 수도 있다.

② 동기 형성

과제 달성을 위한 필수 자원은 적절한 동기이다. 동기화의 필수요건은 클라이언트가 노력을 기울일 수 있는 과제를 설정하는 것이다. 그리고 클라이언트의 노력이 가치 있는 것이며 또한 노력을 통해서 문제가 경감될 수 있다는 사실을 믿어야 과제 수행을 위한 노력을 지속할 수 있다.

③ 과제수행의 계획

대부분의 과제들은 어떤 구체화된 계획을 필요로 한다. 이러한 계획은 사회복지사가 클라이언트에게 어떤 방식으로 과제를 달성할 것인지를 질문하면서 이끌어낼 수 있다.

④ 예견되는 장애물의 규명과 해결

과제 달성을 위한 활동에서 예견되는 장애물을 규명하고 이러한 장애물을 극복하기 위한 대안들을 탐색하여야 한다. 이는 과제 계획과 수행단계에서 모두 이루어져야 하며, 계획단계에서는 잠재적 장애물을 예견하기 위한 노력이 필요하다. 사회복지사는 클라이언트로 하여금 무엇이 과제수행을 방해할 수 있는지를 생각하도록 질문할 수 있다. 과제 수행의 실제적 장애물은 클라이언트의 기술 부족, 다른 사람들의 협력과 지지 부족, 자원 부족 등이다.

⑤ 모의실험, 예행연습

어떤 계획이든 사전에 시도해 볼 수 있다면 성공적으로 수행할 가능성이 높아진다. 대부분의 과제 계획은 과제 수행 행동을 가상해 보기 위해 역할극을 사용하여 세션 내에서 리허설을 해볼 수 있다.

⑥ 과제 동의

사회복지사는 과제를 부여하기 전에 클라이언트의 동의를 얻어야 한다. 클라이언트의 명백한 동의 없이 클라이언트가 반대되는 의견을 표현하지 않은 것을 동의한 것으로 가정하고 과제를 제시하는 것은 많은 문제를 내포할 수 있다. 명백한 동의는 클라이언트가 과제의 시도를 인정한다는 의미에서 계약을 완성시킨다고 볼 수 있다.

⑦ 과제 계획의 요약

회기를 끝내기 전에 사회복지사는 클라이언트에게 과제 계획에 대한 요점을 숙지시켜야 한다. 이 단계는 과제 계획이 복잡하거나, 여러 과제가 주어진 경우이거나, 과제 수행자가 아동인 경우에 특히 중요하다.

(3) 과제수행

클라이언트와 함께 과제를 수립한 다음에는 어떤 과제를 수행할 것인지에 대한 세부 사항을 클라이언트와 명시적으로 합의하게 된다. 일단 과제에 대한 동의가 이루어지면 사회복지사는 클라이언트가 과제를 수행할 수 있도록 원조하는 데 모든 기술을 집중시킨다. 대부분 클라이언트 스스로 과제를 수행하지만 혼란에 빠져 있거나 당황스러운 상황에서 서비스를 요청한 클라이언트의 경우에는 사회복지사가 지지해 주거나 지시하기도 하며 중재자 또는 대변인으로서 활동할 수 있다. 클라이언트가 어려워하거나 저항하는 과제인 경우에는 모델링이나 연습 등을 통해 도움을 줄 수 있어야 한다.

(4) 점검 · 모니터

사회복지사는 매 회기마다 과제수행을 확인하고 문제의 상태와 변화를 점검하며 구조화된 표기법, 차트, 그래프, 간결한 이야기체 기록 등을 사용하여 과제 수행을 모니터한다. 사회복지사는 매 회기마다 클라이언트가 수행한 과제를 점검하여 과제 수행 과정에서 나타나는 장애물이나 예견치 못한 상황에 따라 과제를 수정하고 보완하여야 한다(신성자, 2009).

5) 제5단계: 종결(termination)

종결은 과제중심 모델이 계획적 단기치료이므로 초기단계의 계약에서 명시한 종결 시기에 따라 클라이언트와 사회복지사 모두 예상하고 있는 가운데 이루어진다. 이는 이미 계약단계에서 개입 일정에 대해 서로 동의하고 실행단계에서 과제수행을 통한 문제해결의 정도가 분명하게 드러나며 실행단계에서 사회복지사가 남은 회기 수에 대해 확인하기 때문이다. 종결단계에서 사회복지사는 개입 과정을 통해 성취한 것에 대해 점검하고 필요한 경우 연장하거나 사후 지도한다(김혜란 외, 2008; 전남련 외, 2008).

종결단계에서 사회복지사는 클라이언트에게 개입에 대한 피드백을 요청하고 사회복지사 자신의 활동에 대해 평가할 필요가 있으며(전남련 외, 2008), 치료 목표의 달성 정도와 클라이언트가 수행한 그 동안의 과업을 평가하면서 종결 이후의 계획을 세우는 것 또한 중요하다. 종결단계에서 이루어지는 활동은 다음과 같다(신성자, 2009).

(1) 표적문제와 전체 문제 상황에 대한 검토

표적문제로 선정한 문제들과 목표에 대하여 검토하고 완수된 목표를 점검하며 문제 상황 전체에 관하여도 검토한다. 목표를 달성하고 표적문제를 해결했을 때는 개입을 종결한다.

(2) 클라이언트가 사용한 성공적 문제해결 전략의 규명

사회복지사는 완수된 목표를 강조하고, 목표 성취 과정에서 새로이 습득된 클라이언트의 문제해결 기술을 점검하며 새롭게 확인된 능력을 칭찬함으로써 클라이언트가 종결 후에도 스스로 문제를 해결할 수 있도록 돕는다.

(3) 남아 있는 문제에 관한 토의

마지막 면접이나 바로 그 앞의 면접에서는 클라이언트가 달성한 것을 확인하고 앞으로 클라이언트 혼자 수행해 나갈 수 있는 또 다른 과제를 계속하도록 돕는다. 또한 종결 시 해결되지 않은 문제들이 남아 있다면 이를 어떻게 할 것인지에 대한 논의가 필요하며, 클라이언트가 종결 후에도 치료과정을 통해 획득한 문제해결 기술들을 활용하여 해결되지 않은 문제들을 어떻게 해결할 수 있을 것인지에 대한 논의가 있어야 한다. 필요한 경우에는 계약을 연장하거나 타 기관에 의뢰하기도 한다.

3 과제중심 모델의 개입기법

과제중심 모델은 클라이언트의 문제해결을 돕고 클라이언트에게 긍정적인 경험을 제공하여 문제해결능력을 강화하는 데 목적을 두고 있다. 이처럼 클라이언트가 가진 문제를 해결하고 클라이언트의 문제해결능력을 강화하는 데 가장 중요하게 작용하는 것은 클라이언트의 동기화이다. 사회복지사는 전문지식을 활용하여 클라이언트가 보다 효과적으로 대처할 수 있도록 다음의 과제중심 모델의 개입기법을 사용할 수 있다(황미경, 1996).

1) 탐색

탐색은 모든 대인치료 모델에서 사용되는 기본적인 방법으로 클라이언트로부터 정보를 이끌어 내려는 사회복지사의 노력을 의미한다. 탐색은 두 가지 목적을 가지는데 첫째는 필요한 정보를 얻는 것이며, 둘째는 의사소통의 흐름을 적절한 내용에 맞추도록 하는 것이다. 특히 과제중심 모델에서의 탐색은 클라이언트의 문제를 발견하고, 문제를 명확히 하며, 과제의 가능성을 검토하는 데에 집중된다.

2) 구조화

구조화는 개입의 초기에 주어지는 치료의 목적과 특성에 대한 일반적인 설명을 포함하지만 과정 중에 그것을 지나치게 표현할 필요는 없다. 즉, 개입의 문제, 과제 및 시간 제한에 관한 의사소통, 과제수행에 적합한 내용으로 클라이언트의 의사 소통의 흐름을 분명하게 유도하는 반응들이다.

3) 직접적 치료기법

구조화가 잠재적이며 간접적인 변화 기능을 가지는 데 반해 직접적 치료기법은 보다 직접적인 변화를 추구하는 기반을 마련해 준다. 특히 인식 증진, 지시 및 격려는 클라이언트의 지각, 태도, 감정 및 행동에 수정을 가하도록 계획되는 것들이다. 이러한 기법들은 사회복지사가 클라이언트에게 전달하는 메시지로 구성된다.

(1) 인식의 증진

클라이언트 자신뿐만 아니라 타인이나 그의 상황에 관한 정보를 클라이언트에게 제공해 주기 위한 사회복지사의 노력으로 해석, 명확화, 직면, 반성 등이 포함된다.

(2) 격려(encourage)

사회복지사는 클라이언트가 수행한 행동에 대해 인정하거나 기타 긍정적인 반응을 표현할 때 격려의 방법을 사용한다. 격려는 변화에 공헌한다. 그 이유는 클라이언트는 그가 존경하는 사람의 인정이나 시인을 가져오는 행동을 수행할 가능성이 있기 때문이다.

(3) 지시(instruction)

클라이언트가 시작한 행동을 사회복지사가 인정해 주는 격려의 방법과는 달리 지시는 클라이언트가 생각하지 않았거나 생각하고 있는 몇 가지 가정의 하나를 사회복지사가 추천해 주는, 즉 행동가능성을 제시해 주는 것을 말한다.

이외에도 직접적 치료기법으로 지도(guidance), 옹호(advocacy), 자원과의 협의(negotiation), 동반(accompanying) 등이 있다.

4) 과제수행에 필요한 행동을 예행 연습하기

어떤 과제는 클라이언트의 기술 부족 또는 경험 부족으로 인해 클라이언트가 수행하는 데 있어서 미숙한 행동을 내포하기도 한다. 클라이언트가 과제를 성취하는 데 필요한 핵심행동을 경험하고 또 숙달할 수 있도록 돕는 것이 행동 예행연습하기의 목표이다.

간접경험은 과제를 완수하면서 얻은 것에 비하면, 변화 면에서 약하고 무기력하지만, 그럼에도 불구하고 다른 사람이 목표한 행동을 하는 것을 관찰함으로써 불행한 결과 없이 위협적인 행위를 실행하는 것을 볼 수 있다면 이것 자체로 클라이언트에게 스스로 목표한 행동을 할 수 있다는 기대감을 갖게 한다(허남순 외, 2004).

(1) 행동 시연(behavioral rehearsal)

행동 시연은 사회복지사의 지도 아래 클라이언트가 새로운 대응양식을 훈련하도록 돕는 것이다. 가장 일반적으로 활용하는 행동 시연 형태는 역할극(role-playing)으로, 실제로 삶의 어려움을 겪고 있는 '다른' 사람의 역할을 해보도록 권함으로써 실제 상황에서 부딪치게 될 행동을 예상할 수 있다.

역할극을 한 후 클라이언트의 반응에 초점을 맞추면서 무슨 일이 일어났는지 토론해 보거나 질문하고 격려해 주는 생산적인 행동을 통해 클라이언트는 새로운 통찰력을 얻기도 하고 클라이언트가 겪게 되는 어려움에 대해 보다 깊이 있게 이해하게 된다. 이 과정을 통해 '완벽하게 숙달하는(mastery)' 것보다 불완전하더라도 '대처노력(coping efforts)'을 보여주는 것이 더 바람직하다. 가장 중요한 것은 클라이언트가 과제를 수행하겠다는 자신감이 연습으로 강화된다는 것이다. 사회복지사는 클라이언트가 계획한 과제를 성공적으로 수행할 능력이 있다는 확신을 표현하여 클라이언트 스스로 자신이 능력이 있음을 한층 더 강하게 믿게 할 수 있다.

(2) 지침에 따라 연습하기(guide practice)

지침에 따라 연습하기는 가상행동이기보다는 더 '실제적인(in vivo)' 내용이라는 점에서 행동 시연과 다르다. 지침에 따라 연습한다는 것은 클라이언트가 그 목표행동을 마치 실제 수행하는 것같이 해보는 것이다. 이때 사회복지사는 지도하면서 완수하도록 돕는다. 예를 들면 부부치료 모임에서 사회복지사는 부부가 실제 문제나 갈등상황을 다루는 것처럼 지도하면서 그런 기술을 완전히 습득할 수 있도록 도울 수 있다.

* 생각해 볼 점

1 자신의 문제로 인식하고 있고, 이를 경감 혹은 해결하기를 원하는 표적문제에 따른 일반적 과제와 조작적 과제를 상세히 기술해 본다.

2 과제중심 모델을 실제 혹은 가상 사례에 적용하는 연습을 해보고 결과에 대해 토론해 본다.

▸▶ 참고문헌

김혜란 · 홍선미 · 공계순(2002). 사회복지실천기술론. 서울: 나남출판.

김혜란 · 홍선미 · 공계순(2006). 사회복지실천기술론. 경기: 나남출판.

김혜란 · 홍선미 · 공계순(2008). 사회복지실천기술론. 경기: 나남출판.

김혜란(1996). 과제중심 모델의 적용에 관한 연구. 한국사회복지학, 통권 30호, 25-47.

신성자 · 고유나 · 권신혜 · 김수정 · 박용권 · 성희자 · 이현정 · 전보경 · 정숙희 · 최은지(2009). 사회복지실천기술론. 경기: 양서원.

양옥경 · 서미경 · 김정진 · 김소희 · 김미옥(2005). 사회복지실천론. 경기: 나남출판.

엄명용 · 김성천 · 오혜경 · 윤혜미(2006). 사회복지실천의 이해. 서울: 학지사.

엄명용 · 노충래 · 김용석(2005). 사회복지실천기술의 이해. 서울: 학지사.

이윤로(2008). 사회복지실천기술론. 서울: 학지사.

전남련 · 신재명 · 이권일 · 김상조(2008). 사회복지실천기술론. 경기: 학현사.

허남순 · 한인영 · 김기환 · 김용석 공역(2004). 사회복지실천 이론과 기술(Direct social work practice: theory and skills). 서울: 나눔의집.

황미경(1996). 가출청소년에 대한 효과적인 개입방안 연구. 석사학위논문. 이화여자대학교 대학원.

Epstein, L., & Brown, L. B.(2002). *Brief treatment and a new look at the task-centered approach(4th ed.)*. NY: Macmillan.

Epstein, L.(1988). *Brief treatment and a new look at the task-centered approach(4th ed.)*. NY: McGraw-Hill.

Payne, M. S.(1991). *Modern social work theory: A critical introduction*. London: Macmillan.

Chapter 07

가족사회복지 실천기법: 가족에 대한 이해

1. 가족의 개념

2. 가족의 변화

3. 가족문제

4. 가족생활주기

＊ 학습의 목표

1 가족의 개념을 이해한다.

2 가족의 변화와 현대 가족의 문제를 살펴본다.

3 가족생활주기별로 그 특성을 이해한다.

가족사회복지실천에 있어서 가족에 대한 이해는 매우 중요하다. 가족은 시대와 장소, 사회를 초월한 본질적 기능을 가지고 있으며, 개인과 사회의 존속을 위해 매우 의미 있는 집단이라고 할 수 있다(이경희 외, 2004). 클라이언트를 도우려는 사회복지사에게는, 한 인간에게 가장 큰 영향력을 미치는 가족체계에 대한 이해가 우선되어야 할 것이다. 사회복지실천현장에서 가족 대상의 사회복지실천은 매우 기초적이며 포괄적이라 할 수 있다.

플라톤(Platon)과 아리스토텔레스(Aristoteles)는 2,000년 전에 그들 나름대로 자신의 관점을 개발했지만, 그 관점들은 오늘날에도 두 가지 구분되는 관점으로 여전히 남아 있다. 각 학자의 관점 차이를 이해하는 것은 매우 중요하다. 왜냐하면, 오늘날 가족을 이해하는 데 있어서 어떤 사람들은 플라톤 식의 개인주의 관점(독립성, 이성적 사고, 자율성, 개별성 강조)을 중심으로 보고, 또 다른 사람들은 아리스토텔레스 식의 생태학적 관점(인간, 가족, 환경에 대한 통합적이고 연관된 관점을 강조)으로 이해하려고 한다. 이런 차이점은 우리가 문제를 해결하는 방식과 방법에 커다란 영향을 미친다.

따라서 사회복지사는 가족과 클라이언트 체계의 다양성을 이해하고 그들의 생태학적 환경과의 상호작용을 원활하게 할 필요가 있다. 그러므로 여기에서는 가족에 대한 기초적 이해를 돕기 위해 가족의 개념 및 특성을 알아보고, 현대 가족의 다양한 문제, 이론적 관점, 주기 등을 간단히 살펴보고자 한다.

1 가족의 개념

가족에 대한 개념은 학자마다 견해 차이가 있으며, 또 문화와 시대의 변화에 따라서도 다르다. 가족(Family)의 어원은 라틴어 'Familia'에 근거한 것으로 집에 속하는 모든 것을 포함하는 개념으로, 생활하는 장소로서의 집과 소속된 인간, 즉 가족구성원 모두를 포함한다. 가족의 사전적 정의를 보면 '어버이와 자식, 형제·자매, 부부 등 혈연과 혼인 관계 등에 의해 집안을 이룬 사람들의 집단 또는 그 성원'이라고 되어 있다(새 우리말 큰 사전, 2000). 가족은 원초적인 집단으로 신체적 보호의 일차적인 기능을 가지고 있으면서, 한 개인에 있어 사회화 학습의 장이기도 하다(조추용 외, 2005). 이러한 가족의 개념을 시대와 장소, 그리고 이념에 따라 다양한 관점에서 많은 학자가 고전적 정의와 현대적 정의로, 협의의 개념에서 광의의 개념까지 폭넓게 정의하고 있다. 가족의 개념은 개인의 가치 기준에 따라 인간의 삶에 지대한 영향을 미치기도 하며, 가족구성원 간에 많은 갈등을 가져오기도 한다(박경란 외, 2004). 여기서는 가족을 크게 고전적 개념과 현대적 개념으로 구분하여 살펴보기로 한다.

1) 고전적 개념

전통적으로 가족은 흔히 혈연, 혼인, 자녀양육이라는 측면에서 정의되어 왔다(성정현 외, 2006). 많은 학자가 가족을 이해하기 위한 목적으로 가족의 개념을 정의해 왔는데 이들은 공동의 거주, 자녀의 존재, 그리고 부부의 성적 관계와 경제적 협력을 공통으로 강조하였다. 가장 보편적인 고전적 정의로 머독(Murdok, 1949)의 핵가족 정의와 레비-스트라우스(Le'vi-Strauss, 1971)의 확대 가족적 정의, 그리고 국내 학자의 정의를 살펴보겠다.

머독은 가족의 정의를 '가족은 공동의 거주, 경제적 협동, 생식(재생산)의 특징을 갖는 집단으로 사회적으로 인정받는 성관계를 유지하는 최소한의 성인 남녀와 한 명 이상의 자녀로 이루어진다.'라고 하였다. 이 관점은 보편 기능론적 관점에서 본 가족의 개념이다. 머독은 가족을 너무 좁은 의미로 한정했기 때문에 다양한 가족을 보편적으로 정의하는 데는 부적합하다는 문제점을 지니고 있다.

또한, 레비-스트라우스는 '가족은 결혼에 의해 출발하고 부부와 그들의 자녀로 구성되지만 이 핵집단에 다른 근친자도 포함될 수 있다. 가족구성원은 법적 유대, 경제 종교적 권리와 의무, 성적 권리와 금지, 애정, 존경, 경외 등 다양한 심리적 정감으로 결합되어 있다.' 라고 하였다. 이 관점은 확대 가족적 관점에서 가족을 봤으며, 머독보다 가족을 보다 넓은 친족집단 구조로 파악하고 확대된 범위로 봤다.

변화순(2004)은 가족의 개념을 '부부 중심의 혈연 혹은 법적 관계를 통한 자녀가 함께 하는 의미의 핵가족' 으로 제시하였다. 유영주(1993)는 '가족은 부부와 그들의 자녀로 구성되는 기본적 사회집단으로서, 이익관계를 떠난 애정적 혈연집단이며, 같은 장소에서 기거하고 취사하는 집단이고 그 가족만의 고유한 가풍을 갖는 문화집단이며, 양육과 사회화를 통하여 인격형성이 이루어지는 인간발달의 근원적 집단' 으로 보고 아울러 사회와 정치의 변화에 역동적 반응을 보이는 사회집단이라고 하였다(김혜경 외, 2006).

이처럼 가족의 전통적 개념은 남녀의 혼인과 부모 됨에 기초한 혈연집단, 입양으로 관계를 맺은 두 사람 또는 그 이상의 구성원으로 맺어진 집단을 말하며, 정신적 유대와 의식주를 함께 해결하는 공동의 거주, 공동체적 생활방식을 갖는 집단이라고 할 수 있다.

2) 현대적 개념

가족 개념은 현대사회에 접어들면서 좀 더 개방적이고 다양한 집단까지도 포함되어 포괄적으로 나타나고 있다. 즉 획일적이고 협의적인 개념을 초월해 가족의 다양성을 인정하는 기능적인 차원에서 포괄적이고 광의적인 가족으로 확대하였다. 최근 다양한 가족의 출현으로 인하여 비전통적인 가족을 포괄적으로 규정할 수 있는 가족의 새로운 정의가 요구되고 있다.

광의의 개념으로 '가족은 공동으로 생활을 영위하는 부부와 자녀, 친척, 그리고 입양이나 기타 관계로 연대의식을 지닌 공동체 집단' 으로 정의된다. 입양이나 기타 비(非)혈연 집단과 동거라 할지라도 연대의식을 가지고 지속적인 관계를 맺고 있다면, 이는 가족으로 볼 수 있다는 것이다(이효상, 2000; 박민자, 2003).

가족학자들은 '가족이란 둘 또는 그 이상의 가족구성원들이 서로 돕고 몰입되어 있으며, 애정과 친밀감, 가치관과 의사결정, 그리고 자원을 서로 나누는 집단' (Olson & DeFrain, 1994)이라고 하였으며, 가족은 도움이 필요할 때 도움을 주며 가족의 구성원을 인정해주는 안도감의 욕구가 충족되는 존재(김혜경 외, 2006)라고 하였다.

가족은 인간의 본질적 특성인 개체성과 반개체성, 즉 개인으로서의 '나'와 관계로서의 '나'의 욕구를 충족시키며 상호작용하는 생활공동체 집단(유영주, 2000)이며, 사회의 가장 기본적 단위이면서 정서적 단위, 보편성과 다양성을 지닌 집단이다. 또한, '사회의 영향을 받기만 하는 집단이라기보다는, 사회의 영향에 대해 나름대로의 의미를 부여하며 적응하고 변화하는 집단' (정현숙 외, 2001)으로 정의하였다.

따라서 현대적 개념의 가족은 부부와 그들의 자녀나 근친자로 구성되는 기본적인 사회집단으로서, 애정적인 공동체를 이루고 서로 간의 의사소통 안에서 공통의 문화를 창조하고 유지하는 집단(김혜선 외, 2005)이며, 개별성과 공동체성을 존중하고 상호 간에 심리적 자원이 되어주는 상호작용적 관계들의 집단이라고 본다.

2 가족의 변화

한국 사회는 1960년대 이후 산업화·정보화 시대를 거치면서 복지에 대한 관심과 함께 빠르게 변화하며 국제화 시대로 발돋움하고 있다. 오늘날 가족문제 또한 복잡한 사회문제의 영향을 받아 가족의 위기라고 할 만큼 심각한 위기에 직면하고 있다. 특히 현대사회는 가족의 형태나 주기, 가치관, 가족관계 등이 급속히 변화되고 있어 이에 대한 가족복지의 대응이나 가족의 신속한 적응을 필요로 하고 있다.

무엇보다도 현대사회의 가족변화요인은 산업화, 도시화의 영향에 큰 비중을 두고 있는데, 가족기능, 가치관, 가족생활 주기와 같은 것들에 많은 영향을 주었다. 산업화는 과거 가족이 수행했던 다양한 기능들을 사회가 담당하게 하였고 가족의 기능을 축소, 변화시켰다(김익균 외, 2009). 또한, 산업화가 진행되면서 평등한 가족관계, 가족 유대와 결속력 약화, 가족구성원의 개인주의화에도 영향을 주었다. 이뿐 아니라 양성평등의 사회적 노력, 각종 법 개정과 더불어 부계단일제도의 친족관계가 '양계제도'로 바뀌면서 더욱 여성의 입지가 강해졌으며, 여성의 경제활동 증가와 여성의 경쟁력 확보도 가정 내 지위와 가족생활을 변화시키는 데 한몫을 하였다. 가족구성원의 개인주의 경향은 부부관계나 부모-자식관계에 있어서도 차츰 과거와는 다르게 상호 간의 개성과 독립을 인정해주기를 원하면서, 앞으로는 더욱 평등한 관계를 지향하는 가족이 출현할 것이라고 본다(김혜경 외, 2006).

1) 가족의 형태 변화

첫째, 현대가족 변화의 특징은 무엇보다도 가족의 크기와 세대구성이 작아지고 있다는 점이다. 전통적인 한국가족의 이념적 이상형은 노부모와 장남 부부, 손자녀가 함께 사는 직계가족 형태였다. 하지만 현재는 단독 가구의 증가와 대가족 가구의 감소현상이 두드러지게 나타나고 있다. 전형적인 대가족 가구가 감소하는 반면, 2세대 가족이 주도적인 형태를 띠고 있으며 부부만 사는 단독가구, 1인 가구도 증가하고 있다.

〔표 7-1〕에서 보는 바와 같이 1인 가구의 변화를 보면 1980년 4.8%에서 2005년 20%로 급증하고, 평균 가구 구성원 수는 4.5명에서 2.9명으로 감소하였다. 1세대 가구의 비중도 16.2%로 증가한 반면, 3세대 가구는 6.9%로 하락하였다.

[표 7-1] **가구구조변화 추이**

구분	1980년	1985년	1990년	1995년	2000년	2005년
1인 가구(%)	4.8	6.9	9.0	12.7	15.5	20.0
4인 이상 가구(%)	70.1	64.3	58.1	50.1	44.5	36.9
평균가구원 수(명)	4.5	4.1	3.7	3.3	3.1	2.9
1세대(%)	8.8	10.5	12.0	14.7	14.2	16.2
3세대(%)	17.6	15.8	13.6	11.4	8.2	6.9

출처: 통계청(2007), 2006 한국의 사회지표 재구성, p. 185.

이와 같이 현대가족은 핵가족, 소인수(素因數) 가족으로 가족 규모가 축소되면서, 친족과의 접촉이 감소되고 있으며, 심리적 지원과 상호부조정신이 약화되는 양상을 보이고 있다. 배우자 선택에 있어서도 자유연애결혼의 형태가 보편화되고 있으며, 연령에 관계없이 부부만의 독립된 가구를 갈수록 선호하고 있다. 그러나 가족의 안정성 측면에서 핵가족은 고립된 인간관계(부부-자식)이므로 위기가 올 때 쉽게 이혼을 결정할 수 있다.

둘째, 현대는 다양한 가족이 출현하고 있다. 통계청 자료에 따르면, 우리나라 맞벌이 가족은 2005년 현재 50.1%, 재혼가족 중 여성의 재혼율은 21.1%, 남성은 18.9%이며, 한부모가족 8.6%, 조손가족 0.45%, 다문화가족 13.6%로 모두 증가추세를 보이고 있다. 급속한 저출산과 고령화로 인한 인구학적 변화, 여성의 경제활동참여 증가, 만혼현상, 이혼 · 재혼율의 증가, 다문화가족의 증가 등은 향후 한국가족이 소규모화와 다양화를 지속 · 유지시킬 것을 전망하게 한다.

[표 7-2] **우리 사회의 다양한 가족형태**

구분	내용
수정확대가족	• 기혼자녀가 노부모와 함께 거주하지는 않지만 가까이서 모시면서 상호원조와 애정관계를 유지하는 새로운 가족 형태이다.
수정핵가족	• 외형상으로는 한 울타리 안에 거주하지만 안채, 바깥채, 위, 아래층에서 따로 거주하며 서로의 독립성을 유지하는 가족 형태이다.
무자녀가족	• 부부 중심적 또는 개인주의의 강조로 자녀를 낳지 않는 자발적 무자녀가족과 불임, 자녀 사망 등의 비자발적 무자녀가족으로 분류된다.
동거가족	• 한 성인이 혈연관계, 또는 친족관계가 아닌 다른 이성과 주거공간을 공유하는 생활형태. 사실혼 관계에 있는 가족으로서 결혼식을 할 수도 있고, 안 할 수도 있다.
한부모가족	• 별거, 사별, 이혼, 미혼모 등의 사유로 인해 부모 중 한쪽만 있거나 법적으로나 현실적으로 부모역할을 다 하지 못하여 발생하는 가족이다.
복합가족	• 재혼한 남성이나 여성, 혹은 양자와 그들의 이전 배우자와의 사이에서 태어난 자녀를 포함하는 가족을 말한다.
분거가족	• 가족들이 직업상의 이유로 인해 둘 이상의 가구를 형성하여 장기간 별거하는 가족을 말한다.
동성애가족	• 동성 간의 결혼을 말하는데 합법화된 나라로는 네덜란드, 벨기에와 캐나다가 있다. 파트너로 신고한 동성 커플의 권리와 지위를 법적으로 보장해주는 나라는 덴마크, 노르웨이, 아이슬란드, 스웨덴에 이어 헝가리, 포르투갈 등이 있다(동아일보, 2004).
공동체가족	• 확대가족의 한 변형으로서 혈연관계는 없으나 서로 가족으로 생각하고 헌신하며 의무감을 갖고 동거하는 가족을 말한다.
독신가족	• 혼자 구성된 가족의 형태로, 독신 기간이 장기화되고 결혼시기도 점점 늦추면서 독신을 선택하는 경향이 증가하였다. 또한 성적 가치관의 변화와 함께 성관계가 보편화되면서 독신가족을 더욱 선호하는 경향이 나타났다(유영주, 1997).
조손가족	• 조부모와 손자녀로 구성된 가족을 말한다. 이는 꾸준히 증가 추세를 보이고 있는데, 증가 이유는 부모의 경제난, 실직, 이혼 때문으로 나타났다(통계청, 2007).
다문화가족	• 국적을 달리하는 남녀가 결혼하여 가족의 형태를 이루는 것인데, 국제결혼 하여 한국에 정착하여 사는 신부를 일컬어 '결혼이민자', '국제결혼이주여성'이라 한다. 여성보다는 남성이 국제결혼을 많이 하고 있으며, 꾸준히 증가 추세를 보이고 있다(통계청, 2007).

2) 가족의 기능 변화

급속한 사회변화는 가족의 형태뿐 아니라 가족의 기능도 변화시켰다. 한국사회는 산업화와 도시화를 겪으면서 가족구조와 가치관이 바뀌었고, 이와 같은 변화는 자연스럽게 가족의 기능을 변화시켰다. 현대사회의 가족기능에 대한 변화를 살펴보면 다음과 같다.

첫째, 성행위와 출산통제의 기능은 현대사회에서도 여전히 가족의 주요기능으로 남아 있다. 예로부터 가족은 합법적인 성관계가 가능하고 다음 세대의 노동력을 생산하는 종족보존의 역할을 담당해 왔다. 그러나 성에 대한 가치관, 성에 대한 규범, 성개방풍조의식이 빠르게 변화되고 있어 출산통제기능은 약화되고, 부부의 성생활의 중요성은 점차 증대되고 있는 추세이다. 오늘날 성은 출산을 위한 도구라기보다는 부부 간의 정서적 친밀감을 표현하는 수단으로 받아들이고 있으며, 자녀생산 또한 선택적 사고에 의해 결정하므로 과거에 비해 출산의 중요성이 많이 감소하였다(강기정 외, 2009).

둘째, 경제적 기능에서는 산업화로 인해 가족과 직장이 분리됨에 따라 가족 생산기능은 약화, 상실되고 소비단위로서의 기능은 강화되었다. 가족구성원들의 소득 정도가 생활양식을 결정하고, 소비생활 수준은 가족생활 만족도에 영향을 미치게 되었다. 그러나 최근 우리 사회에서는 외환위기 이후 평생직장의 개념이 붕괴되고 정규직 고용비중이 감소하는 등, 노동시장의 불안정성이 증가하고 있어 가족생활의 경제적 기반이 크게 위축되고 있다(노동부 보도자료, 2005. 10. 27; 이원숙, 2007 재인용).

셋째, 자녀양육과 사회화 기능은 그 어느 때보다 강화되어 가족에게 큰 부담으로 작용하고 있다. 자녀 수가 줄어든 대신 자녀에게 투자하는 시간적 · 경제적 부담은 크게 증가하였다. 또한, 과거와 같은 권위를 가지고 일관성 있는 사회화 역할을 감당하기가 힘들어졌기 때문에, 현대의 부모세대는 급변하는 사회과정에서 자녀양육과 사회화 기능에 많은 혼란을 초래하고 있다. 특히 젊은 세대는 핵가족화 현상과 사회가 다원화, 이질화, 전문화되면서 과거 전통적인 양육방식과 많은 차이가 나서 자녀 사회화에 어려움과 시행착오의 악순환을 겪고 있다(김윤재, 2007). 특히 부모의 맞벌이로 인해 자녀양육을 주로 전문시설에 맡기고 있는 형편이며, 전통적인 가족에 비해 인성교육이 크게 약화된 것도 사실이다. 따라서 국가와 사회가 앞장서서 전반적인 교육환경을 정화하지 않는 한 가족의 사회화 기능은 여전히 혼란을 겪게 될 것이다(이원숙, 2007).

넷째, 정서적 유대와 여가 기능은 점차 중시되고 있다. 젊은 세대일수록 부모-자녀보다 부부관계를 더 중요하게 생각한다. 또한, 가정을 정서적 위로를 위한 공간으로서 중요하게 여기며, 개인적 여가생활을 즐기는 편이다. 여가는 가족 구성원이 에너지를 재충전할 수 있다는 점에서 필요하다. 오늘날 삶의 질을 중시하고 있는 우리 사회에서는 가족의 여가생활을 일 자체만큼이나 중요한 기능으로 인식하고 있다. 그러나 현대가족은 가족 간의 대화와 접촉부족 현상으로 가족유대가 약화되고 있으며, 가족과 함께 여가를 보내기보다 개인적 여가를 더 선호하고 있다.

다섯째, 성역할 사회화 기능과 가사노동기능은 사회변화에 소극적으로 대응해 왔다. 한국사회의 부모는 과거의 성역할 고정관념과 남성, 여성의 행동규범 및 가치관을 내면화시키며, 부모의 차별적인 기대를 통해 남자다움과 여자다움을 강화하고 있다(김윤재, 2007). 그러나 가족해체와 핵가족화로 성역할이 변화되면서 가족기능 및 구조에 많은 영향을 미치기 시작하였고, 이러한 성역할 변화는 새로운 가족문화를 가져왔다. 가사노동 기능에 있어서는 소규모가족, 외식문화, 의식주생활의 간편화, 가사보조기구의 발달 등으로 인해 가사부담이 많이 줄었으나, 가사의 질에 대한 기준이 높아지면서 가족구성원들의 정서적 욕구충족에 대한 기대가 증가되고, 소비생활의 다양화, 가족 소유 자본재 관리에 드는 시간 증가 등은 가사노동의 시간의 증가를 초래하였다(최경석 외, 2003).

여섯째, 노부모 부양기능을 살펴보면 최근 자녀양육 비중이 점차 강화되고 있는 것과는 달리, 노부모 부양기능이 점차 약화되고 있다. 오늘날 노인의 평균수명 연장으로 인해 부양기간이 길어져 자녀들에게 부담이 되기도 하지만, '효'에 대한 가치관변화도 노부모부양 의식에 큰 몫을 하고 있다. 베이비붐 세대이면서 소자녀화를 주도한 현재의 중년세대가 노년기에 이르면, 노인부양 의식은 지금보다 훨씬 약화되어 자녀로부터 부양서비스를 기대하기 어려울 뿐 아니라, 이로 인한 세대 간의 갈등도 심화될 것으로 본다(이여봉, 2006; 이원숙, 2007 재인용).

[표 7-3] 독특한 삶의 양식에 따른 가족

딩크족 (Double Income No Kids)	• 부부가 맞벌이를 하면서 경제적으로 여유롭게 생활하며 단 둘만의 인생을 즐기고 싶어 하는 이른바 미국 신세대 중산층의 삶의 양식 중 하나이다.
싱크족 (Single Income No Kids)	• 남편이 가장으로 생계를 책임지고 아내는 가정에서 가사를 돌보는 전통적인 가정 형태를 유지하면서도 2세를 갖지 않는 부류를 말한다.
듀크족 (Dual Employed With Kids)	• 아이를 낳아 키우는 맞벌이 부부를 말한다. 1990년대 말 미국 경제의 호황과 함께 늘어났다. 듀크족은 딩크족에 비해 소득은 약간 적지만 집을 소유하는 경향이 강하다.
딘스족 (Double Income No Sex)	• 세계적인 경제 불황으로 치열한 경쟁사회에서 생존하려고 몸부림치는 맞벌이 부부들에게 물리적인 시간의 부족과 스트레스, 피로 누적 등의 이유로 성(Sex) 없는 결혼생활을 영위하는 세태를 가리키는 말이다. 이는 맞벌이를 하면서 아이를 갖지 않는 딩크족과 더불어 나타나는 사회현상이다.
통크족 (Two Only No Kids)	• 자식들에게 경제 · 정서적으로 의존하지 않고, 손자 · 손녀를 돌보는 데 시간을 빼앗기지 않으면서 취미생활과 운동, 여행 등으로 인생의 말년을 즐기며 보내는 부부를 일컫는다.

3) 가족생활주기 변화

인간은 결혼과 함께 가족체계를 구성하고 발달시키며, 축소되어 가는 과정을 거치게 되는데, 시간이 흐르면서 가족이 변화하고 발달해가는 각 전이기별로 단계에 따라 가족생활주기를 설정한다. 최근 우리 사회는 만혼 경향, 저출산, 고령화현상, 여성의 역할변화 등으로 가족주기단계가 변화되었다.

현대 가족의 가족생활주기상의 주요 변화를 살펴보면 다음과 같다.

첫째, 과거에 비해 결혼연령이 높아지고 있어 자녀의 경제적 독립시기가 늦다.

둘째, 최근 고령화 현상으로 가족주기의 전 기간이 대체적으로 길어지고 있다.

셋째, 결혼에서 자녀출산 완료까지의 가족형성 및 확대기가 만혼현상과 저출산, 기혼여성취업 증가로 인해 단축되고 있다.

넷째, 우리 사회의 학력수준이 높아짐에 따라 자녀교육 기간이 늘어나고, 취업, 결혼연령이 늦어지고 있어 자녀출산 완료 이후 자녀독립 때까지의 자녀양육 및 교육기가 길어지고 있다. 이로 인해 노동력 감소, 노인부양 부담 증가, 국방인력 감소 등 다양한 문제가 부각되고 있다.

다섯째, 자녀수의 감소와 평균수명 연장으로 인해, 자녀의 결혼 이후 부부의 사망에 이르기까지의 축소기 기간이 길어지고 있다. 자녀독립 후에 두 부부만 남는 '빈 둥지 기간'이 늘어나 중년기, 노년기가 길어졌다. 이로 인해 최근 성인자녀와 노부모 간의 관계, 노인부양문제가 심각하게 사회적 이슈로 대두되고 있다. 특히 현대에는 수명연장으로 노년기 부부관계의 중요성이 강조되고 있다.

4) 가족 가치관 변화

우리나라 가족 가치관[1]의 뿌리는 유교를 바탕으로 한 가족주의가 강하며 가부장적 질서를 중시한다. 이에 따라 가족관계에서 구성원의 역할과 의무, 가문의 삶이 우선순위에 놓인다. 개인보다는 가족집단의 화목과 결속을 중시하고 가족을 위한 희생과 헌신을 가장 큰 덕목으로 강조하여 가족구성원들에게 서열관계를 중시한 공동체 의식, 소속감, 책임감을 갖게 하고 사회질서를 유지해 왔다(최규련, 2007). 그러나 한국사회가 빠르게 민주화, 산업화, 국제화사회로 발전하면서 전통적인 가족 가치관이 변하게 되었다. 그 결과 부계 혈연중심의 가족 가치관이 바뀌어 세대 간의 연대 약화, 개인주의 등장, 여성의 의식화 및 조직화, 정치화, 여성의 양성평등의식 등의 변화가 나타나고 있다(변화순 외, 2003). 가족 가치관을 구체적으로 살펴보고자 한다.

첫째, 결혼에 대한 가치관의 변화를 보면, 과거에는 결혼이 필수적인 통과의례였으나 현재는 개인의 선택적 행위로 받아들인다. 최근 결혼정보회사의 결혼에 대한 가치관을 조사[2]한 결과 응답 남성의 62%, 여성의 79.2%가 결혼이 필수가 아닌 개인적 선택이라고 응답하였다. 이와 같은 결과는 이제 더 이상 결혼이 필수가 아니라, 개인적 선택적 사항이라고 인식하고 있음을 보여주며, 이를 통해 현대사회의 변화된 결혼가치관을 알 수 있다.

둘째, 자녀에 대한 가치관을 살펴보면, 과거에 비해 자녀출산을 선택적으로

1) 가족 가치관: 결혼 가치관, 부부관계 가치관, 자녀에 대한 가치관, 부모부양에 대한 가치관 등을 총칭하는 개념이다(통계청, 2005).

2) http://news.media.daum.net/society/affair/200403/17/goodday/v6320001.html

생각하는 가치관이 증가하고 있다. 결혼 후 자녀에 대한 필요성을 묻는 질문에 미혼 남성의 75.1%, 여성의 64.9%가 필요하다고 응답하여 여성이 자녀출산의 필요성을 낮게 인식하고 있음이 나타났다. 한국사회는 전통적으로 남아선호사상을 중시했으나 현대에 와서는 젊은 세대일수록 교육, 가사, 유산 등 아들과 딸에 대한 차별의식이 적어졌다(여성가족부, 2005). 또한, '자식 성공이 곧 부모 성공'이라는 전통적인 가족주의 가치관이 변하여, 현대는 아들을 통한 가계계승과 노후의존도가 약화되고 있다.

셋째, 부부관계에 대한 가치관은, 과거의 제도적 결혼에서 현대는 동반자적 결혼으로 바뀌고 있다. 결혼의 유지와 안정을 중시하는 사회에서 부부 간의 신뢰, 상호협력, 친밀감 등의 질적인 측면은 중시되는데 부부 간 신뢰나 애정에 문제가 생기면 이혼도 쉽게 결정할 수 있는 가치관을 가지기 때문이다. 부부의 역할 면에서도 전통적으로 남편의 권위주의적이고 수직적 관계에서, 민주적인 동반자로서 상호 인격을 존중하고 대화를 통해 공동으로 결정하며, 가사를 분담하는 양성 평등한 관계[3]로 변하고 있다.

넷째, 노인부양에 대한 가치관의 변화를 살펴보면, 전통적인 가족주의 가치관을 가지고 있던 한국사회에서는 노부모부양이 당연히 장남과 며느리의 몫이라고 인정되었다. 하지만, 현재 개인주의, 양성평등적 가치관이 존재하면서 노부모봉양은 자녀공동의 의무라는 인식으로 바뀌고 있다. 노부모들도 결혼한 장남이나 자녀에게 의지하지 않고, 통크(Tonk)[4]족과 같이 독립적으로 노후를 보내려는 경향이 많아져서 부모세대의 63.5%, 조부모세대의 49.5%가 따로 살고 경제적 지원도 원치 않는 것으로 밝혀졌다(문화방송, 2004). 이러한 통크족의 출현은 기존의 노인상과는 달리 새로운 노인상, 이른바 '실버세대의 반란'으로 받아들여지고 있다.

3) 가사분담에 대한 가치관에서 '맞벌이부부는 집안일도 공평하게 분담해야 한다.'에 찬성하는 비율을 보면 남성이 81.7%, 여성이 87.5%로 나타나 전반적으로 비전통적인 가치관을 알 수 있다(여성가족부, 2005).

4) 통크(tonk)족은 노년기에 전통적 가족규범인 자녀와의 동거를 거부하고 노부부끼리 따로 거주형태를 형성하여 정서 · 경제적으로 독립적 생활을 즐기는 '신조류' 가족형태이다. 통크족은 경제능력과 건강은 기본이고 다양한 취미생활과 친구들의 확보, 외로움이나 소외감에서도 자유롭다는 특징을 가지고 있다(이동원 외, 2006).

3 가족문제

가족문제는 가족에 대한 이론적 관점에 따라서 달라질 수 있으며, 가족문제에 대한 인식도 시대에 따라 변한다. 가족문제란 가족생활에 관계되는 여러 가지 사회문제와 연관되어 있는 문제까지 포함하여 볼 수 있는데, 이는 정치적·경제적·사회적 상황과 밀접한 관계가 있으며, 그 시대의 사람들이 어떤 것을 가장 중요하게 생각하는지, 그 당시의 지배적 사상이 무엇인지에 따라 달라진다(조흥식 외, 2006).

한국 가족의 문제는 급속한 저출산과 고령화로 인한 생애주기 변화, 노부모 부양, 이혼·재혼율의 증가, 학대, 자녀양육, 가족형태의 다양화를 들 수 있다. 앞에서 언급한 바와 같이 최근 우리나라는 맞벌이가족, 한부모가족, 재혼가족, 조손가족, 다문화가족 등에서 모두 증가 추세를 보이고 있으며, 그 어느 시대보다도 복잡 다양한 가족문제가 많이 발생하고 있다.

첫째, 이혼은 전 세계적으로 증가 추세이며, 한국에서는 1980년대부터 급격히 증가하고 있다. 예전에는 부모가 이혼을 하는 경우 부모 모두 자녀를 양육하기를 원했으나, 최근에는 자녀관도 변하고 있다. 점차 자녀에 대한 양육권을 포기하는 경우가 증가하고 있어, 이혼부모의 자녀들에 대한 사회적 책임이 늘어나고 있다.

둘째, 가족 간의 갈등과 폭력, 학대가 늘고 있다. 가족구성원 모두에게 편안하고 행복한 안식처가 되어야 할 가정 안에서 신체적·정서적·경제적 학대나 유기 등이 흔히 발생하고 있다. 가족 내에서 발생하는 학대는 가족구성원이 더 많은 힘과 권력을 갖기 위해 힘이 없는 가족구성원을 괴롭히는 방식으로 이루어진다. 대부분 학대피해자는 여성, 아동, 노인들이다. 특히 최근에는 노부모에 대한 부양회피로 인해 가족 간의 갈등 및 노인학대문제가 부각되고 있다.

셋째, 여성의 경제활동이 증가하면서 맞벌이 부부의 자녀양육에 대한 어려움을 들 수 있다. 실제로 육아휴직이 보편적으로 이루어지고 있지 않고, 자녀를 저렴한 비용으로 맡길 어린이 집이 부족한 실정이어서 결국 자녀 갖기를 회피하는 경우가 많다. 또한, 갈수록 부담이 커지는 사교육비도 심각한 문제로 부각되고 있어, 현실적으로 자녀양육부담이 크다는 문제가 지적되고 있다(김경호, 2006).

넷째, 현대는 다양한 가족이 출현하고 있다. 특히 최근에는 가족형태가 다양해지면서 미혼모(부)가족, 한부모가족, 재혼가족, 기러기가족, 조손가족, 다문화가족 등의 문제가 심각하게 나타나고 있다. 경제적인 문제도 있겠으나, 우리 한국사회는 아직까지 가족관에 대한 인식이 부모와 부부의 자녀로 구성된 핵가족이 아니면 정상적인 가족으로 인정하지 않는다. 또한, 다문화에 대한 낮은 인식과 편견으로 인한 다문화가족의 어려움도 문제로 나타나고 있다.

이와 같이 가족 내의 원인은 주로 부부관계, 부모-자녀관계, 형제관계, 고부관계 등의 부조화 및 가족구성원의 질병과 장애 등을 들 수 있으며, 이 문제의 발생에 대한 책임은 가족 외부보다 구족구성원 자체의 책임이 더 크다 할 수 있겠다. 가족문제는 여러 학자들에 의해 분류되고 있으며, 가족문제를 분류하는 것은 가족복지의 대상과 그 실천방법을 설정하는 데 많은 도움을 준다. 스미스와 몬타나(Smith & Montana, 1981)는 가족문제를 다음 6가지로 분류하였다(이소희, 2003).

① 비합법적 동거와 같은 불완전한 가족단위, 즉 미혼모가족, 미성년자들의 동거와 결혼 전 성관계 등이 있는 가족에서 발생하는 문제

② 정서적으로 유리된 '빈 껍질 가족(the empty-shell family)', 즉 만족한 정서적 관계가 결핍되면 상호협조가 없으며, 긴장과 갈등이 습관화되어 활기가 없는 가족에게서 발생하는 문제

③ 자녀에 대한 사회화 교육을 제대로 못 하는 가족, 즉 자녀에게 언어, 지각, 신체적 기술, 친척, 이웃, 지역 등에 관한 교육, 감정의 통제, 문화와 가치 전달, 삶의 목표와 가치형성 등에 대한 교육과 훈련 능력이 부족하거나, 책임을 등한시하거나 포기하는 가족에서 발생되는 문제

④ 학대, 즉 배우자 혹은 자녀에 대한 정신적 · 신체적 학대를 하는 가족에서 발생하는 문제

⑤ 재정적 위기, 즉 실직, 저임금, 만성적 실업 등의 경제적 문제로 인한 심리적 · 정서적 긴장과 갈등이 있는 가족에서 발생되는 문제

⑥ 이혼을 부부갈등의 해결방안으로 생각하는 가족에서 발생되는 문제

4 가족생활주기

가족생활주기(family life cycle)란 가족이 결혼으로 형성되어 자녀출산, 자녀성장으로 확대되었다가 자녀의 결혼과 독립으로 축소되고 부부가 노후생활과 사망에 이르는 과정을 거치는 시간적 연속을 의미한다. 가족의 주기에 따라 가족의 기능과 가족구성원 간의 상호작용, 역할의 내용도 바뀌게 되고 가족관계와 가족형태도 변화된다. 그러나 가족주기단계는 개인의 연령, 자녀 출산, 자녀 수, 자녀의 결혼 및 인구학적 사건, 직업의 종류 등에 따라 차이가 있다.

1) 가족생활주기단계

듀발(Duvall, 1985)은 핵가족을 중심으로 가족생활주기를 8단계(신혼기, 자녀 출산 및 영아기 자녀기, 유아기 자녀기, 학동기 자녀기, 10대 자녀기, 진수기, 중년기, 노년기)로 분류하였다. 이는 가족발달단계 연구의 고전이 되었지만, 이 모델은 서구의 핵가족을 기준으로 하였기 때문에 한국의 가족생활양식에 적용하는 데 제한이 있다. 이처럼 가족생활주기단계를 구분하는 것이 학자마다 조금씩은 차이가 있으나, 우리나라는 가족생활주기를 보편적으로 6단계(가족형성기, 가족확대기, 가족확대완료기, 가족축소기, 가족축소완료기, 가족해체기)로 분류하였다(권진숙 외, 2008; 최규련, 2007).

한국인구보건연구원(현 한국보건사회연구원, 1987)이 개발한 우리나라의 핵가족생활주기 기본모형(basic model of the nuclear family life cycle)을 살펴보면 〔표 7-4〕와 같다.

[표 7-4] **핵가족생활주기의 기본모형**

가족생활주기 단계		인구학적 특성	
		단계의 시작	단계의 끝
제1단계	형성기	결혼	첫 자녀 출생
제2단계	확대기	첫 자녀 출생	막내 출생
제3단계	확대완료기	막내 출생	자녀 결혼 시작
제4단계	축소기	자녀 결혼 시작	자녀 결혼 완료
제5단계	축소완료기	자녀 결혼 완료	남편 사망
제6단계	해체기	남편 사망	본인 사망

출처: 한국인구보건연구원(현 한국보건사회연구원, 1987), 한국 가족구조의 변화; 권진숙(2006), 가족복지론, p. 139. 재인용.

2) 가족생활주기단계별 발달과업

인간이 태어나 각 시기에 이루어야 할 발달과업이 있듯이, 가족 또한 가족이 형성되면서부터 원만한 가정생활을 위하여 성취해야 할 발달과업이 있다. 각 단계별 발달과업은 반드시 이루어져야 하는 결정적인 시기가 있다. 듀발(Duvall)은 가족생활주기별 발달과업에 대해 8단계로 〔표 7-5〕와 같이 제시하였다.

[표 7-5] 가족생활주기 단계별 발달과업

가족생활주기 단계	특징과 과제
신혼기 (결혼~자녀출산 전)	• 역할과 책임관계의 기준 설정 • 만족스런 소득과 지출체계 수립 • 상호 만족스런 애정표현과 성생활 체계 수립 • 효율적인 대화 체계 수립 • 친인척과의 원만한 관계 수립 • 임신과 부모 됨에 적응 및 준비
자녀출산 및 영아기 자녀기 (첫 자녀 출산~30개월)	• 영아기 자녀의 부모역할 적응 • 시간과 가사의 재조정 • 만족스런 부부관계 유지노력
유아기 자녀기 (첫 자녀 2.5~6세)	• 유아기 자녀를 효율적으로 양육 • 공간, 에너지, 시간, 재정의 재조정 • 만족스런 부부관계 유지노력
학동기 자녀기 (첫 자녀 6~13세)	• 자녀의 잠재력 개발에 대한 교육적 배려 • 자녀의 학업성취 지원 • 아동이 정서안정과 소속감을 갖도록 환경조정 • 만족스런 부부관계 유지노력
10대 자녀기 (첫 자녀 13~20세)	• 청소년 자녀의 자아정체감 형성, 진로선택 및 준비, 사회적 역할 획득, 학업성취, 부모로부터 정서적 독립 • 자녀와의 생활에 적응하기 • 재정 계획 및 실천 • 만족스런 부부관계 유지, 중년기 준비
진수기 (첫 자녀 독립~막내아이 독립 전)	• 자녀의 독립지원, 자녀와의 관계 적응 • 재정계획 및 실천 • 중 · 노년기 준비
중년기 (부부만 남아 은퇴하기까지)	• 부부관계 재정비 • 건강대책 세우기 / 중년기 위기감 극복 • 조부모역할 수행 / 노년기 준비
노년기 (은퇴 후~사망)	• 노화 및 은퇴적응 / 건강유지 • 부부관계 유지 및 개선 • 가족 친지와의 유대감 유지 • 배우자의 사별과 죽음에 대한 수용

출처: Duvall(1985), Marriage and family developmen; 권진숙 외(2008), 가족복지론, p. 137.

* 생각해 볼 점

1 가족형태에 대한 인식변화는?

2 가족가치관의 변화는?

3 미래의 결혼과 가족제도는 어떻게 변화할까?

▶▶ 참고문헌

강기정 · 김연화 · 박미금 · 송말희 · 이미선(2009). 건강가정론. 경기: 양서원.

권진숙 · 신혜령 · 김정진 · 김성경 · 박지영(2008). 가족복지론. 경기: 공동체.

김경호(2006). 사회복지실천기술론. 서울: 청목출판사.

김윤재 · 이수영 · 김경우 · 김정수 · 김은혜(2007). 가족복지론. 서울: 동문사.

김익균 · 박은미 · 이정남 공저(2009). 가족복지론. 서울: 동문사.

김혜경 · 도미향 · 문혜숙 · 박충선 · 손홍숙 · 오정옥 · 홍달아기(2006). 가족복지론. 경기: 공동체.

김혜선 · 박혜인 · 옥선화(2005). 가족관계학. 서울: 한국방송대학교출판부.

박경란 · 이영숙 · 전귀연(2004). 현대가족학. 서울: 신정.

박민자(2003). 가족과 한국사회. 서울: 경문사.

변화순 · 조은희(2003). 다양한 가족출현에 따른 쟁점과 가족 관련법의 방향 정립에 관한 연구. 한국여성개발원 연구보고서.

성정현(2006). 가족복지론. 서울: 양서원.

유영주 · 김경신 · 김순옥(1995). 결혼과 가족. 경희대학교출판국.

이경희 · 이소희 · 방은희(2004). 가족복지. 서울: 형설출판사.

이소희(2003). 가족문제와 가족복지. 서울: 양지.

이여봉(2006). 가족 안의 사회, 사회 안의 가족. 경기: 양서원.

이원숙(2007). 가족복지론. 서울: 학지사.

정현숙 · 유계숙(2001). 가족관계. 서울: 신정.

조추용 · 오정옥 · 한성심 · 이채식(2005). 가족복지론. 서울: 창지사.

조홍식 · 김인숙 · 김혜련 · 신은주(2006). 가족복지론. 서울: 학지사.

최경석 · 김양희 · 김성천 · 김진희 · 박정윤 · 윤정향(2003). 한국 가족복지의 이해. 서울: 인간과복지.
최규련(2007). 가족관계론. 경기: 공동체.
한국인구보건연구원 편(1987). 한국 가족구조의 변화. 서울: 한국인구보건연구원(현 한국보건사회연구원).

Duvall, E. M., & Miller, B. C.(1985). *Marriage and family development(6th ed.)*. NY: Haper & Row, publication.
Olson, D.(1993). *Circumplex Model of Marital and Family Systems: Assessing Family Functioning. In F. Walsh(ed.), Normal Family Processes(2nd ed.)*. NY: Guilford Press.

Chapter 08

가족사회복지 실천기법: 가족문제 사정

1. 가족기능과 구조

2. 가족구성원의 의사소통

3. 가족규범과 역할

4. 가족 사정도구

* 학습의 목표

1 가족의 구조와 기능을 이해한다.

2 가족의 의사소통 및 역할의 중요성에 대해 학습한다.

3 가족문제를 사정하는 도구 활용에 대해 학습한다.

사정의 초점은 실천가가 사용하는 실천 모델에 따라 조금씩 다르다. 대부분 사정이 이루어짐과 동시에 개입에 필요한 전략들이 구상된다. 사정과 개입의 구분이 모호하기 때문에 사정의 초점을 어디에 두느냐에 따라 개입방법이나 전략이 달라질 수 있어 다분히 임의적이라 할 수 있다(엄명용 외, 2005). 사회복지사가 가족이 가지고 있는 문제를 사정하기 위해서는 우선 그 가족이 기능하고 있는 사회적 · 문화적 맥락을 바로 이해해야 한다. 클라이언트 대다수의 가족들이 다양한 문제와 다양한 스트레스 요인을 가지고 있다는 점을 고려하여 가족맥락을 사정하고, 이것이 결국 가족기능에 미치는 영향을 사정할 필요가 있다. 그 외에도 사회경제적 지위, 가족형태, 성적 오리엔테이션, 그리고 억압과 차별의 경험, 문화 등이 미치는 영향을 고려해야 한다(이원숙, 2008).

1 가족기능과 구조

사회복지실천에 있어서 사회복지사가 클라이언트를 이해하기 위해서는, 체계와 관련된 구성원뿐 아니라 체계 내부 혹은 모든 하위체계들까지 함께 이해해야 한다. 모든 사회체계들은 구조적, 기능적 그리고 발전적 양상을 가진다. 기능이 체계의 기능 자체를 설명한다면, 구조는 일정한 시간 안에 주어진 시점에서 부분과 그것들의 다른 사람에 대한 관계를 설명한다(신성자 외, 2007). 따라서 그 가족이 갖는 기능과 구조를 간략하게 살펴보고자 한다.

1) 가족의 기능

가족이 수행하는 고유한 기능을 가지는 사회적 제도가 바로 가족이다. 그러나 최근에는 가족이 지니는 기능들이 다른 제도들에 의해 대치되면서 가족만이 수행하는 고유한 기능이 무엇인가에 대한 논란이 일고 있다. 예를 들면, 성 행위의 통제, 아동의 출산과 양육, 교육, 경제적 기능, 사회적 관계의 유지의 기능 등은 이미 가족 밖에서도 이루어지고 있다. 그러나 가족의 정서적인 기능은 어느 제도로도 충족될 수 없으며 그 가족만이 제공할 수 있어, 현대와 같이 개인주의가 성행하는 시기에는 그 중요성을 고려해 가족의 정서적 기능이 더욱 강화되고 있다. 또한, 최근에는 가족의 사회적 기능의 변화에 따라 가족 관계와 형태도 달라지고 있으므로, 각 가정의 특성에 따른 가족문제 사정에 있어서 보다 새로운 시각의 접근을 요구하고 있다(최선화, 2006).

그러므로 사회복지사는 클라이언트의 문제 사정에 앞서서 가족체계가 가지고 있는 가족구성원의 기능을 이해하는 것이 먼저 고려되어야 한다. 역기능적인 가족이나 결손가족, 부재한 가족구성원의 경우에도 그들이 가족체계 내에서 어떠한 영향을 미치는지, 그들의 기능은 누가 수행하는지 관심을 가지고 세심하게 살펴볼 필요가 있다. 가족기능과 관련해서 고려해야 될 중요한 특징들은 대화방식이나 결정을 내리는 방법, 가족구성원을 대표하는 역할을 이행하는 방법 등이다.

가족이 가지는 기능은 다양하다. 다음과 같이 가족의 기능을 살펴볼 수 있다.

- 성적 통제기능: 성적 무질서 방지(성관계의 통제기능), 사회적으로 인정되는 방법으로 성적 욕구를 충족하는 제도가 바로 결혼이다.
- 생식기능: 사회의 구성원 충원을 위해 재생산하는 기능이 있다.
- 애정의 기능: 가족은 애정을 바탕으로 한 남녀가 가정을 이루고, 그들의 자녀를 사랑으로 양육하는 집단이다. 현대가족은 과거 제도적 가정에서 우애적 가족으로 변화함에 따라, 인간관계도 애정기능을 중시하는 양상을 보이고 있다.
- 자녀양육과 사회화의 기능: 자녀는 출생부터 가족보호를 받고, 가족생활을 통해 교육받는다. 자녀가 사회에서 잘 적응하고 바람직한 인간으로 성장하도록 돕는 역할을 한다.

- 지위부여의 기능: 인간은 출생하면서부터 가족 내 여러 지위(출생순위, 성별)가 부여되며, 자신이 태어난 가족에 의해 사회경제적 지위가 부여된다.
- 경제의 기능: 과거 전통가족은 생산과 소비의 기능을 함께 수행했지만, 현대는 산업화, 상품의 대량생산으로 생산 단위의 가족기능은 축소되었고, 가족원은 사회에 노동력을 제공하고 그 대가로 임금을 받으며 이것으로 필요한 물자를 구입하게 된 것이다.
- 종교의 기능: 가족의 종교기능은 종교적 의례나 형식만을 의미하는 것이 아니라, 매일의 생활에 감사하고 삶의 진리를 깨달으며 인간능력의 한계를 겸허하게 인정하고, 기도하는 자세로 살아가는 생활태도를 말한다.
- 휴식 및 오락의 기능: 가정은 복잡한 사회생활로 인한 스트레스와 긴장, 갈등을 해소하고, 몸과 마음을 쉴 수 있는 안식처로서의 기능을 가지며, 에너지를 재충전시켜 줌으로써 건강한 생활을 하게 한다.

이와 같이 가족 안에는 여러 가지 기능이 있다. 하지만, 가족 사정에 있어서 모든 가족은 기능적인 면뿐 아니라, 역기능적인 특징을 가지고 있음을 주목해야 한다. 기능적인 가족이란 가족체계가 각 구성원을 위하여 잘 운영되는 것을 의미하며, 정상적이고 건강한 가족이라는 의미를 포함하고 있다. 그 가족이 기능적인 가족인가를 파악하려면 체계로서의 가족이 가족구성원의 요구에 얼마나 적절하게 반응하는지를 살펴보면 알 수 있다. 즉 기능적인 가족은 자신들의 역할을 정확하게 이해하고 있으며, 각 개인의 자율성이 존중되면서 전체로서의 가족이 유지되는 특징이 있다. 또한, 가족구성원 간의 의사소통이 자유롭고 직접적이고 명확하며, 가족규칙은 가족상황에 따라 융통성이 있지만 명확하고 공정하다(강문희 외, 2006).

역기능적인 가족은 가족 하위체계의 경계선이 혼란스럽거나 경직되어 있어 가족들의 요구에 따라 유연성 있게 변화하지 못하며, 가족규칙 역시 뚜렷하지 않아 구성원들에게 혼란을 줄 뿐 아니라 의사소통도 간접적이고 권위적이며 명료하지 못한 특성이 있다. 또한, 가족구성원들의 역할도 명확하지 않아 자신들에게 요구되는 역할과 기대가 무엇인지 잘 알지 못한다. 이러한 역기능적인 가족은 가족 내에서 문제가 발생했을 때 해결을 위해 노력하기보다는, 문제를 확대시켜 가족들의 힘으로 해결할 수 없는 가족 내 폭력상황까지 끌고 가는 경우도 있다. 따라서 사회복지사는 역기능적 상호작용의 패턴이나 관계구조를 변화시킴으로써 클라이언트의 문제해결과 스트레스 대처를 돕고, 건강하고 기능적인 가족구성원이 되도록 돕는 것이 중요하다. 역기능적인 가족과 기능적인 가족의 특징을 간단히 살펴보면 〔표 8-1〕과 같다.

[표 8-1] 기능적인 가족과 역기능적인 가족

기능적인 가족	역기능적인 가족
• 가족의 규칙과 역할에 융통성이 있음	• 가족의 규칙, 역할이 너무 완고함
• 세대 간의 경계가 명확함	• 세대 간의 경계가 불분명함
• 열린 의사소통, 협동적	• 폐쇄적인 의사소통
• 가족의 발달주기의 변화발전	• 가족의 발달주기 단계에서 고착
• 자율적인 책임 강조	• 강한 통제나 강한 의존성
• 적절히 배분된 문제	• 한 사람이 희생양
• 가족체계가 개방적	• 가족체계가 폐쇄적
• 상호 간의 협조와 조정이 가능	• 상호 간의 협상과 조종이 어려움
• 가족의 현실적인 기대나 욕구가 있음	• 가족의 비현실적, 이상적 욕구와 기대
• 가족의 자원이 풍부함	• 가족의 자원이 결핍됨
• 가족의 사회관계망이 발달되어 있음	• 가족체계 고립

출처: 김혜숙(2003), 가족치료 이론과 기법, p. 66.

2) 가족의 구조

가족은 나름대로의 권력구조를 가지고 있다. 지금까지 가족은 1차 집단적 속성을 가지며 부모의 권위와 가족의 정서적 지지를 통하여 문제들을 해결해 왔다. 하지만, 최근 가족문제를 다루기 위해서는 개인에 초점을 두기보다는 가족구성원 모두가 서로에게 영향을 미친다는 인식하에 상호관계에 초점을 두고, 가족을 둘러싼 구조나 체계 또는 맥락이라는 관점에서 문제를 파악하게 되었다(김경호, 2006). 다양한 가족문제를 사정하는 데 있어서 미시적인 접근으로 가족구조를 우선적으로 고려해야 한다.

가족의 구조는 끊임없이 변화하고 있는 개방된 사회문화체계로써, 가족의 구조를 살펴보는 것은 가족성원을 깊이 이해하는 데 유익한 정보가 된다. 미누친

(Minuchin, 1970)은 구조적 가족치료 모델에서 가족을 하나의 기본적인 구조로 보고, 가족 내에는 가족구성원의 상호작용 패턴과 지속적이고 반복적인 가족행동의 패턴이 있으며, 세대관심 등으로 구분되는 다양한 하위체계가 있다고 보았다(Nichols & Schwartz, 1995). 따라서 그는 가족구조의 중요성을 강조하고, 하위체계 간의 명확한 경계를 확립함으로써 가족을 재구조화시켜 가족구성원들이 적절한 기능을 수행할 수 있도록 하였다(전남련 외, 2007).

클라이언트를 이해하기 위해서는 가족을 하나의 체계로 보아야 하고, 부부, 부모, 형제(자매), 부모-자녀하위체계 등의 이해가 필요하다. 예를 들면, 부부 간의 관계나, 부모-자녀 간의 교류, 응집력, 세대 간의 경계에 대한 관심 등이다.

가족체계는 구조, 즉 가족구성원들이 상호작용하는 조직화된 유형을 가진다. 가족을 형성하는 구성원의 구성에 따라 핵가족, 한부모가족, 다세대가족, 혼합가족 등의 다양한 구조가 있으며, 부모-자녀 간의 위계가 형성됨에 따라 가족 내 구조가 이루어진다. 가족의 경계선은 가족 내에서 상호작용이 일어나고 정보가 공유되는 범위를 말하며 포함과 배제를 결정하는 규칙이다. 예를 들면, 고 3의 자녀를 둔 가족이 아버지의 실직문제를 비밀로 해야 할지, 말해야 할지에 대한 사안에 따라서 가족 내에서는 여러 가지 경계선이 생겨날 수 있다. 가족 내에서 경계가 경직되면 가족구성원 간의 상호작용이 소원해지기 쉽고 경계가 모호하면 서로 간에 지나친 간섭으로 다른 사회관계가 모호해지기도 하고 가족의 위계질서에 부정적인 영향을 미치기도 한다.

가족 내 하위체계 간의 경계를 분명히 하는 것은 중요하다. 다음 몇 가지 경계선의 특징(최선화, 2006)을 참고해 보고자 한다.

- 밀착된 경계선: 가족체계 간의 경계가 모호하고 밀착되어 있고 유동적이다. 가족 간의 하위체계와 위계질서나 힘과 권위의 소재가 모호하다. 밀착된 경계선은 각 체계 간의 자율성이 부족하고 미분화되어 구성원 간에 많은 영향을 미치게 된다.
- 분리된 경계선: 각 체계 간의 소통이 어렵고 분리되어 있어 가족 간의 결속력이 약하고 소외되는 경우가 많다. 가족구성원들이 독립적으로 행동하지만 도움이 필요할 때 요청하기 힘들며, 가족의 호기능을 수행하기 어렵다.
- 명확한 경계선: 각 체계의 경계가 안정되어 있으며 융통성을 지닌다. 구성원들 간에 상호 지지적이며 자율성을 존중한다. 필요에 따라서 분리되

고 융합할 수 있는 융통성과 투과성을 지니며, 결속력이 높고 효율적이면서 독립성이 보장된다.

가족은 환경체계들과의 경계뿐 아니라, 가족 내 하위체계 간의 경계에 의해 구분된다. 가족 내 경계는 가족관계의 유리와 밀착으로 인하여 경계가 허물어질 수 있다(전남련 외, 2007). 유리된 가족구성원들은 자기중심적이며 다른 구성원에게 별로 관여하지 않는다. 이러한 가족구조를 가진 구성원은 자율성이 많지만 가족 간 응집이나 유대관계가 부족하며, 오히려 가족 이외의 사람들과 친밀한 유대관계를 맺는다. 밀착된 가족구성원들은 서로에게 지나치게 관여함으로써 매우 응집되어 있어 응집력은 강하나, 가족구성원 간의 차이에 대한 이해와 자율성은 부족하다(김혜란 외, 2001).

2 가족구성원의 의사소통

건강한 가족은 좋은 커뮤니케이션 패턴을 가지고 있다. 가족구성원들은 서로 대화와 경청을 통해서 상호존중하고, 갈등을 조정할 뿐 아니라 문제가 노출되어도 최선의 해결책을 추구한다. 이러한 의사소통은 건강한 가족의 삶을 통합시키는 데 중요한 요소가 된다. 또한, 인간관계와 상호작용에 있어서 우리가 사용하는 말이 얼마나 중요한가는, 우리 속담 중 '말 한마디로 천 냥 빚도 갚는다.' 라는 말에서도 찾아볼 수 있다. 이는 어떤 말을 어떻게 하느냐에 따라서 상대방의 반응이 달라질 수 있다는 것이다.

특히 가족구성원 간의 대화는 더욱 중요하다. 가족이 서로 좋은 관계를 만들고 의사소통이 잘 된다면, 많은 문제가 발생해도 쉽게 해결할 수 있기 때문에 이에 대한 바른 지식과 훈련이 요구된다. 또한, 가족구성원들의 의사소통 방식은 가족이 체계로서 얼마나 효과적으로 기능을 하고 있는지와 직결된다. 가족구성원은 가족 간에 언어적 및 비언어적으로 메시지를 전달하며, 이를 통해 서로 메시지의 의미를 규정한다(이원숙, 2008).

1) 의사소통의 이해

의사소통(communication)은 '두 사람 이상이 서로 의미를 주고받으며 점검하는 상호작용과정'으로 정의할 수 있다. 즉 의사소통이란 생각과 느낌, 개념이 상호교환될 뿐 아니라 서로에게 충분히 이해된다는 의미를 지닌다(정원철, 2005). 의사소통의 목적은 정보 교환, 관계 확립 및 개념과 인식 공유, 변화 유발, 태도와 가치 및 믿음 교환, 그리고 사회복지사와 클라이언트의 목표를 달성하게 한다(Seden, 1999).

사회복지 실천은 일차적으로 의사소통이라는 수단을 통해서 전달되며, 도움을 제공하는 기술도 의사소통을 통해서 전달되므로 사회복지를 실천하기 위해서는 기본적으로 의사소통기술과 관계형성에 대한 기술이 요구된다. 가족 간의 갈등이나 문제해결을 위한 가족구성원의 의사소통 형태를 파악하는 것이 매우 중요하며, 의사소통 형태를 변화시킴으로써 많은 가족문제를 해결할 수 있다. 따라서 실천가는 가족구성원들의 의사소통 형태뿐 아니라 자신의 의사소통을 파악하고 있어야 하며, 의사소통 수준을 보다 효과적으로 다루고 평가해야 한다(강문희 외, 2006).

가족의사소통의 사정에서는 언어적 · 비언어적 · 맥락적 수준 사이의 일관성에 초점을 두고, 메시지의 명료성을 사정해야 한다. 또한, 사회복지사는 그 가족이 흔히 가지고 있는 의사소통 장애를 잘 파악하고, 특히 부정적인 의사소통이나 파괴적인 의사소통 방식을 가지고 있는 가족을 잘 관찰하여 사정해야 한다.

쉐퍼(Sheafor, 1997)는 효과적인 의사소통을 위한 준비로 다음과 같이 지적하였다. 첫째, 정보나 사건에 대해, 오해가 발생할 가능성을 예상하고 미리 조치를 취한다. 둘째, 말을 이해하기 쉽도록 정리해서 효율적으로 표현하려고 노력해야 한다. 셋째, 상대방이 말을 바르게 듣기 위해서 방어기제에서 벗어나려는 노력을 해야 한다. 넷째, 자신의 생각이나 느낌, 행동에 대해서 책임지려는 태도를 가져야 한다. 다섯째, 다른 사람의 말에 대한 적극적 경청과 이해를 위해 충분한 시간을 가져야 한다.

말은 듣는 사람과 하는 사람 간에 차이가 날 수 있으며 오해가 발생할 소지가 많다는 것을 인식하고, 좀 더 정확하고 명확한 의사소통을 하기 위한 노력과 훈련이 요구된다. 또한 효과적인 전달을 위해서 언어적 의사소통과 비언어적 의사소통의 일치, 메시지를 구조화하려는 노력이 요구된다.

2) 의사소통의 종류

일반적으로 의사소통의 종류에는 언어적인 것과 비언어적인 것이 있다. 의사소통에는 흔히 언어적 메시지 외에 손짓, 얼굴표정, 자세 등을 사용하는데 언어적인 것과 비언어적인 것이 일치하는 것이 중요하다. 의사소통은 개방적이며 직접적으로 분명하고 정확한 메시지가 좋다. 의사소통이 우회적이거나 애매모호한 것은 바람직하지 않다. 이중구속(double bind) 같은 의사소통방식은 두 개 이상의 상반된 메시지를 담고 있어, 듣는 사람으로 하여금 많은 혼란을 줄 수 있다(전남련 외, 2007). 특히 문제가 많은 가족의 경우 언어적 의사소통과 비언어적 의사소통 간에 불일치하는 점이 많아서, 가족구성원 간에 오해가 잦은 경우가 많다. 즉 언어적 수준에서 한 메시지가 전달되고, 비언어적인 수준에서 다른 내용의 메시지가 동시에 전달되므로, 그 메시지를 받은 사람은 무엇을 따라야 할지 당황하여 스트레스를 받을 수 있다(엄명용 외, 2009). 언어적인 의사소통과 비언어적인 의사소통을 살펴보면 다음과 같다.

(1) 언어적 의사소통

언어적 의사소통은 사회복지실천에서 매우 중요한 위치를 차지한다. 즉 교환되는 대화내용의 명확성을 높여주고 정교한 개념들을 효과적으로 전달해 주는 데 가장 쉬운 방법일 수 있지만, 실제로는 언어사용에 있어 개인적 편차도 크다. 클라이언트들은 특히 자기의 감정이나 생각을 말로 표현하는 데 익숙하지 않은 경우가 많다. 문제를 가진 가족들의 의사소통은 매우 모호하고 간접적이다.

예를 들면, 문제를 가진 부부가 자신들의 욕구를 직접 표현하지 못하고 노출시키는 것을 꺼린다는 것이다. 이러한 부부들은 자신감이 부족하고 스스로에 대해서도 만족하지 못한다. 자신을 돌봐주고 자신의 욕구를 채워줄 것이라고 믿었던 상대배우자가 능력이 없다는 것을 깨달았을 때 부부는 갈등하기도 하며, 심한 스트레스 상태에 직면하기도 한다(정원철, 2005). 사티어(Satir)는 의사소통 유형을 비난형, 회유형, 산만형, 초이성형, 일치형으로 나눠 지적하고, 4가지(비난형, 회유형, 산만형, 초이성형) 유형을 병리적인 의사소통으로 보았다.

① 비난형

모든 잘못을 상대방 탓으로 돌리며, 지시적 · 명령적이고 자기주장이 강하며 타인을 통제하려 한다. 자주 사용하는 언어는 "모두 네 탓이야, 왜 그 모양이야"로 상대방에게 책임을 전가시키며, 병리적 의사소통 유형으로 자아존중감이 낮다.

② 회유형

비난형과는 대조적으로 약하고 의존적이며 순종하는 태도를 보인다. 이런 유형은 상대방의 비위를 맞추는 데 익숙하며 내적으로는 무가치함과 무력감을 경험한다. "나는 가치 없는 사람이야"라는 말을 주로 사용하며 자아존중감이 낮다. 비난형과 회유형은 부부로 짝을 이루기 쉽다.

③ 산만형

어느 것에도 초점을 맞추지 못하고 주의집중도 못 한다. 소란하거나 스스로 혼란스러워 한다. 내적 경험으로는 아무도 내게 관심이 없고 자신의 설자리가 없다고 느낀다. 초이성형과 산만형은 서로 호감을 가지고 짝을 이루기 쉽다.

④ 초이성형

모든 일을 객관적 상황을 중심으로 논리적 · 합법적으로 추구하며 완벽을 추구한다. 감정을 드러내지 않으며 분석적이고 비판적이다. 심리내적 경험으로는 유약하고 작은 실수도 용납 못 하며 감정적인 상처를 잘 받는다. 몸자세는 냉정하고 딱딱한 편이다.

⑤ 일치형

일치형은 자신과 타인 그리고 상황을 모두 고려한 의사소통 유형으로 내적으로도 창조적이고 활기찬 삶을 누린다.

사회복지사와 클라이언트 관계에 있어서 언어적 의사소통의 장애를 살펴보면 다음과 같다.

첫째, 클라이언트의 모호하고 분명치 않은 단어나 개념 사용, 문화적인 차이로 인해 동일한 말이 전혀 다른 의미로 해석되는 경우를 들 수 있다.

둘째는, 사회복지사는 클라이언트의 문제에 대한 답을 줘야 하는 부담감 때문에 집중력이 흐트러질 수 있다.

셋째, 외부환경과 관련된 외부소음과, 잡념 등 내부의 소음으로 주의가 산만해질 수 있다. 이러한 장애요인들은 경청을 어렵게 할 뿐 아니라, 사회복지사가 생각을 집중하는 데 방해가 될 수 있다(Kirst-Ashman & Hull, 2009). 따라서 사회복지사는 다양한 방법으로 클라이언트의 언어적 의사소통을 다음과 같이 도울 수 있다.

- 클라이언트에 대한 지지적 언어 반응
- 클라이언트 언어의 재구성
- 클라이언트의 감정에 대한 반응
- 클라이언트 인식의 명료화
- 클라이언트의 장점 강조

따라서 사회복지사는 가족구성원들의 메시지에서 양자 간의 욕구를 파악할 필요가 있으며 언어적, 비언어적 요소가 일치하는가를 사정해야 한다. 또한 사회복지사는 가족의 의사소통 방식을 관찰할 때 부정적이고, 습관화된 의사소통을 수정할 수 있는 가족구성원의 능력을 사정하는 것이 중요하다(Hepworth, 2002).

(2) 비언어적 의사소통

비언어적 의사소통으로는 시선 접촉, 어조, 몸동작과 자세, 표정 그리고 외모 등이 있다. 사람 사이의 상호작용은 비언어적인 측면에 크게 영향을 받는다. 비언어적 의사소통은 언어적 의사소통의 내용과 상반된 메시지를 전달하거나 사실에 가까운 정보를 주는 누설적 기능을 갖고 있으므로 사회복지사의 주의가 필요하다. 커스트-애쉬맨과 헐(Kirst-Ashman & Hull), 그리고 쉐퍼 등은 비언어적 의사소통을 원활히 하기 위한 기법들로 눈 맞춤, 옷차림과 외양, 표정, 자세와 몸동작 등을 소개하고 있다.

비언어적 의사소통인 시선접촉은 중요한 의사소통의 수단이다. 이외에 몸동작과 표정, 태도, 자세 그리고 외모 등을 통해서도 많은 메시지들이 표현되고 있다. 따라서 언어적 내용과 비언어적 내용이 일치하면 내용이 정확하게 전달되기 쉽지만, 이 둘이 불일치하게 되면 무엇을 믿어야 할지 혼란스러워 하며, 많은 경우 비언어적 의사소통을 더 믿게 된다. 예를 들면, 말로는 '예'라고 하는데, 얼굴표정이나 어조가 '아니오'로 전달될 때 혼란을 겪게 되며, 대부분의 경우 비언어적 메시지를 더 믿게 된다(최선화, 2006).

이렇게 의사소통이란 정보를 전달하는 과정이며, 그 형태는 상호작용의 목적에 따라 달라진다. 일반적으로 직접적인 서비스를 전달하는 경우에는 공감, 온화함, 진실성이 강조되고 간접적인 서비스를 제공하는 경우에는 정확성, 명확성, 목적 지향적 기술이 필요하다(전재일 외, 2002).

사회복지 실천과정으로서의 의사소통은 변화 지향적 활동으로, 변화에 대한 믿음을 심어주고 동기부여와 희망을 불러일으킬 수 있어야 하며 기본적인 의사소통기술이 요구된다. 사회복지 실천에서는 모든 경우에 어떤 형태로든 의사소통기술이 가장 먼저, 그리고 자주 활용되는 방법이며, 상담과 치료적 개입을 위해서는 더욱 정교한 의사소통기술이 강조된다. 따라서 사회복지사는 클라이언트의 구두진술을 적극적으로 경청함과 동시에, 비언어적인 행동에 대해 세심하게 관찰할 필요가 있다. 경험이 많은 사회복지사일수록 비언어적 단서에 더 많은 관심을 기울인다(이경남 외, 2008).

3 가족규범과 역할

1) 가족규범(family norm)

가족은 가족구성원들이 모인 복합적인 체계로써 그 체계를 유지하기 위하여 나름대로의 규칙을 가지고 있다. 가족규범은 가족집단 내에서 어떤 행동이 적절한가를 구체화하는 규칙으로서, 일반적으로 가족은 명시적이거나 묵시적인 규칙에 따라 일상적이고 반복적인 상호작용을 해나간다. 즉 매일 그 규칙을 정하지 않아도 가족의 묵시적인 규칙에 따라서 상호작용을 반복한다. 가족에 따라서 종교, 귀가시간 등 다양한 규칙이 있을 수 있는데, 건강하지 못한 역기능적인 가족일수록 적은 수의 규칙을 가지며 통제되는 경우가 많다. 이런 경우 가족규칙이 가족을 구속하게 되며, 가족규칙이 없거나 모호하면 상호작용에 많은 혼란을 겪을 수 있다.

가족 내의 규칙 중에는 표면화되지 않은 내재적인 강력한 규칙이 있는데, 억압적이거나 구성원들의 저항을 불러올 수 있는 가족규칙은 구성원들에게 큰 스트레스를 주게 된다. 특히 다른 사람에게 노출시키고 싶지 않은 가족 내의 비밀이 있을 경우 가족 모두가 함구하는데 이는 가족구성원 모두가 무거운 짐과 함께, 가족 간의 지지나 격려로 치유될 수 있는 기회를 박탈당하게 할 수도 있다(최선화, 2006). 반면에 기능적인 가족은 가족구성원의 합의하에 규칙을 만들어내기도 하며, 변화의 가능성을 개방적으로 수용하여 규칙을 세우기도 한다(강문희 외, 2006).

사티어는 가족의 감정규칙을 중시하고 가족문제의 원인을 '나쁜 규칙'에서 찾는다. 가족행동에 영향을 미치는 가족규칙은 많은 경우 분명하지도 않고 언어화되지도 않는다(Kirst-Ashman & Hull, 2002). 가족규칙이 기능적이라면 이들 규칙은 가족이 환경적 스트레스, 개인적 욕구, 그리고 가족단위의 욕구에 융통성 있게 반응하도록 돕는다. 문화적인 차이를 고려해야 하겠지만, 대체적으로 기능적 규칙은 가족에게 해결책을 탐색할 수 있는 기회와, 능력 있고 적응적이며 건강하게 발달할 수 있는 기회를 제공한다.

문화적 차이는 있겠으나 기능적 규칙의 예는 다음과 같다(Hepworth D. H, 2006; 이원숙, 2008 재인용).

- 우리 가족은 모든 사람의 아이디어와 피드백을 중요하게 여긴다.
- 서로 간의 차이점이 허용된다. 가족구성원이 무조건적으로 동의할 필요는 없다.
- 어떤 감정(실망, 두려움, 상처, 분노, 비판, 기쁨 등)이든지 이를 솔직하게 이야기한다.
- 다른 가족구성원과 의견차이가 생기면 이를 해결하는 것이 중요하다.
- 실수를 인정하고 사과하는 것이 좋다. 다른 가족구성원들이 이해하고 지지해줄 것이다.

가족사정에 있어서 모든 가족은 기능적인 규칙뿐 아니라 역기능적인 규칙도

가지고 있음을 주목해야 한다. 기능적 규칙과 역기능적 규칙을 함께 규명하는 것은 가족기능에 대한 균형 있는 접근을 가능하게 한다. 따라서 사회복지사는 전체 가족과 가족구성원 개개인이 효과적이고 생산적으로 기능하도록 허용하는 규칙을 수립하도록 도와야 한다.

2) 가족역할

과거에는 성(gender)이 가정 내에서의 역할을 규정하였다. 전통적으로 여성은 자녀양육과 가정관리에 일차적인 책임을 져왔다. 여성의 역할은 가정 내에서 어머니와 동의어로 받아들여졌고, 남성의 역할은 가정 밖의 직업세계와 연결하여 가족에게 물질적인 자원을 제공하는 역할로서 인식되어 왔다(조홍식 외, 2006). 하지만, 오늘날에 남성은 자녀양육에서 가사까지 가정 일에 많이 관여하고, 직업을 가진 여성은 자녀양육과 직장인으로서의 역할까지 이중부담을 가지고 있다.

현대는 과거와는 달리 가족의 각 구성원들에게 나름대로 할당되고 부여된 역할들이 있으며, 복합적인 역할들이 요구되고 있다. 이러한 역할의 종류와 특성들은 가족이 성장해가면서 가족 내부 상황 또는 가족 외부 환경의 영향에 따라 생성, 소멸될 수 있는데 경제적 부양의 책임, 가사운영의 책임, 자녀교육의 책임, 가족 내 감정조절의 책임들이 각 가족구성원들에게 분담될 수 있다(엄명용 외 2009).

역할이론을 가족체계에 적용시키면, 가족구성원 개개인은 가족의 구조에 통합되어 있는, 그리고 어떤 기대된, 허용된, 금지된 행동을 반영해주는 여러 역할을 수행한다. 니콜스와 슈와츠(Nichols & Schwartz, 2005)를 따르면, 가족역할은 상호 독립적이 아니며 역할행동은 둘 혹은 그 이상 사람들을 상호적 교류에 관여시킨다. 가족체계 내의 역할은 법적 지위, 연령적 지위, 혹은 문화적 · 사회적 각본에 의거하여 할당될 수 있다. 특히 남성과 여성의 역할에 대한 인식이 변화되고는 있지만, 아직도 많은 문화에서 성별에 근거하여 역할이 할당되고 있다(Hepworth, 2006).

가족갈등은 가족구성원 개개인들이 역할에 불만족하거나 역할에 대한 이견이 있거나 혹은 지나친 역할부담이 있을 때 발생할 수 있다. 특히 역할 간 갈등은 가족구성원 개인이 여러 역할을 수행하는 데서 발생한다. 예를 들어 여성은 아내, 어머니, 딸, 근로자, 그리고 노부모의 보호제공자로서의 복합적 역할을 수행하는 데 어려움을 경험할 수 있다.

개인은 구조화된 사회에서 부과된 지위에 따라 역할을 수행하게 되는데, 이때 대부분 역할갈등을 경험하게 된다. 역할갈등이 발생하는 경우는 다음과 같다.

첫째, 역할취득의 과정에서 각 단계가 불일치되어 나타나는 역할갈등이 있다. 즉 역할기대와 인지, 역할기대와 수행, 역할인지와 수행 간에 서로 일치되지 못할 때 역할갈등이 일어날 수 있다.

둘째, 하나의 역할에 대한 기대들이 불일치되어 나타나는 역할내적 갈등이 있다. 예를 들면, 부모가 자녀의 훈육을 수행함에 있어서 자녀는 엄하게 다스려야 한다는 것과, 가능한 자녀에게 온정적이어야 한다는 역할기대의 차이에서 발생하는 갈등을 말한다.

셋째, 한 개인이 동시에 여러 지위를 가짐으로써 발생하는 역할 간의 갈등이 있다. 예를 들면, 가정 내 지위, 직장 내 지위, 종교집단 내 지위 등을 동시에 가질 수 있는데, 이러한 지위들로 인하여 서로 다른 역할이 요구된다. 이와 같이 서로 상반된 역할이 기대될 때 역할갈등이 일어나게 된다(류현수 외, 2009).

따라서 가족사정에서는 가족 내의 역할분배, 이들 역할이 규정되는 방식, 그리고 역할갈등을 이해하는 것이 중요하다. 그리고 가족구성원들이 각자에게 주어진 역할에 얼마나 만족하고 있는지 고려되어야 한다. 만약 만족하지 못하고 있다면 역할을 수행하거나 변화시킬 여지가 있는지를 사정해야 한다.

4 가족 사정도구

가족과의 실천에 있어서 '사정'이라 함은 사회복지사가 가족의 상황을 있는 그대로 이해하고 이를 바탕으로 개입전략을 수립·점검하는 것이다. 가족사정의 목적은 문제해결을 위해 현재 그 가족의 어려움이 무엇인지, 그 어려움을 지속시키고 있는 가족의 상호작용 양상은 무엇인지, 그리고 가족은 자신들의 상호작용유형 중에서 어떤 점을 변화시키기 원하는지 알아내는 것이라고 할 수 있다(엄명용 외, 2009).

따라서 사회복지실천현장에서 그 가족의 정확한 문제를 사정하기 위한 도구가 필요하다. 또한, 사정도구는 클라이언트가 가지고 있는 자원을 규명하는 데도 유용할 뿐 아니라 클라이언트와 사회복지사 간의 대화를 중개하기도 한다는 점에서, 특히 자신의 생각과 감정을 표현하는 데 어려움을 가진 클라이언트에게 매우 유용하다. 예를 들어 가족에 대해 '상징적으로 표현하기' 등은 클라이언트로 하여금 자연스럽고 쉽게 자신의 감정과 그 가족의 정보를 얻을 수 있는 장점이 있다.

특히 사회복지사가 사정도구를 사용할 때는 다음과 같은 사항들을 먼저 고려해야 한다(이원숙, 2008). 우선 이 도구의 목적은 무엇인지, 클라이언트 체계의 고유한 상황에 적합성을 가지는지, 시간이나 노력 또 비용이 얼마나 소요되는지, 도구의 목적과 절차에 대해 클라이언트는 충분한 정보를 제공받았는지, 또 이 도구가 과연 유용한 정보와 신뢰성 있고 타당성 있는 정보를 제공할지에 대한 것이다(Miley & Dubois, 2007). 다음은 사회복지실천현장에서 가장 보편적으로 활용되고 있는 사정도구에 대해 살펴보고자 한다.

1) 가계도(genogram)

가계도는 보웬(Bowen, 1978)의 다세대 가족체계이론에 기초하여 가족개입을 행하는 사회복지사들이 주로 사용하기 시작하였다(엄명용, 2009). 가계도 활용은 의사소통유형과 개인의 특성을 포함하는 가계도를 통해서 가족의 문제나 관계, 경험 등을 이해하고 치료해 나가는 데 활용할 수 있다. 가족의 구조와 특성을 전체적으로 파악할 수 있는 가장 흔한 방법의 하나로써 가계도를 통해서 가족의 구조적 특성을 파악할 뿐 아니라, 개입방법에 따라서 더 많은 자료들과 특성들을 파악해 낼 수 있다.

즉 사티어의 가족치료에서는 의사소통 유형을 파악할 수 있고, 보웬(Bowen)의 가족치료에서는 3세대 가계도를 통해서 세대 간의 전달유형을 파악할 수 있다. 또한 혈연가족이 아닌 구성원도 포함하는 경우가 있다. 〔그림 8-1〕의 가계도는 전 남편과의 사이에서 낳은 아들(스티브)로 인해 어려움을 겪는 제인이 재혼한 남편과의 사이에서 낳은 앤이라는 세 살 난 딸을 학대하다가 병원 응급실로 실려 온 사례를 참고하였다(조홍식, 2006). 앤 부모를 상대로 가계도를 그린 경험을 통해 앤 가족의 스트레스와 분노의 이유를 알 수 있다.

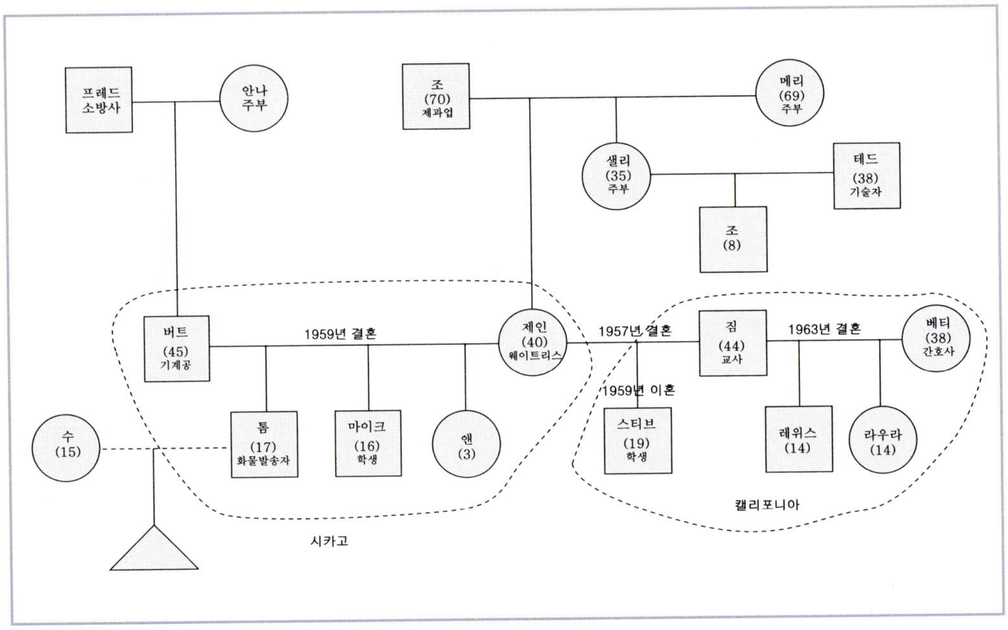

[그림 8-1] 앤 가족의 가계도

출처: Holman(1993), Family Assessment, p. 71; 조홍식 외(2006), 가족복지론, p. 128. 재인용.

2) 생태도(eco-map)

생태도는 하트만(Ann Hartman, 1983)에 의해 개발된 것으로서, 가족과 그 가족의 생활공간 내에 있는 사람 및 기관 간의 연계를 그림으로 그려 나타낸 것이다(조홍식 외, 2006). 생태도는 사회적 맥락에서 개인의 위치를 파악하는 것으로 생태학적 체계, 즉 생활공간에서 개인 또는 가족을 둘러싸고 있는 경계를 역동적인 방법으로 지도화한 것이다. 이 지도에는 가족생활에 관련 있는 주요체계들, 그리고 가족과 이들 체계 간 관계의 본질이 반영된다(이원숙, 2008). 또한 생태도는 개인을 둘러싸고 있는 사회적 관계를 모두 포함시킴으로써 클라이언트의 사회적 관계의 장·단점과, 활용 가능한 자원 및 단서를 파악하는 데 유용하다. 개인의 삶에 영향을 미치는 사회적 자원들과 동원될 수 있는 자원을 선과 화살표를 통해서 한눈에 파악하고, 원의 크기와 거리로도 그 영향력과 거리감 등을 파악할 수 있다.

이와 같이 생태도는 클라이언트와 가족을 둘러싸고 있는 환경의 각 요소들의 상호작용, 자원의 흐름을 한눈에 파악할 수 있을 뿐 아니라, 클라이언트와 가족에게 직·간접으로, 또는 긍정적·부정적으로 영향을 미치는 요소를 바로 파악할 수 있으며, 문제해결을 위해 어떠한 자원을 활용해야 하는지에 대한 유용한 정보도 쉽게 알 수 있다(손병덕 외, 2008). 가족생태도의 한 예는 [그림 8-2]와 같다.

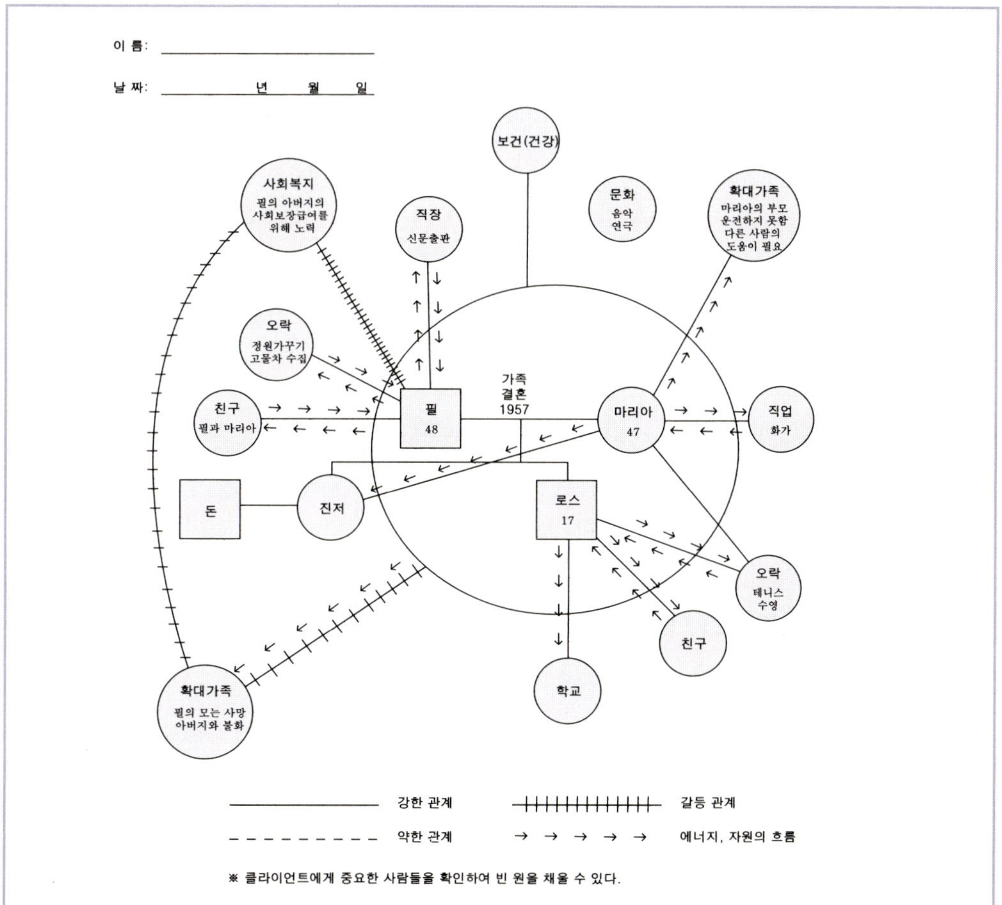

[그림 8-2] 생태도

출처: Hartman & Laird(1993), Family-Centered Social Work Practice, p. 177.

다음은 가계도와 생태도를 그리는 데 활용되는 기호들이다.

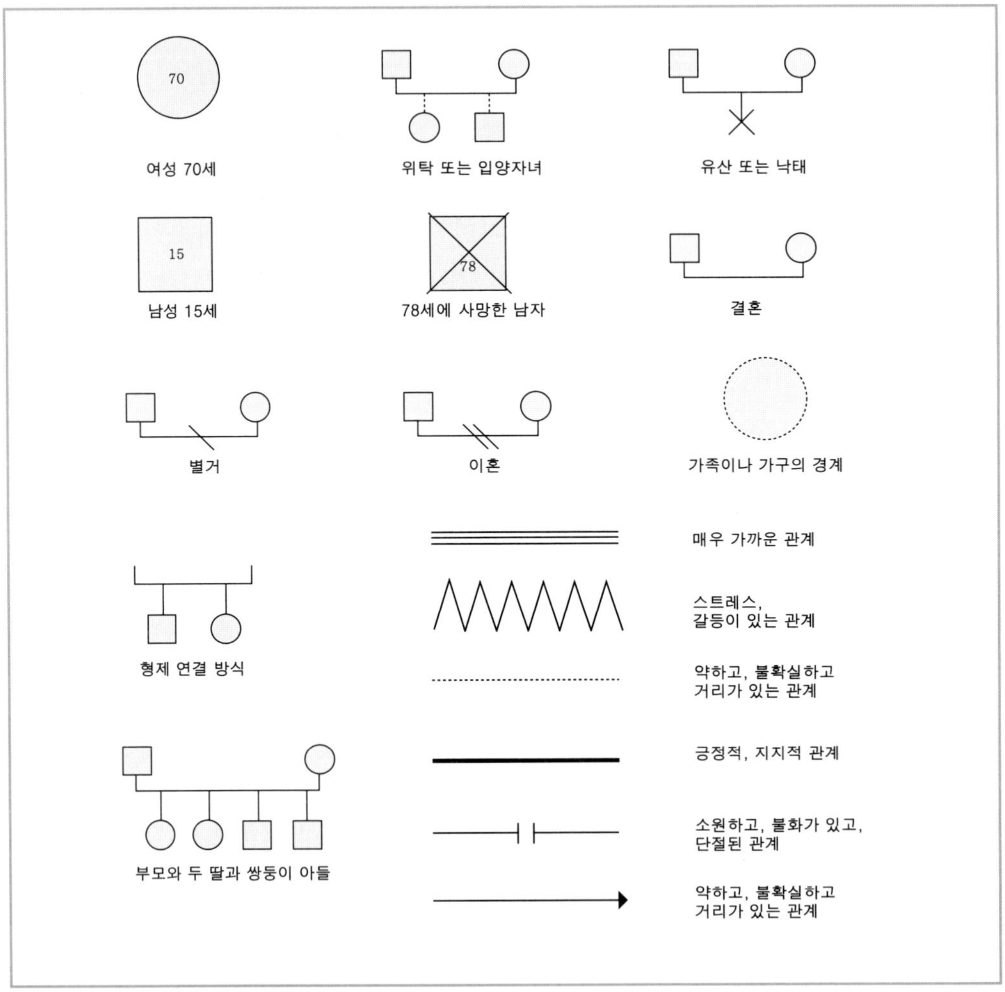

[그림 8-3] 가계도와 생태도의 기호들

출처: Sheafor & Horejsi(2006), Techniques and Guidelines for Social Work Practice, p. 256.

3) 사회적 지지망(Social network map)

사회적 지지망 사정은 사회복지실천을 위해 개발된 사정도구로서, 사회적 지지망이 개인을 보호하는 힘, 보호 요인으로서 인식됨으로써 평가도구로서 많이 활용되고 있다. 망지도는 아래의 두 단계로 사정한다.

응답자:
날 짜:

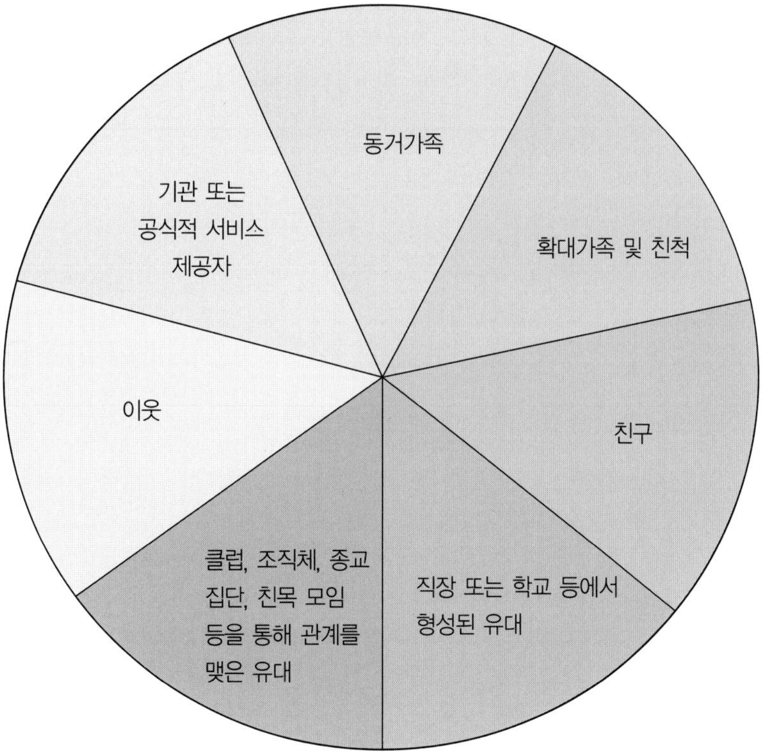

[그림 8-4] 트레이시와 휘테커(Tracy & Whittake)의 사회적 망지도

출처: Sheafor & Horejsi(2006), Techniques and Guidelines for Social Work Practice, p. 256.

트레이시와 휘테커(Tracy & Whittake, 1990)는 클라이언트의 사회적 지지 자원을 사정하는 도구로서 사회적 지지망 지도를 개발하였다. 우선 망지도는 다음 7개 영역에서 사정한다. 지금까지 지내 오면서 좋은 감정을 갖게 한 사람이든지, 나쁜 감정을 갖게 한 사람이든지 자신의 삶에 영향을 미친 사람들을 모두 포함시킨다. 그 사람이 ① 동거가족, ② 확대가족 및 친척, ③ 친구, ④ 직장 또는 학교 등에서 형성된 유대, ⑤ 클럽, 조직체, 종교집단, 친목 모임 등을 통해 관계를 맺은 유대, ⑥ 이웃, ⑦ 기관 또는 공식적 서비스 제공자 등 어디에 속하는지 이름을 기입한다(신성자 외, 2007).

사회적 지지망 지도에 15명 이상이 기록되면, 상위 15명을 선택하여 그들이 개인에게 제공하는 사회적 지지(구체적 지지, 정서적 지지, 정보 · 조언적 지지), 비판, 원조의 방향, 친밀 정도, 접촉 빈도, 관계 지속 기간 등을 기록한다.

[표 8-2] **사회관계망 표**

구분		생활 영역	구체적 지원	정서적 지원	정보 /충고	비판	원조 방향	친밀성	접촉 빈도	관계 지속 기간
		① 동거가족 ② 확대가족 및 친척 ③ 다른 친구 ④ 직장, 학교 ⑤ 클럽, 조직체, 교회 ⑥ 이웃 ⑦ 공적 서비스, 전문가 ⑧ 기타	① 거의 없음 ② 간혹 있음 ③ 거의 항상 있음	① 거의 없음 ② 간혹 있음 ③ 거의 항상 있음	① 거의 없음 ② 간혹 있음 ③ 거의 항상 있음	① 거의 없음 ② 간혹 있음 ③ 거의 항상 있음	① 양방향 ② 당신이 그들에게 향함 ③ 그들이 당신에게 향함	① 친밀성이 없음 ② 친밀한 정도 ③ 매우 친밀	① 보지 않음 ② 몇 회/년 ③ 매달 ④ 주별 ⑤ 매일	① 1년 미만 ② 1~5년 ③ 5년 이상
번호	이 름									
1										
2										
3										
4										
5										
6										
7										
8										
9										
10										
11										
12										
13										
14										
15										

출처: 신성자 외(2007), 사회복지실천기술론, p. 322.

이상에서 살펴본 바와 같이 사회적 지지망의 사정은 클라이언트의 사회적 · 환경적 자원에 관한 정보를 체계적으로 수집하는 데 유용하다. 사회복지사는 사회적 지지망의 사정과정에서 가족이 지지망에 대한 통찰력을 가질 수 있도록 돕고, 이의 개선을 위한 대안을 모색할 수 있다(이원숙, 2008).

* 생각해 볼 점

1 현대인의 가족기능과 구조의 특성 변화는 어떠한가?

2 의사소통에 방해를 가져오는 언어적, 비언어적 요소는 어떤 것이 있는가?

3 사례를 통해 가족체계에서 사정을 정의하고, 가계도 및 생태도 작성법을 설명해 본다.

▸▶ 참고문헌

강문희 · 박경 · 강혜련 · 김혜련(2006). 가족상담 및 심리치료. 서울: 신정.
김경호(2006). 사회복지실천기술론. 서울: 청목출판사.
김윤재 · 이수영 · 김경우 · 김정수 · 김은혜(2007). 가족복지론. 서울: 동문사.
김혜란 · 홍선미 · 공계순(2001). 사회복지실천기술론. 서울: 나남출판.
김혜숙(2003). 가족치료 이론과 기법. 서울: 학지사.
류현수 · 이정숙 · 김주아(2009). 가족관계와 복지. 서울: 동문사.
엄명용 · 노충래 · 김용석(2005). 사회복지실천기술의 이해. 서울: 학지사.
이경남 · 김인숙 · 김현주 · 박은주 · 서화정 · 이순영 · 이찬희 · 허영숙(2008). 사회복지실천론. 서울: 학지사.
이원숙(2008). 사회복지실천론. 서울: 학지사.
손병덕 · 황혜원 · 전미애(2008). 가족복지론. 서울: 학지사.
신성자 · 고유나 · 권신혜 · 김수정 · 박용권 · 성희자 · 이현정 · 전보경 · 정숙희 · 최은지(2007). 사회복지실천기술론. 경기: 양서원.
전남련 · 신재명 · 이권일 · 김상조(2007). 사회복지실천기술론. 경기: 학현사.
전재일 · 이종복 · 조운희 · 이준상 · 이애재 · 이성희(2002). 사회복지실천론. 서울: 형설출판사.
정원철(2005). 사회복지 실천과 상담. 경기: 양서원.

조홍식 · 김인숙 · 김혜란 · 김혜련 · 신은주(2006). 가족복지론. 서울: 학지사.
최선화(2006). 풀어쓴 사회복지실천기술(제2판). 경기: 공동체.

Hartman, A., & Laird, J.(1983). *Family-Centered Social Work Practice*. New York, London: The Free Press.

Hepworth, D. H., Rooney, R. H., Rooney, G. D., Strom-Gottfried, K. S., & Larsen, J.(2006). *Direct Social Work Practice: Theory and Skills(7th eds.)*. Thomson Brooks/Cole.

Hepworth, D. H., Rooney, R. H., & Larsen, J.(2002). *Direct Social Work Practice: Theory and Skills(6th eds.)*. Brooks Cole.

Holman, A. M.(1983). *Family Assessment*. Beverly Hills/London/New Delhi: Sage Publication.

Kirst-Ashman, K. K., & Hull, G. H., Jr.(2009). *Understanding Generalist Practice*(5th eds.). Brooks/Cole, Cengage Learning.

Miley, K., & Dubois, B.(1995). Empowering Processes for Social Work Practice. In W. Shera & L. M. Wells(Eds.), *Empowerment practice in Social Work: Developing Richer Conceptual Foundations*(pp. 2-12). Toronto: Canadian Scholar's Press, Inc.

Miley, K. K., O'Melia, M., & DuBois, B. L.(1995). *Generalist Social Work Practice: An Empowering Approach*. Allyn and Bacon.

Nichols, M. P., & Schwartz, R. C.(2005). *The Essentials of family Therapy*(2nd eds.). Pearson Education, Inc.

Seden, J.(1999). *Counselling Skills in Social Work Practice*. Philadelphia: Open University Press.

Sheafor, B., & Horejsi, C. R.(2006). *Techniques and Guidelines for Social Work Practice(7th eds.)*. Pearson Education, Inc.

Tracy, E. M., & Whittraker, J. K.(1990). The Social Network Map: Assessing Social Support in Clinical Practice. *Families in Society*, 461-470.

Chapter 09

가족사회복지 실천기법: 가족개입

1. 가족개입실천 초기과정

2. 가족개입실천 중기과정

3. 가족개입실천 종결과정

4. 가족개입실천의 실제

* 학습의 목표

1 가족개입실천 과정의 각 단계별 과업을 알아본다.

2 초기과정인 접수, 자료수집, 사정, 계획에 대해 알아본다.

3 중기과정인 개입기법에 대해 알아본다.

4 종결과정에서의 종결 시기 및 평가에 대해 알아본다.

가족을 대상으로 하는 사회복지실천 과정은 일반적으로 초기, 중기, 종결의 3단계로 구성되나, 5단계(접수 및 자료수집, 사정, 계획, 개입, 평가와 종결) 또는 4단계(접수 및 참여 유도, 자료수집과 사정, 개입, 평가와 종결)로 구분하기도 한다. 각 단계는 뚜렷하게 구분되는 별개의 과정이라기보다는 연속선상에 있음을 인식할 필요가 있다. 이 장에서는 가족을 대상으로 하는 사회복지실천과정을 초기, 중기, 종결의 3단계 과정으로 나누어 살펴보고자 한다.

[표 9-1] 가족복지실천과정

초기과정	중기과정	종결과정
• 접수 • 자료수집 • 사정 • 계획	• 개입	• 종결 • 평가

1 가족개입실천 초기과정

가족개입실천이란 가족을 단위로 한 사회복지실천 활동을 의미한다. 가족복지실천에서는 가족 단위의 문제가 주요 실천대상이 되며, 경우에 따라서는 개인의 문제를 해결하기 위해 가족 단위의 개입이 이루어지기도 한다.

가족개입실천 초기과정에서는 접수면접을 통해 사례를 확인하고 기관의 서비스 방향과 맞는지 판단한다. 주요 과업으로는 클라이언트와 관계를 형성하여 참여를 유도하고 클라이언트의 문제를 이해하기 위한 자료를 수집하며 수집된 자료를 해석하고 문제를 규정해야 한다. 과정 중 녹음이나 녹화를 해야 하는 경우에는 클라이언트의 동의를 받기 위한 서류도 함께 준비한다.

1) 접수

가족개입실천의 초기단계에서 접수(intake)는 가족복지실천과정을 시작하는 단계이며 상담의 성공을 좌우할 정도로 중요한 단계이기도 하다. 클라이언트가 서비스를 받기 위해 기관을 찾아와 접수를 했을 때 사례의 적격 여부를 판별하여 접수를 결정한다. 신청자의 욕구가 기관의 서비스 방향이나 내용과 맞지 않을 때 혹은 더 적합한 기관이 있을 경우에는 그 기관에 의뢰한다. 접수된 사례에 대해서는 클라이언트와 긍정적인 원조관계를 수립함으로써 클라이언트의 참여를 유도한다.

대부분의 클라이언트들은 가족 전원이 상담에 참여하는 것에 부담감을 가지며 거부하거나 소극적인 태도를 보이게 된다. 이때 사회복지사는 가족 전원이 참여하면 상담이 원활히 진행되며 문제해결에 도움이 된다는 장점 등을 설명하고 설득하는 노력을 기울여야 한다. 부득이한 사정으로 상담에 불참하는 가족을 위해서는 상담내용을 녹음하여 보내주는 것도 좋은 방법이 될 수 있다. 사회복지사는 클라이언트가 원조과정 동안 적극적으로 참여할 수 있도록 동기를 부여하며 클라이언트의 고통을 이해하고 격려하며 문제해결의 희망을 갖게 한다.

사회복지실천의 대상이 되는 가족의 문제 혹은 가족의 역기능은 가족구성원 개인의 문제라기보다는 가족체계의 장애나 어려움에서 발생하는 체계의 문제이다. 가족은 관계의 그물망으로 구성된 하나의 조직이며 체계이므로 가족 중 한 사람에게 어려움이 발생하게 되면 전체 가족에게 영향을 미치게 된다. 따라서 사회복지사는 개별구성원으로부터 가족 전체로 관심의 초점을 넓히는 '가족초점(family focus)'을 유지하고 가족들이 의식적 혹은 무의식적으로 클라이언트의 증상으로 확인된 것들에 스스로 기여하고 그것을 유지시키고 있다는 것을 인식하고 받아들이도록 해야 한다.

2) 자료수집

자료수집과정은 클라이언트의 문제를 이해하고 분석 · 해결하는 데 필요한 자료를 모으는 과정이다. 자료수집과정에서는 클라이언트의 문제를 이해하고 해결하는 데 도움이 되는 자료를 마련하며, 클라이언트의 진술이나 이야기가 일차적인 정보제공자로서 가장 중요한 출처가 되며, 다음으로 클라이언트의 비언어적 행동, 초기 면접지 자료, 관련인물들(가족, 이웃, 친구, 다른 기관 등)의 면접을 통한 부수적 정보, 각종 검사결과(심리 · 신체 검사)와 기록(학교 · 병원 기록), 관찰과 가정방문, 직접 상호작용하면서 느끼는 사회복지사의 개인적 경험 또는 사례와 관련된 신문이나 인터넷 뉴스 등의 자료를 통해 자료를 수집하게 된다.

3) 가족사정

가족사정(family assessment)은 가족평가, 가족진단이라고도 불리며, 가족진단은 가족의 병리적 관점이라는 이유로 사용되지 않고 가족의 강점, 자원에 초점을 맞추는 가족사정이라는 용어로 사용된다. 가족사정이란 가족을 하나의 단위로 보고 가족 내부의 요인과 외부의 요인, 그리고 이들 양자 간의 상호작용을 파악하기 위해 자료를 수집하고 종합하여 그 가족에 대한 개입을 계획하는 일련의 과정을 의미한다(조흥식 외, 2002).

가족에게 나타난 문제와 관련된 구체적이고 객관적인 사실뿐만 아니라 그 문제에 대한 가족구성원들의 주관적인 생각과 감정, 그 문제에 기여한 환경적 요인들, 그리고 사회복지사 자신의 생각을 성찰하는 과정들이 모두 사정에 포함된다. 또 가족구성원들 간의 관계, 가족과 더 큰 사회체계와의 관계 등과 같은 관계의 차원들도 사정에 부가된다.

가족사정은 독립적이고 뚜렷하게 구분되는 과정이 아니라 가족의 기능을 지속적으로 재평가하고 체계적으로 이해하는 과정이다. 사정은 첫 면접에서부터 시작되어 가족을 만나는 전 과정 동안 이루어진다.

가족사정을 하기 위해 면접과 관찰, 가계도, 생태도, 사회적 관계망 등이 사정도구로 많이 활용된다(상세한 내용은 제8장을 참조).

4) 계획

계획이란 클라이언트와 사회복지사가 서로의 의무와 과업, 구체적인 실천활동을 상호 약속하는 것이다. 가족에게 원조를 제공하는 경우, 외부에서 가족의 특별한 문제에 개입하는 것에 대해 가족구성원들이 동의해야 한다. 예를 들어, 수업시간에 발생하는 아동의 과잉행동문제를 해결하기 위해 학교사회복지사는 아동과의 직접적인 만남에 대해 학교뿐 아니라 부모로부터의 동의도 얻어야 한다는 것이다. 이와 같은 문제가 적절히 해결되지 않으면 법적인 문제까지 발생시킬 수 있으며 이를 방지하기 위한 최선의 방법은 첫 번째 면접에서 가족으로부터 동의서 혹은 계약서 등을 받는 것이다. 사회복지실천을 위한 만남은 단순히 우정관계를 맺거나 구제차원에서 은혜를 베푸는 만남이 아니다. 클라이언트와 사회복지사 모두가 공식적인 관계 형성을 통해 책임 있는 자세로 문제해결을 위해 노력할 것이라는 점을 전제로 만난다는 것을 명심해야 한다.

따라서 계획단계에서 사회복지사와 가족구성원은 문제를 해결하는 것과 관련해서 공통의 목표달성을 위한 전략을 세워야 한다. 적지 않은 수의 사람들이 관여되어 진행되는 가족개입실천 역시 구체적이면서도 명료한 목표설정이 매우 중요하다. 이를 위해 가족과 사회복지사가 협력하는 것이 필수적이며, 목표는 문제해결을 위해 가족 모두가 참여하여 행동할 수 있는 것이어야 한다. 일단 목표가 구체화되면 그 목표달성을 위한 과정, 역할, 책임을 져야 할 가족구성원 등이 분명해져야 한다.

사회복지사는 초기 과정에서 사회복지사와 클라이언트의 역할, 개입방법, 평가방법 등을 기술한 내용에 대해 사회복지사와 클라이언트가 동의를 하고, 상호

계약을 공식화하며, 원조과정과 클라이언트가 실제로 무엇을 기대하고 있는지, 무엇을 기대받을 수 있는지를 명확하게 한다. 또한 상담목표를 설정할 뿐 아니라 가족관계와 역동을 파악하게 되며 앞으로 진행될 계획을 세우고 다음 상담에 참여할 가족의 범위, 상담시간 등에 대한 스케줄 등도 이때 정하게 된다.

2 가족개입실천 중기과정

사회복지실천의 중기과정의 일반적 과업은 목표달성 및 문제해결을 위한 계획의 실천이다. 이 과정에는 클라이언트와 클라이언트 주변 환경에 개입하여 변화를 초래하는 것이 포함된다.

가족개입실천의 경우 중기단계에서는 변화된 가족 내 상호작용과 변화되지 않은 지속적이고 불만스러운 대인관계 유형 등이 계속 논의된다. 또한, 이 단계에서 오래된 역기능적 규칙, 연합, 신화, 역할모델 등에 대해 분석하게 되고 그것들에 대한 대안도 제시된다. 일반적으로 이들 대안이 가족의 생각, 감정, 상호작용의 새로운 형태로 자리 잡기 위해서는 오랜 시간이 걸리며 반복적인 실천이 요구된다. 동시에 가족상담 중간에 저항이 발생하기도 한다. 저항의 발생은 지극히 자연스러운 현상이라는 것을 알려주고, 자신들이 문제해결의 중간 단계까지 도달했음을 격려해주면 저항은 자연스럽게 해결되기도 한다.

중기단계에서 사회복지사는 다음과 같은 사항에 유념해야 한다. 먼저 가족구성원들이 관계개선을 위해 스스로 해결책을 찾도록 적절한 도움을 제공했는지, 그리고 관계개선을 위한 노력이 그들의 문제해결에 바람직한 영향을 미친다는 것을 강조하였는지를 확인하여야 한다. 또한, 가족들이 문제에 대해 이야기할 때 각자가 그 문제에 대해 어떤 역할을 했으며 어떤 영향을 주었는지를 깨닫게 하고 서로 이해할 수 있도록 이끌어 주어야 한다. 그리고 가족구성원을 만나지 않는 상황에서도 가족 전체에 대한 시각을 유지하며 상담을 진행시켰는지, 공평성을 유지하며 개입했는지 등을 확인해 보아야 한다.

이 단계는 가족문제를 해결하기 위해 본격적인 개입에 들어가는 과정이므로 다양한 개입기법에 대해 살펴본다.

1) 개입을 위한 다양한 기법의 활용

(1) 합류하기(joining)

사회복지사가 개입장면에서 가족의 분위기를 파악하여 그에 맞추어 행동하거나 감정을 표현하는 것이다. 합류기법으로 가족과 사회복지사의 거리를 좁혀주는 역할을 하며 일반적으로 개입초기에 많이 사용한다. 치료자는 가족의 언어적 · 비언어적 의사소통(제스처, 말하는 태도, 억양, 얼굴표정 등)과 감정표현을 모방함으로써 가족에게 합류한다. 예를 들면, 사회복지사가 '나도 성격이 급해요', '우리 집에도 그와 비슷한 일이 있었어요.'라고 하는 것이다.

(2) 과제부여(task)

가족 상호교류에서 자연스럽게 발전될 수 없는 행위를 실연해 보도록 한 후, 가족이 해야 할 분야를 개발시키기 위해 과제를 주는 것이다. 상담과정 중에 내릴 수 있는 과제로는 '3분 동안 방해하지 않기' 혹은 '자리를 바꾸어 서로 좀 더 가까이 앉기'라고 요구할 수 있다. 집에서 수행할 수 있는 과제로는 아들이 소리 지르고 짜증을 내면서 말한다고 불평하는 어머니에게 아들이 소리 지르지 않고 짜증내지 않으면서 말하는 시간과 상황을 관찰해 오도록 하는 것 또는 아들이 바람직하게 말을 할 때 칭찬하거나 이야기를 끝까지 들어주기 등이 있다.

(3) 가족조각기법(family sculpting)

주어진 상황에서 가족관계, 또는 주변 환경들 간의 관계를 표현하게 함으로써 그 가족에 대한 이해를 높일 수 있는 방법이다. 가족성원들 중에 한 사람이 조각자가 되어 자신이 지각하고 있는 상황을 각 성원에게 표현하도록 각자의 위치와 신체적 표현을 정해준다. 나머지 구성원들은 조각자가 표현하고 싶은 것이 모두 표현될 때까지 그 자세를 유지한다. 모든 구성원이 조각해 보도록 한 후, 조각한 이후에 가족성원 전체가 경험한 것을 이야기하도록 한다. 가족성원들은 다른 성원들의 조각을 보는 과정에서 통찰력, 이해, 공감, 동정, 후회, 사과 등의 감정을 경험하게 된다. 가족 조각은 말없이도 다른 사람의 관점을 이해하는 수단을 제공하므로 특히 말이 서투른 가족에게 유용하다(Holman, 1983).

(4) 역할극, 역할연습(role play)

가족치료사가 한 가족 성원에게 다른 가족의 역할을 수행해보도록 요청한다. 다른 가족의 역할수행을 통해 그 성원의 내면에 대한 이해를 높일 수 있다. 이 기법은 실제생활에서 겪을 수 있는 위험 부담 없이 새로운 행동을 연습하게 하는 기법이다.

(5) 가족그림(family drawing)

가족구성원들에게 자신이 느끼는 대로 자유롭게 가족에 대해 그림을 그리도록 하는 기법이다. 그림을 통해 성원들 자신이 가족에 대해 어떻게 느끼는지 이해할 수 있을 뿐 아니라 다른 성원들이 서로에 대해 어떻게 느끼는지, 가족관계에 어떤 문제가 있는지 등을 이해할 수 있다. 가족그림을 통해 예전에 미처 생각하거나 대화하지 못했던 상황을 경험하도록 돕는 기법이다.

(6) 재정의(reframing)

가족구성원들이 부정적인 의미라고 믿고 있는 것을 긍정적인 의미로 변화시키는 것을 말한다. 사실을 변화시키지 않으면서 기존의 사고와 판단의 준거틀을 바꾸어 사건의 의의나 가치판단에 변화를 가져오도록 하며, 사회복지사는 가족의 언어, 세계관, 문제해결방법을 관찰하면서 행동유형에 긍정적인 준거틀을 사용하여 가족들이 다른 방법으로 볼 수 있도록 한다.

가족 혹은 부부에게 가족관계에서의 긍정적인 요소를 강조함으로써 서로에 대한 이해를 돕고 새로운 희망과 목적을 주게 된다. 예를 들면, '산만하고 부주의한 철수 → 적극적이고 도전적인 철수'로, '자녀에 대한 엄마의 간섭 → 자녀에 대한 엄마의 관심과 배려'로 바꾸어 표현한다.

(7) 질문기법

① 순환적 질문기법

클라이언트가 자신을 관계의 맥락에서 보게 하고 또 다른 가족원들의 관점에서 바라볼 수 있도록 하는 것이다. 가족의 문제에 대해 원인과 결과를 구분하는 단선적 관점에서 벗어나 순환적 성격을 분명하게 인식함으로써 가족성원들은 자신들의 제한되고 일방적인 시각에서 빠져나올 수 있다. 예를 들면, "아내가 당신에게 화가 났다고 말했을 때 당신은 어떻게 반응했나요?", "아이들에게 남편이 고함을 지르면 당신은 어떤 기분이 드시나요?"

② 해결중심 질문기법

해결중심 단기가족치료 접근에서 활용하는 기법으로써 사회복지사가 질문을 통해 클라이언트로 하여금 해결과정을 구축해 가도록 돕는다.

- 면담 전 변화에 관한 질문: 클라이언트가 처음 면담을 약속한 후부터 지금까지 일어났던 변화에 대한 질문은 때로 아주 중요한 단서를 제공한다. 클라이언트의 잠재능력을 발견하고 클라이언트 자신이 의식하지 못하는 해결방안을 찾는 데 도움이 된다. 면담 전에 변화가 있었다면 클라이언트가 이미 지니고 있는 해결능력을 인정하고 칭찬하여 확대할 수 있도록 격려한다.
- 예외질문: 예외는 문제시 되는 실패경험보다는 성공했던 경험을 찾아내어 그것을 의도적으로 계속 실시하여 성공의 경험을 확장하고 강화하는 것이다. 가족이 현재 가지고 있는 문제가 없었던 상황은 문제가 있는 지금 상황과 어떻게 달랐는지 탐색하게 함으로써 문제해결이 안 된 그 상황을 확대하기 위한 단서를 찾게 한다. 문제가 발생하지 않은 때는 언제인가? 문제가 발생하지 않았다는 것을 어떻게 아는가? 문제가 발생하는 상황과 발생하지 않는 상황의 차이점은 무엇인가? 예를 들면, "철수가 엄마에게 지나치게 짜증을 내고 소리 지르지 않을 때는 언제인가요? 어떤 상황에서 은주는 컴퓨터 게임에 빠지지 않고 숙제를 잘 하나요?"와 같은 질문이다.
- 기적질문: 기적이란 문제 자체를 감소시키거나 제거시키지 않고 문제와 별개로 해결책을 상상하게 하는 것으로, 이를 통해 사회복지사는 클라이언트가 바꾸고 싶어 하는 것을 스스로 설명하게 하여 문제에 대한 집착으

로부터 벗어나 해결중심영역으로 들어가게 한다. 기적에 관한 질문을 한 후 클라이언트가 미래를 이끌어갈 책임이 있다는 생각을 할 수 있도록 질문을 계속한다. 예를 들면, "오늘 집으로 돌아가서 잠을 잤는데, 밤새 기적이 일어나서 문제가 해결되었다고 가정해 봅시다. 아침에 일어났을 때 무얼 보고 기적이 일어났다고 알 수 있을까요?", "이 기적이 앞으로 더 자주 일어나려면 어떻게 해야 할까요?"

- 척도질문: 구체적인 숫자를 이용하여 가족구성원에게 자신의 문제의 정도, 변화 정도, 변화에 대한 의지 등을 표현하게 하는 질문이다. 주의할 점은 과거에 초점을 두지 말고 현재와 미래에 초점을 두고 '오늘', '지난주'와 같이 시간을 규정하는 것이다. 예를 들면, "1부터 10까지 있는 척도에서 10은 문제가 가장 심각한 상태이고 1은 문제가 없는 상태인데 오늘 생각하기에 당신의 문제는 몇 점 정도에 해당하나요?", 클라이언트가 현재의 상태를 4점이라고 했다면 "4점에서 3점으로 변화할 때 무엇이 달라질 것 같습니까?"라고 질문한다(송성자, 2001).
- 대처/극복질문: 문제 상황에 있는 클라이언트에게 경험을 활용하도록 하고 새로운 힘을 갖게 하며, 자신의 자원과 강점을 발견하도록 하는 데 도움이 되는 질문이다. 어려운 상황에서 잘 견뎌내고 더 나빠지지 않은 것을 강조하고 그것을 인식 및 확대하기 위한 근거로 이용한다. 예를 들면, "그렇게 힘든 상황에서도 모든 것을 포기하지 않고 어떻게 오늘까지 지탱해 왔나요?", "지금까지 해온 것을 유지하기 위해 무엇을 해야 하나요?"라고 질문한다.

(8) 탈삼각화기법

가족 내 두 사람 사이에서 스트레스나 긴장관계가 발생했을 때 제3자를 두 사람의 상호작용체계로 끌어들이는 것이 삼각화 혹은 삼각관계인데, 삼각관계는 문제를 해결하는 데 도움이 되지 못하고 오히려 문제를 은폐하거나 분산시킨다. 따라서 제3자를 두 사람의 관계에서 분리시켜 삼각관계를 벗어나게 함으로써 가족구성원들이 자아분화하도록 하는 것이다. 부부 간 갈등이 심한 경우 자녀를 삼각관계로 끌어들이게 되는데 사회복지사는 부모가 그들의 갈등을 스스로 다루게 한다. 또한 사회복지사를 삼각관계로 끌어들이려는 경우 이에 끼어들지 않고 객관적인 자세를 취해야 한다.

[표 9-2] **가족체계의 개입**

합류하기	• 치료자가 가족과 인간적인 관여를 하는 것 혹은 가족의 현실상황에 들어가 함께 경험하는 것으로서, 가족에 들어가는 것이고, 가족의 스타일에 맞추고, 가족구조를 변화시킬 수 있는 행동을 할 수 있게 하는 것
과제부여	• 가족상호교류에서 자연스럽게 발전될 수 없는 행위를 실연해보도록 하며 가족이 행할 필요가 있는 분야를 개발시키기 위해 과제를 주는 것
가족조각	• 가족구성원 한 명이 가족 개개인의 신체적인 공간을 자신의 이미지에 따라 배열하는 신체적 표현을 통하여 가족의 관계를 나타내는 무언의 동작을 표현함 • 개별 클라이언트 혹은 가족이 가족행동의 중요한 측면을 재연하여 보여주는 것으로 치료도구일 뿐만 아니라 사정도구이기도 함
역할극/ 역할연습	• 정상적인 생활에서의 역할과는 다른 역할을 해보는 것 • 가족의 두 구성원들이 서로의 역할을 바꾸는 경우를 말함
가족그림	• 가족들에게 가족구성원 모두를 나타내는 그림을 그리도록 하는 것 • 각 구성원이 가족구성원을 따로 그릴 수 있고, 가족구성원을 묘사한 후 거기에 대해 함께 논의하고 비교한다
재정의	• 가족성원들이 문제를 다른 시각 즉, 새로운 방식으로 이해하도록 하는 기법 • 문제행동에 새로운 의미를 부여하고 생각과 정서를 바꾸는 것으로 재명명 혹은 재규정이라고도 함
순환기법	• 클라이언트가 자신을 관계의 맥락에서 보게 하고 또 다른 가족원들의 관점에서 바라볼 수 있도록 하는 것
면담 전 변화에 관한 질문	• 처음 면담을 약속한 후부터 지금까지 일어났던 변화에 대한 질문을 하는 것으로, 때로 아주 중요한 단서를 제공하기도 한다
예외질문	• 성공했던 경험을 찾아내어 의도적으로 계속 실시하도록 격려하기 위한 질문
기적질문	• 문제 자체를 제거시키거나 감소시키지 않고 문제와는 별개로 해결책을 상상해보게 하는 질문
척도질문	• 구체적인 숫자를 이용하여 가족구성원에게 자신의 문제의 정도, 변화 정도, 변화에 대한 의지 등을 표현해보게 하는 질문
대처/극복질문	• 문제 상황에 있는 클라이언트에게 경험을 활용하도록 하고 새로운 힘을 갖게 하며 자신의 자원과 강점을 발견하도록 하는 데 도움이 되는 질문
탈삼각화	• 제3자를 두 사람 관계에서 분리시켜 가족 내에 형성되어 있는 삼각관계에서 벗어나게 함으로써 가족구성원이 자아분화하도록 돕는 기법

3 가족개입실천 종결과정

일반적인 실천과정의 종결단계와 마찬가지로 가족대상 실천의 종결단계에서도 종결과 평가가 주요 과업이다. 보통 가족의 불평이나 문제 증상이 사라지고 가족들이 서로 만족해하며 가족 간 경계가 보다 융통성 있게 변하면 상담을 종결한다. 이때 가족들은 스스로 노력하여 문제를 해결할 수 있는 방법을 찾아내며 바람직하지 못한 행동들을 변화시킬 수 있게 된다.

종결단계에서는 특히 종결의 시기를 정하는 것이 중요하며 클라이언트와 사회복지사의 정서적 반응에 초점을 두어야 한다. 또한 개입단계에서 얻은 효과는 유지 및 강화해야 하고 이를 위한 사후관리도 필요하다. 새로운 서비스가 필요하다면 다른 기관에 의뢰도 고려해야 한다. 평가는 주로 과정에 대한 평가, 개입의 효과성 및 효율성에 대한 평가 위주로 진행된다.

1) 종결 시기를 판단하는 기준

사회복지사는 상담을 종결해야 할 적절한 시기가 언제인지를 판단할 수 있어야 한다. 이 시기에 도달하면 다음과 같은 구체적인 단서나 변화가 나타나게 된다(Nelson, 1983; Glick & Kessler, 1994; 노혜련, 1995).

- 제시된 문제가 해결되고 증상이 완화되거나 소멸된 경우
- 초기에 설정한 상담목표가 이루어진 경우
- 가족구성원들이 상담을 통하여 새롭게 습득한 대처방법이나 행동방식을 계속 유지하는 경우
- 가족구성원 간의 의사소통에서 비생산적인 다툼이나 갈등이 감소되고 의사표현이 솔직하고 갈등을 협상할 수 있는 능력을 가지게 된 경우
- 가족의 구조와 규칙이 융통성 있고 기능적이 되는 경우
- 가족구성원의 상호작용이 긍정적이고 관계가 개선된 경우
- 가족의 발달단계에 적합하게 가족구성원의 역할과 기능이 수행되는 경우
- 미래에 비슷한 문제가 발생하더라도 잘 처리할 자신감을 보여주고 자발적인 활동이 증가하는 경우
- 상담의 진행이 부진하거나 가족구성원이 상담에 소극적으로 된 경우

2) 클라이언트와 사회복지사의 정서적 반응 다루기

클라이언트에게 종결은 중요한 감정적인 욕구를 만족시켜 온 관계가 사라진다는 고통스러운 과정을 의미하므로 심리적인 스트레스를 최소화하면서 효과적으로 종결하기 위해서는 클라이언트의 정서적인 반응을 다루어 주어야 한다. 사회복지사 역시 종결에 대한 자신의 감정(성취감, 실패감, 시원함, 아쉬움, 허탈감, 분노, 불안 등)에 직면하고 가족들이 종결할 준비가 되어 있는지를 평가하며, 그들의 반응을 예측하고 종결방법을 계획한다(Nelson, 1983; 최규련, 1991).

3) 개입을 통해 획득한 효과의 유지와 강화

가족과 함께 사회복지사는 상담 초기와 현재의 상태를 비교하고 그동안의 상담과정을 되돌아보면서 상담목표에 얼마나 근접해 있는지 이야기를 나눈다. 상담과정 동안 획득된 성과를 유지하고 계속 발전시킬 수 있도록 장기적 목표를 세워 과제를 수행하도록 격려한다. 그리고 사후관리[1]를 하는 이유와 일정을 예고하고 작별인사를 나눈다.

4) 의뢰하기

종결시기가 되었는데도 목표가 달성되지 않았거나 혹은 달성되었더라도 클라이언트에 대한 새로운 서비스의 필요성 여부를 확인하여 새로운 서비스가 필요한 경우에는 의뢰한다.

5) 평가하기

상담을 종결하면서 원조과정의 결과를 평가한다. 상담과정 동안 개입의 효과성과 효율성을 측정하고 무엇이 가족에게 도움이 되었고, 어느 정도의 변화가 있었는지, 어떠한 것들이 달리 진행되어야 했는지를 이야기한다.

1) 사후관리(follow-up): 종결 후 일정기간(1~6개월)이 지나서 클라이언트가 잘 적응하고 있는지, 변화의 유지 정도를 확인하는 것으로 보통 상담보다 짧게 이루어지는데 이는 전화나 편지, E-mail을 통해 확인할 수 있다.

평가의 일차적인 목적은 목표를 달성했는지를 측정하는 것이다. 즉, 가족복지실천이 얼마나 효과적이었는지를 측정한다. 또한 평가과정을 통해 실천의 효율성을 측정할 수 있다. 이러한 과정을 통해 가족과 사회복지사 모두 실천내용에 대해 점검하고 평가함으로써 반성할 기회를 갖고 새로운 활동에 반영한다. 이를 통해 특정문제나 가족에게 효과가 있는 개입방법을 적용하게 되어 효과적인 개입을 가능하게 하며 사회복지사의 능력도 향상시킬 수 있다.

4 가족개입실천의 실제

1) 가족실천을 위한 가족문제

가족 단위로 개입해야 할 가족문제는 어떤 한 가족구성원의 문제라고 할지라도 그 영향이 가족구성원 전체에까지 미쳐 가족 전체가 고통을 받고 있는 문제라고 할 수 있다. 가족 단위로 개입해야 할 가족문제에는 어떤 것들이 있는지 살펴보면 다음과 같다(엄명용, 2006).

(1) 부부갈등

사회복지사가 실천현장에서 가족 단위로 개입하는 가족문제는 대개 가족구성원들 사이의 관계에서 비롯된 문제이다. 이중 가장 중요한 문제는 부부 간의 갈등이다. 부부갈등의 원인은 매우 다양하지만 부부체계는 가족의 가장 중요한 체계이므로 자녀에게는 직접적인 영향을 미치게 되며 사회문제로 이어질 수 있다.

(2) 부모-자녀 간 갈등

가정 내 갈등 중 빈번한 것이 부모와 자녀 간의 갈등이다. 부모·자녀 간 갈등은 부모가 자녀의 행동을 통제하려 하고 자녀가 이에 대해 반응하는 과정에서 발생할 수 있다. 부모·자녀 간 갈등을 방치할 경우 자녀에 대한 부모의 학대가 발생할 수 있고 이와 반대로 자녀가 부모로부터 벗어나기 위해 문제행동을 일으킬 수도 있다.

(3) 알코올중독자 가족

알코올중독자 가족은 가족 중 한 명이 알코올 중독자인 경우를 말한다. 아버지나 어머니 중 한 사람이 알코올 중독자인 경우가 대부분이다. 알코올 중독자 가족은 중독자의 문제를 숨기기 위해 사회적 고립상태에 빠질 수 있으며 경제적 어려움, 폭력, 위협 등에 노출될 가능성이 높다.

(4) 치매노인가족

치매환자들은 기억력의 손상과 더불어 언어, 방향 감각, 판단능력 등의 기타 인지능력이 떨어지면서 독립적 활동능력을 잃게 된다. 이러한 행동변화로 치매노인을 돌보는 가족들은 극심한 어려움에 빠지게 되며 이것은 가족에게 엄청난 스트레스 요인으로 작용하게 된다. 이러한 상태를 방치하면 가족응집력의 약화, 전반적 가족관계의 악화 등으로 이어져 가족기능 자체가 위협받게 될 수 있다.

2) 가족실천을 위한 준비

한 가족이 표출하는 문제는 앞서 살펴본 여러 문제 중 하나일 수도 있고 여러 가지 문제들이 복합적으로 작용하여 나타난 것일 수도 있다. 가족 구성원들은 어려움을 극복하기 위해 가족구성원 일부 또는 전부가 나름대로 노력을 해왔으며 그 과정에서 가족 나름대로의 대처방식이 발달되어 있을 수 있다. 이러한 대처방법이 실패했거나, 효과적이지 못할 때 가족은 외부의 도움을 필요로 하는 것이다.

가족 단위의 개입은 개인이나 집단을 단위로 한 개입과는 구별된다. 실천과정에서 사회복지사가 보통 한 사람 이상의 사람들을 동시에 상대해야 한다. 특정문제가 가족구성원 개개인에게 미치는 영향을 가족의 한 사람이 모두를 대신해서 설명한다는 것은 거의 불가능하다. 따라서 문제의 원인과 해결방안에 대해 가족구성원 개개인의 의견이 서로 다를 수 있기 때문에 가능한 가족 모두의 이야기를 들을 필요가 있다.

3) 치매노인가족 상담사례

사례) 며느리와의 갈등으로 치매증상을 보이는 노인

상담신청 경위 및 가족관계…

72살인 클라이언트 김 할머니는 지난 7년간 아침 8시부터 문을 닫는 시간인 오후 4시까지 동네 복지관을 열심히 이용하였다. 김 할머니와 4년 정도 가까이 지냈던 박 할머니는 얌전하던 사람이 복지관의 다른 노인들과 자주 다투고 씻지도 않고 비위생적인 행동을 서슴지 않는 등 점점 변해 가는 김 할머니의 모습에 당황하여 딸에게 연락하였고 딸이 노모를 모시고 상담기관을 찾아 왔다.

출처: 강문희 외(2008), 가족상담과 심리치료, 재구성

(1) 1회기

① 클라이언트와 딸 공동면담

클라이언트의 딸이 복지관에서 모시고 온 김 할머니는 몸에서 냄새가 많이 나고 위생상태가 좋지 않아 보였고 어제 갑자기 기분이 안 좋아 잠을 못 잤다고 하셨다. 할머니는 짧은 머리가 헝클어져 있었고 한쪽 눈에 백내장기가 있어 보였고 체구가 작고 얌전한 인상으로 보이지만 막상 이야기를 하면 목소리가 가늘고 높아 신경질적인 느낌을 주었다. 할머니는 눈치를 살피고 말이 없었다. 사회복지사가 가족관계를 묻자 "막내 아들네 얹혀 살아"라고 자르듯 말씀하셨다. 딸이 자신들의 가족관계를 이야기하였고 할머니는 남의 이야기인 듯 무심하게 듣고 있었다.

할아버지와 할머니는 이북 함경도 출신으로 한국전쟁 때 월남해서 몇 해를 함께 살다가 할아버지가 사귀던 다른 여자와 살림을 차려 할머니 혼자 갖은 고생을 하며 세 아들과 막내딸을 키웠다. 큰아들은 며느리가 자식을 데리고 집을 나간 후 막노동으로 생계를 꾸리며 혼자 살고 있다는 것만 알 뿐 정확한 주소도 모르는 상태이다. 둘째아들은 형제들 중 유일하게 대학을 나와 기대를 많이 한 자식이지만 지방회사에 취직한 후 그곳에서 가정을 꾸리고 살고 있고, 셋째 동생과의 불화로 지난 몇 년간 명절에도 오가지 않는 사이가 되었다. 할머니를

부양하고 있는 셋째 아들은 얼마 전 하던 가게가 망해 부채를 지고 있으며 온 가족이 취업해서 빚을 갚고 생활을 꾸려 나가고 있는 상태이다. 할머니를 모시고 온 막내딸 또한 넉넉하지 않은 살림에 할인점에서 점원으로 일하며 두 자녀를 키우고 있다.

딸이 할머니를 모시고 온 이유는 며느리에게 이야기해봤자 귓등으로도 안 듣기 때문이라는 말로 두 사람의 관계를 드러냈다. 상담자가 고부관계에 대해 구체적으로 묻자 딸은 엄마의 차림새나 사람이 점점 이상해지는 것이 다 올케가 엄마를 구박해서인 것 같아 속상하고 그래서 오빠 가족들을 만나지 않는다고 했다.

할머니에게 바라는 점이나 소원이 있는지 물었다. 할머니는 셋째 며느리의 구박이 심해 집을 나오고 싶으며 자신은 당뇨가 심해서 몸이 힘들다고 말씀하셨다. 상담자는 이 문제를 중심으로 주변정보를 탐색해서 상담목표를 잡기로 하였다.

② 셋째 며느리와 전화상담

셋째 며느리는 괄괄한 목소리로 시어머니가 복지관에 다니면서 아들 · 며느리 흉을 보고 다녀 창피하다는 말로 이야기를 시작해서 시어머니에 대한 불만을 쏟아 놓았다. 상담자가 상담목표를 설명하며 참여를 권유하자 시간을 내보겠다는 응답을 받고 구체적인 상담일정을 잡아 통보하기로 하였다.

(2) 2회기

① 방문상담

상담자는 3일 후 복지관으로 클라이언트를 방문해서 일상생활에서 할머니가 어떻게 지내는지 살펴보았다. 상담자가 방문했을 때 할머니가 다른 노인들과 떨어져 혼자 우두커니 앉아 있는 모습이 관찰되었다. 상담자는 복지관 직원들과 동료노인들을 통해 할머니의 적응과 현재 기능에 대한 정보를 수집하였다.

② 복지관에서 할머니 개별상담

할머니는 며느리가 신경질적으로 매사에 참견을 하면서 말을 심하게 하고 무슨 말을 해도 듣지 않는다며 단절감을 드러내었다. 또한 건강에 대한 염려는 젊은 시절 고생을 해서 나이 들어서는 많이 먹어야 하기 때문이라고 대답하였다.

상담자는 그동안 이루어진 면담과 정보 수집을 통해 내담자 문제에 대해 인지행동적 가족치료 접근을 적용하여 다음과 같은 상담목표를 세웠다.

- 내담자의 건강에 대한 염려를 줄일 수 있도록 건강에 대한 올바른 지식을 갖도록 한다.
- 내담자 자신과 가족에 대한 관심을 높이고 가족과 대화가 필요하다는 생각을 가지게 한다.
- 이를 바탕으로 가족 간의 갈등을 완화하고 내담자 자신에 대한 긍정적 사고를 하게 하며 가족들이 내담자의 건강에 관심을 가지고 관찰하게 한다.

(3) 3회기

① 셋째 아들과 며느리, 할머니 공동상담

셋째 며느리와 아들이 할머니를 대하는 상호작용 양식이 거친 말투로 드러났다. 상담자는 할머니를 인격적으로 대하는 대화방식의 모델로서 아들과 며느리의 말을 되물어 주기를 시작하였다. 상담을 시작하자 며느리는 불평을 쏟아 놓기 시작하였다. 그녀는 맏며느리도 아닌데 시어머니를 모셔야 하는 억울함과 경제적 부담이 많은 사정을 토로하였다. 그리고 시어머니가 된장, 다시마, 미역 같은 음식을 방에 감추어 놓고 먹는데 몸과 방에서 냄새가 나서 아무리 말려도 듣지 않으신다고 하였다. 또 시어머니가 당뇨병이라고 고집하면서 멀쩡히 이불에 소변을 본 얘기를 하였다. 상담자는 불평을 쏟아 놓다 흥분한 며느리의 발언을 중단시키고 흥분을 가라앉힌 뒤 할머니와 잠시 분리 상담을 실시하였다.

분리 상담을 통해 요에 소변을 보실 즈음, 할머니가 스트레스가 많은 긴장상태에 있었음을 확인하였다. 또한 한 번도 당뇨병 검진을 제대로 받지 못했음을 확인하고 일단 며느리와 아들이 할머니의 의사를 존중해서 당뇨검사를 하기로 하였다.

② 며느리 전화상담

상담 후 갈등횟수가 감소했고 몇 마디의 대화가 시작되었다는 긍정적인 소식을 며느리가 전하였다.

③ 며느리와의 전화상담 후 상담자가 복지관 방문상담

할머니는 건강검진을 받은 후 마음이 많이 풀어진 사실을 인정하였다. 옷을 적어도 이틀에 한 번 갈아입고 화장실에서 용변을 보기로 약속하고 그동안 목욕을 거의 하지 않았으나 앞으로는 1주일에 1회 하기로 하였다. 그리고 상담자는 도움이 필요하면 언제든지 찾아줄 것을 부탁해 도움을 요청해 놓았다.

가족은 살아있는 유기체이며 제대로 기능하지 못할 경우, 누군가를 희생양으로 삼아 겨우 기능을 유지할 수 있다. 본 사례에서 상담자는 가족 간 대화가 없는 가족 클라이언트를 지적된 환자로 삼아 세 아들과 며느리의 협력관계가 이루어지고 있는 체계적 문제가 보였지만 가족 상담에 대한 태세나 물리적 시간의 한계로 다루지 못한 점이 아쉬움으로 남아 있다.

가족의 변화는 단순히 한 개인을 변화시키는 것이 아니다. 가족개입실천은 전체 가족의 변화에 영향을 미친다. 가족개입실천을 통해 변화가 지속되는 것은 각 구성원들이 변화하고 또 서로에게 동시에 영향을 미치기 때문이다. 따라서 효과적으로 가족의 문제가 해결되기 위해서는 한 개인의 노력이 아닌 가족 구성원들 모두가 문제를 정확히 인지하고 서로 협조하여야 한다.

* 생각해 볼 점

1 가족실천개입과정은 무엇인가?

2 초기과정의 과업은 무엇인가?

3 중기과정에서 사용할 수 있는 개입방법은 무엇인가?

4 종결 시점은 어떻게 결정하는가?

5 사회복지사가 개입해야 할 가족문제에는 어떤 것이 있는가?

▸▶ 참고문헌

강문희 · 박경 · 강혜련 · 김혜련(2008). 가족상담 및 심리치료. 서울: 신정.
김영애 · 김정택 · 심혜숙 · 정석환 · 제석봉(2005). 가족치료. 서울: 시그마프레스.
김유숙(2003). 가족상담. 서울: 학지사.
김충식 · 나용선 · 서상범 · 신상수 · 최명주(2009). 사회복지실천기술론. 경기: 공동체.
노혜련(1995). 가족치료실천: 말기과정. 이화여대사회사업학과편. 가족치료총론. 서울: 동인, 435-453.
박성석 · 오정아 · 이영주 · 최경화 · 최금해(2009). 가족복지론. 경기: 양서원.
사회복지사 1급 시험연구회(2009). 사회복지실천기술론. 서울: 나눔의집.
송성자(2001). 한국가족문화와 가족치료접근. 한국가족치료학회지, 9(1), 1-20.
엄명용 · 노충래 · 김용석(2006). 사회복지실천기술의 이해. 서울: 학지사.
조흥식 · 김인숙 · 김혜란 · 김혜련 · 신은주(2002). 가족복지학. 서울: 학지사.
최규련(1991). 가족상담의 과정과 상담자역할에 관한 고찰. 수원대학교 논문집, 9, 171-186.
최규련(2008). 가족상담 및 치료. 경기: 공동체.
최선하(2009). 풀어쓴 사회복지실천기술. 경기: 공동체.

Glick, I. D., & Kessler, D. R.(1994). *Marital and family therapy*. NY: Grune & Stratton.
Michal P. Nichols · Richard C. Schwartz(2005). *Family Therapy*. NY: Allyn & Bacon.
Nelson, J. C.(1983). *Family treatment: An interactive approach*. NJ: Prentice Hall. Inc.

Chapter 10

집단사회복지 실천기법: 집단에 대한 이해

1. 집단의 개념과 유형

2. 집단 지도력의 요소와 유형

3. 집단사회복지실천에 대한 오해와 진실

* 학습의 목표

1. 집단과 집단사회복지실천의 개념을 이해한다.
2. 다양한 집단의 유형을 비교하여 차이점을 알아본다.
3. 집단지도자의 기술을 이해하고 집단지도자의 역할을 그려본다.

우리는 집단 속에 살면서도 집단의 영향력을 모르거나 의식하지 못한 채 살아가고 있다. 사람은 사회적 동물로 가족이라는 소집단에서 태어나서 성장하고 발달한다. 나이가 들어갈수록 더 크고 다양한 집단에 소속되어 살아가게 된다. 그러므로 집단 활동은 사회생활의 자연스러운 현상이며 벗어날 수 없는 부분이다. 그러나 사회복지 개입방법으로서의 집단 활동은 이런 일상적인 활동의 형태로 나타나는 집단과는 차이가 있다. 즉 사회복지 개입으로서의 집단 활동은 의도적인 상호작용을 나누며 개입이 지향하는 바가 있게 된다.

집단사회복지실천(Social Group Work)의 개념은 여러 학자가 조금씩 다르게 정의하고 있다. 그러나 정의의 공통점을 추려 보면, 집단사회복지실천이란 집단지도자(사회복지사)가 집단을 도구 혹은 매개체로 활용하여 집단 구성원들과 함께 의도적인 집단 경험을 통해 개인, 집단, 지역사회의 사회적 기능수행과 당면 문제에 대해 보다 효과적으로 대처해 나갈 수 있도록 원조하는 사회복지실천의 한 방법이라 하겠다. 남세진과 조홍식(1997)은 집단사회복지실천의 일반적 성격을 다음과 같이 제시하였다.

① 집단지도는 사회복지실천 기능을 완수하기 위해서 사용하는 사회복지실천의 방법들 가운데 하나이다. 따라서 집단지도가 기초하는 가치와 목적은 사회복지실천 전체에 공통되는 가치와 목적이다.

② 개인의 사회적 기능수행을 향상시킴이 목적이며, 이를 위해 집단을 그 수단으로 삼는다. 집단은 자연 집단일 수도 있고 인위적 집단일 수도 있으며, 그 중간적 성격일 수도 있다.

③ 프로그램의 집단 경험을 구성하며 개인과 집단의 필요와 역량, 그리고 발달단계 등을 기초로 하여 의도적, 계획적으로 준비되고 실행된다. 프로그램은 집단지도자의 도움을 얻어 집단 구성원들이 수립, 실천에 옮기는 것이다.

④ 집단지도자의 도움으로 이루어진다. 전문가는 개인과 집단에 대한 과학적 지식, 그리고 실천을 통한 경험을 토대로 개인과 집단을 진단하며, 원칙에 따라 기술적인 도움을 줌으로써 전문적인 구실을 한다.

⑤ 집단지도에는 현재의 사회적 기능수행을 보다 적극적으로 유지 · 강화하려는 사람들의 집단과 더불어 손상된 사회적 기능수행을 회복하려는 사람들로 구성된 집단이 포함된다.

1 집단의 개념과 유형

1) 집단의 개념

사전적으로 본 집단의 개념은 '여럿이 모여 이룬 모임' 혹은 '일정한 조직 관계를 이룬 모임'이다. 그러나 우리 사회에는 실제로 매우 다양한 유형의 집단이 존재한다. 그러므로 어떤 유형의 집단에 초점을 맞추는가에 따라서 집단의 정의는 달라질 수 있으므로 공통된 정의를 내리기는 어렵다. 집단은 인간집합체로서 사회가 형성될 수 있는 공식적 혹은 비공식적 구조를 제공하는 사회의 기본적 구성단위이다. 그리고 주요 타인과의 관계를 형성 · 유지할 수 있는 수단을 제공한다. 즉 개인은 가족, 또래집단 등과 관계를 형성함으로써 바람직한 사회행동의 규범을 학습하고, 사회적 관계를 만족스럽게 유지할 수 있다. 또한, 개인이 성취하고자 하는 목적을 확인할 수 있을 뿐 아니라 고통스러운 시기에 지지를 받을 수 있는 기회를 갖게 되는 등 다양한 혜택을 얻을 수 있다. 따라서 인간은 일생 동안 집단을 떠나서는 생존해 나갈 수 없으며, 집단생활을 통하여 성장하고 발달해 나간다.

하트포트(Hartfort)는 '집단이란 적어도 2~3명 이상의 개인이 모였으면서 다음의 요소를 내포한다. 인지적 · 정서적 · 사회적 상호교환과 같은 공동의 관심사나 목표가 있어야 하며, 서로 인상(impression)을 느낄 수 있을 만한 만남(1번 혹은 그 이상)이 있어야 한다. 또한, 공동으로 기능을 하기 위한 규범이 있어야 하고, 공동 활동을 위한 목적을 수립하여야 한다. 또 집단 구성원 간에, 그리고 전체로서의 집단 결속력이 있어야 한다.' 라고 하였다(Zastrow, 1995; 이준우 외, 2006 재인용).

최옥채(2000)는 '집단이란 서로 관련된 사람들의 집합으로서 개인들의 단순한 집합이 아니라 그 안에 있는 사람들의 관계가 구조화되고 유형화되어 있는 조직된 체계' 라고 하였다. 한덕웅(2002)은 '집단이란 적어도 집단의 일부 구성원들이 서로 타인의 존재를 알고 있으면서, 직접이든 간접이든 서로 영향을 미치고 상호작용하며, 구성원들이 같은 집단의 범주에 소속된다고 인식하는 두 사람 이상의 집합체' 라고 하였다. 전남련 등(2007)은 '집단이란 두 사람 이상이 공통된 목표나 비슷한 인지적 · 정서적 · 사회적 흥미나 관심을 두고 반복적으로 모여 서로에게 영향을 주고 함께 기능을 할 수 있는 규범을 만들고 집단적 활동을 하기 위한 목표와 응집력을 발달시키는 모임' 이라고 하였다.

한편, 설진화(2008)는 최소 3인 이상의 집합체인 집단의 조건과 특징을 다음과 같이 제시하였다.

① 집단 구성원이 소속감을 가져야 하며, 공통의 목적이나 관심사를 가져야 한다.

② 집단 구성원끼리 정서적 결속과 함께 상호의존적이며, 상호작용이 이루어져야 한다.

③ 집단 구성원의 기능과 역할을 규제하는 규범을 가져야 한다.

④ 집단은 다른 사회체계와 마찬가지로 구조를 가져야 한다.

⑤ 집단은 집단 구성원의 개별목표와 집단공동의 목표성취를 위해 상호작용하는 집단 구성원을 지지하고 격려하는 힘을 가졌으며, 집단 구성원의 성장과 발달을 촉진하는 환경이 된다.

2) 집단이론

(1) 장이론

사회심리학자인 레빈(Lewin, 1951)이 개발한 장이론(field theory)은 집단이론 중에서 가장 많이 알려진 이론이다. 레빈의 장 개념은 상호의존적이고, 공존하는 모든 사실의 총합을 가리킨다. 따라서 인간의 심리적 장이란 인간행동을 좌우하는 공존하고 상호의존적인 모든 심리적 사실의 총합을 말한다. 여기에는 인식하든지 인식하지 않든지에 상관없이 개인의 현재 상황과 행동에 영향을 주는 모든 것이 포함된다. 그러나 개인에게 직접 영향을 끼치지 않는 먼 곳에서 일어나는 사회적 · 물리적 사건들은 제외된다. 레빈은 집단을 전체로 이해해야 하며, 개개인의 총합으로 이해해서는 안 됨을 강조하였다. 이는 체계로 간주하는 집단에는 '역동적 상호작용(dynamic interaction)'이 있기 때문이며, 집단은 바로 구성원들 간의 상호작용이 연속적으로 발생하는 과정이다.

(2) 소시오메트리

소시오메트리(sociometry)는 집단에서 상호 간의 관심을 서술하고 측정하려는 방법으로 모레노(Moreno, 1951; 1953)에 의해 개발되었다. 집단에 참여하게 되면 대인관계의 복잡한 관계망이 점차 발생한다. 집단의 개별 구성원은 몇몇 구성원들에게는 관심을 두고, 다른 구성원들은 거부하는 감정적인 상호작용을 한다. 이러한 감정은 교환될 수도 있고 그렇지 않을 수도 있다. 모레노는 '인간관계나 집단의 형태는 끊임없이 변화하는 개인 간의 관심과 거부의 역학적인 긴장체계이며, 그것은 개인의 자발성 발달과 문화적 역할의 학습 정도에 따라서 상대적으로 안정된 구조를 만들어 낸다.'라고 하였다. 이 관점에서 모레노는 처음에는 환자의 자발성과 역할극의 진단훈련을 통하여 환자가 집단생활에 적응하도록 하는 집단치료법을 개발하였고, 동시에 긴장체계의 측정분석을 통해서 집단의 구조와 동태에 관한 사회측정이론을 체계화하였다.

(3) 집단 상호작용이론

베일즈(Bales, 1950; 1953)가 개발한 집단 상호작용이론(group interaction theory)에서의 집단은 문제해결의 목적을 위해 상호작용하는 개인들의 체계로 설명된다. 따라서 관심의 초점은 집단 구성원들의 의사소통 양상과 결과에 있다. 집단과업을 달성하기 위해 집단 구성원들은 서로 탐색, 제안, 의견 교환 등을 한다. 또한, 집단 구성원들은 집단 내의 긴장을 관리하고 통합된 집단을 유지하기 위해 사회정서적인 문제를 다룬다. 집단 상호작용과 관련된 자세한 내용은 제11장에서 다시 살펴본다.

3) 집단의 유형

집단은 학자에 따라 다양하게 구분되고 있다. 이 책에서는 집단의 유형을 크게 ① 목표에 따른 분류, ② 접근방법적 측면의 분류로 나누어 살펴본다.

(1) 목표에 따른 분류

토슬랜드와 리바스(Toseland & Rivas, 1984; 1995)는 크게 치료집단과 과제집단으로 구분하고, 치료집단을 다시 지지집단, 성장집단, 교육집단, 치료집단, 그리고 사회화 집단 등으로 나누었다. 코리와 코리(Corey & Corey, 1992)는 치료집단을 상담집단, 치료집단, 개인 성장집단, T-집단, 구조화된 집단, 그리고 자조집단 등으로 나누었다. 자스트로(Zastrow, 1995)는 레크리에이션 집단, 교육집단, 문제해결 집단, 사회화 집단, 치료집단, 그리고 감수성훈련(참 만남) 집단 등으로 나누었다. 그러나 실제 사회복지현장에서 하나의 목적을 가진 집단은 배타적으로 존재하지 않으며, 대개 한 집단은 여러 목적을 동시에 가지고 있다. 따라서 집단지도자는 다양한 집단을 활용하게 된다. 그러므로 여기에서는 여러 학자가 제시한 다양한 유형을 살펴본다.

① 지지집단

성공적인 치료집단은 대부분 지지집단으로서의 특성이 있다. 지지(support)집단은 일종의 자조(self-help)집단으로 고려될 수도 있지만, 자조집단과 비교하면 보통 사회복지사나 전문가가 이끄는 것이 다르다. 지지집단의 목적은 아이디어나 제안, 조언 등을 공유하고 지지를 제공하기 위한 것이다. 지지집단은 종종 사회적 어려움이나 비극에 관한 문제로 구성되는 경우가 많다. 지지집단에서 집단지도자의 역할은 자조와 상호원조를 통해 대처기술을 향상시키도록 동기화시키며, 미래에 대한 희망을 촉진하는 것이다. 지지집단의 구성원들은 자기 비난을 해서는 안 되며, 건설적인 방법으로 다른 사람들의 편견에 반응하는 방법을 배워야 한다는 점을 인식하도록 강조 받는다. 예를 들어 한 구성원이 자기에게 발생한 어떤 사건에 대해 자기 비난을 하면서 우울해한다면, 동료 구성원들은 그 구성원에게 당신은 희생자이며 가해자는 따로 있다는 사실을 직시하도록 한다(예전에는 자기 자신에 대해 이러한 생각을 한다는 것이 전혀 가능하지 못했을 것이다). 집단은 구성원들이 자신의 경험을 표출하도록 도와 다른 동료 구성원들과의 관계 속에서 자신의 경험을 보게 함으로써 그 경험을 객관화할 수 있도록 돕는다. 구성원들은 자신의 죄의식이나 자기 비난이 부정확했다는 것을 곧 의식적으로 인식하게 된다. 따라서 성폭행 희생자나 알코올중독 부모 모임 등은 자신들의 경험을 공유하고 공통된 반응을 논의하고 반응하면서 커다란 도움을 받는다.

② 성장집단

성장(growth)집단의 목적은 구성원들에게 자신과 다른 사람에 대해 그들의 생각, 감정, 행동 등을 인식, 확장, 그리고 변화시킬 기회를 제공하여 자신의 잠재력을 최대한 발휘할 수 있도록 하는 데 있다. 성장집단은 심리사회적 병리를 치료하기보다는 심리사회적 건강을 향상시키는 데 초점을 둔다. 또한, 자신의 성장기회로 집단을 활용하려는 사람들에 의해 구성된다. 따라서 집단은 구성원들이 통찰력을 얻고 성장할 수 있는 지지적인 분위기이어야 한다. 성장집단의 결속력은 구성원들이 잠재력을 발전시키도록 서로 도와주려는 가운데 발달한다. 성장집단은 특성이 다양한 구성원들로 구성되는 때에는 이질성 그 자체로 성장을 강화할 수 있다. 한편, 유사한 특성이 있는 구성원으로 구성되는 때에는 구성원 간의 감정이입과 지지를 증가시킬 수 있다. 성장집단에서 자기표출의 정도는 높은 편이다.

③ 교육집단

교육(educational)집단의 주목적은 구성원들의 지식, 정보 혹은 기술의 향상에 있다. 정보의 제공은 주로 전문가에 의해서 강의 형태로 이루어지며, 구성원 간의 토의를 통해 학습이 강화된다. 집단 구성원은 학습에 대한 공통의 관심사를 가진 사람들로 구성된다. 집단지도자는 구성원들의 지식, 기술, 경험 등을 고려하여 모든 구성원이 최상의 학습효과를 얻도록 해야 한다. 교육집단은 주로 강의를 중심으로 구조화되므로 구성원들의 자기표출은 비교적 낮은 편이다. 교육집단의 예로는 아동양육, 성교육 집단 등이 있다.

④ 치료집단

치료(therapy)집단은 중대한 대인 관계적 혹은 정서적 문제를 심도 있게 다룬다. 행동의 수정, 교정, 재활 등을 목표로 한다. 치료집단의 구성원은 입원환자일 수도 있고 외래환자일 수도 있으며, 종종 '정신장애의 진단 및 통계편람(DSM: Diagnostic and Statistical Manual of Mental Disorders)'에 나타난 문제를 가지고 있다. 치료집단의 목적은 심각한 장애나 장기간 부적응(不適應)하는 행동 유형을 탐색하고 대응하여야 할 필요가 있는 환자에게 정신 치료적 방식으로 집단의 역동성을 활용하여 변화를 가져오기 위한 것이다. 자기표출의 정도는 비교적 높은 편이나 구성원들이 겪는 문제에 따라 차이가 날 수 있다. 치료집단의 예로는 섭식장애, 외상 후 스트레스 장애, 성폭행 같은 문제를 다루는 집단 등이 있다.

⑤ 사회화 집단

사회화(socialization) 집단의 목적은 사회적 관계에 어려움을 가지는 집단 구성원들을 중심으로, 사회생활에서 효과적으로 역할을 하기 위해 필요한 사회기술을 학습, 사회적으로 받아들여지는 행동의 행태를 배우는 데 있다. 사회화 집단은 게임, 역할연습, 레크리에이션(recreation) 활동 등의 특정 프로그램 활동에 참가하여 결속력을 발전시키며, 대인관계 기술을 향상시킨다. 사회화 집단은 사회기술훈련 집단, 자치집단, 그리고 여가집단 등으로 구분된다. 사회기술훈련 집단의 대표적인 예는 의사소통을 효과적으로 하지 못하거나, 하지 않으려고 하는 사람 혹은 만족스러운 사회관계를 맺는 데 어려움을 느끼는 사람들을 대상으로 하는 자기주장훈련 집단을 들 수 있다. 자치집단은 정신병동이나 생활시설에 있는 사람들이 자신들의 역할, 권리, 책임 등을 분명히 밝힐 수 있도록 하는 집단이다. 여가집단은 스카우트(scouts) 활동, 캠핑(camping), 스포츠 활동 등에서 근원을 찾을 수 있다.

⑥ 과업(과제)집단

과업(task)집단 혹은 과제집단의 목적은 조직이나 기관의 문제에 대한 해결책 모색, 새로운 아이디어 개발, 효과적 원조전략 수립 등의 과업 수행을 하는 데 있다. 따라서 과업집단은 집단과 함께 일하고 노력할 주제에 대해 관심이 많은 사람이나 특별한 재능을 가진 사람들로 구성된다. 과업집단의 예로는 각종 위원회, 행정집단, 협의체, 팀 치료회의, 그리고 사회행동집단 등과 같은 것이 있다. 이러한 과업집단은 그 과제가 수행되고 나면 기능이 정지되어 해체된다. 최근의 지역사회복지 시스템의 변화로 말미암아 과업집단은 지역사회 수준에서 다양한 집단 간 연계와 협의 등이 강화되는 상황이어서 조직이나 기관 내외에서 활용성이 높다.

⑦ 상담집단

상담(counseling)집단은 구성원들의 상호작용 과정을 활용함으로써 지금의 관점에서 구성원들의 대인 관계적 문제를 다루도록 하는 데 있다. 또한, 교육적, 직업적, 사회적 문제를 다루어준다. 집단 구성원들은 문제가 되어 왔던 지속적인 관계 형성이나 행동을 향상시키기 위해 집단과정에서 배운 것을 응용하고 활용하도록 훈련받는다. 상담집단은 치료집단과는 달리 주요 성격변화를 목적으로 하지 않는다. 또한, 심각한 행동적 장애의 치료를 목적으로 하지도 않는다. 상담집단의 대상은 성격개조나 발달적 장애가 있는 사람들이 아니라 기본적으로 잘 역할을 하는 개인들이다. 개인의 강점을 잘 파악하고 자기개발을 하여 장애물을 잘 다루어 나갈 수 있도록 돕는 데 주안점이 있다. 상담집단은 주로 학교나 대학상담센터, 지역사회 건강센터 등에서 수행된다.

⑧ 자조집단

자조(self-help)집단은 공통의 문제나 관심사를 가진 사람들, 그 문제를 해결하고자 하는 사람 혹은 이해하고자 하는 사람들로 구성된다. 또한, 자조집단은 자발적으로 모인 작은 집단으로 성숙과 일상적인 필요나 문제를 성취하기 위해 주로 또래들로 구성된다. 그래서 자조집단은 친밀한 사회적 상호작용과 구성원들 간의 인격적인 관계가 강조된다. 전형적으로 자조집단에서는 집단의 일반 구성원인 비전문가가 리더로 활동하게 된다. 자조집단에는 소규모로 구성되어 상호지지를 제공하는 단주모임, 한부모모임 등의 유형이 있다. 또한, 외부활동이나 정치적인 활동을 주로 하는 대한정신보건가족협회, 한국치매가족협회 등과 같은 전국적 기구로 구성되기도 한다. 자조집단은 점차 증가하고 있으며 종종 특정한 사회적 · 개인적 문제를 가진 서비스 이용자를 돕는 데 효과적이다.

⑨ 감수성훈련(참 만남) 집단

감수성훈련(encounter and sensitivity) 집단 혹은 참 만남 집단의 목적은 구성원 자신과 자신의 행동에 대한 새로운 통찰력을 개발하고 대인관계 기술을 향상시켜 건강하고 잘 역할을 하는 개인으로 성장하기 위한 기회를 제공하기 위한 것이다. 감수성훈련 집단은 1960년대와 1970년대에 외국에서 널리 사용되었다. 자아실현에 대한 동기화(motivation)가 이루어진 사람들 사이에서의 참된 만남(personal encounters)에 강조를 둔다. 여기서 동기화란 유기체가 행동의 원인이 되는 동인(動因)을 가지고 어떤 목표를 향한 행동을 일으키는 것을 의미한다. 근로자들을 잘 감독하고 관리하기 위한 기술을 개발하기 위한 방법으로 일반회사에서 많이 활용되며, 이 집단은 성장집단의 일종으로 볼 수 있다.

⑩ 레크리에이션 집단

레크리에이션(recreation) 집단에서는 게임과 운동장에서의 활동 등과 같은 프로그램을 사용함으로써 집단 활동에 부정적인 태도를 보이는 잠재적 구성원들을 집단에 끌어들일 수 있다. 또한, 레크리에이션 집단은 흥미와 재미가 있는 집단 활동이 되게 하는 장점이 있다. 레크리에이션은 그 자체가 목적일 수 있지만, 레크리에이션을 통해 치료적 효과를 얻고자 할 때에는 레크리에이션을 수단으로 활용한다.

⑪ 레크리에이션 기술 집단

레크리에이션 기술 집단은 집단에서 제공하는 즐거움을 증가시키기 위한 레크리에이션 기술의 향상에 목적을 둔다. 레크리에이션 집단과는 달리 레크리에이션 기술 집단은 레크리에이션 집단을 지도하는 코치나 감독자를 위한 집단이다. 예를 들면 레크리에이션 지도자 자격증을 준비하는 집단을 들 수 있다.

집단사회복지실천의 주요 프로그램

- 가정-학교-지역사회 대표체계를 활용한 청소년 비행 예방 프로그램
- 결식아동 방과 후 심리지원 집단 프로그램
- 결식아동의 사회성 향상을 위한 집단 프로그램
- 그룹홈 청소년들의 집단 프로그램
- 기소유예 청소년의 사회복귀 프로그램
- 뇌졸중 환자 집단 프로그램
- 도박 중독자 가정위기극복 프로그램
- 도예 프로그램을 통한 시설아동 자립지원 프로그램
- 또래관계 증진을 위한 사회기술훈련
- 미취학 발달장애아동의 사회성 향상 프로그램
- 미혼모의 성적 자기결정권 강화 집단 프로그램
- 보호관찰 청소년의 사회적응 프로그램
- 시설 청소년의 자립 강화 프로그램
- 알코올중독자 주간 재활집단 프로그램
- 여성 장애인 peer leadership 집단 프로그램
- 여성 지체장애인 문제 해결 능력 향상 프로그램
- 외국인 가족의 가족기능 강화를 위한 집단 프로그램
- 이혼여성가장의 임파워먼트 프로그램
- 이혼여성 자조집단 프로그램
- 장애 · 비장애 또래친구 만들기 프로그램
- 장애여성의 임파워먼트를 위한 집단 프로그램
- 저소득 이혼여성가장을 위한 집단 프로그램
- 정신장애인 과제 중심 사회기술훈련 집단 프로그램
- 조직화를 위한 영구임대아파트 주민 자조집단 프로그램
- 지역수준의 복지전달체계를 구축하기 위한 지역복지 네트워크 집단 프로그램
- 징계 중학생의 강점 강화 집단 프로그램
- 징계 청소년 사회봉사명령 집단 프로그램
- 청소년 사랑나누미 집단 프로그램
- 치매가족의 가족기능 강화를 위한 가족집단 프로그램
- 투석 중인 신장장애인의 재활 의지 강화 집단 프로그램
- 학교 부적응 아동 지원을 위한 지역사회 행동체계 프로그램
- 학교생활 부적응 청소년의 중도 탈락 예방 집단 프로그램
- 한부모가족 자조집단 프로그램
- 행복한 노후를 보내기 위한 집단 프로그램

주: 최근 사회복지공동모금회, 삼성복지재단, 서울복지재단 등이 각 사회복지기관에 재정 지원한 집단 사회복지실천 프로그램.

출처: 신성자 외(2007), 사회복지실천기술론, pp. 224~225. 재구성.

(2) 접근 방법적 측면의 분류

파펠과 로스만(Papell & Rothman, 1966)이 분류한 세 가지 모델은 ① 사회목표 모델(social goals model), ② 상호작용 모델(reciprocal model), 그리고 ③ 치료 모델(remedial model) 등이며, 이러한 세 가지 모델의 비교표는 〔표 10-1〕과 같다. 이 중에서 사회목표 모델과 상호작용 모델은 인보관 운동(the social settlement movement)으로부터 발전했다. 최근에는 이러한 세 가지 모델을 통합하여 활용하는 시도가 늘고 있다(Toseland & Rivas, 1995; 김혜란 외, 2001; 김동배 · 이윤로, 2004; 신성자 외, 2007; 이윤로, 2007; 전남련 외, 2007).

① 사회목표 모델

사회목표 모델은 '집단 활동을 통해 더 크고 넓은 지식 기반을 창출할 수 있고, 능력 있는 시민을 배양할 수 있다.' 라는 개념에서 출발하였다. 사람들은 어떤 사회적 이득을 획득하기를 희망하기 때문에 집단에 참여하게 된다. 사회목표 모델은 지역사회 내의 문제, 즉 범죄, 빈곤, 쓰레기 등과 같은 문제를 해결하기 위하여 활용된다. 또한, 사회복지관, 시민 조직, 보건복지위원회 등에서 자주 활용된다. 사회목표 모델은 민주적 집단 과정을 중요시하며, 집단사회복지실천가들은 소집단 내에서 민주적 절차를 개발하고 유지하는 데 힘을 모으게 된다. 집단지도자는 구성원들을 사회화시키기 위해 캠핑, MT, 수련회, 토론 혹은 민주적 과정에 대한 교육 같은 프로그램을 활용하며, 가능케 하는 자(enabler)로서 활동한다. 집단지도자는 구성원들이 합심하여 결정을 내리도록, 그리고 그들이 단합하여 일하도록 도우면서 그들의 권한을 강화시켜 지역사회가 그들의 욕구에 좀 더 반응하도록 한다.

② 상호작용 모델

상호작용 모델은 개인과 집단 사이의 상호작용적 관계 형성을 가정하고 있기 때문에 상호작용 모델이라고 불린다. 상호작용 모델에서 개인은 그가 연결된 다양한 여러 체계, 그리고 그 하위 체계와 관련해서만 이해되고 다루어질 수 있는 실체라고 가정한다. 또한, 상호작용 모델에서는 개인과 사회 사이의 유기체적, 체계적 관계를 가정하고 있다. 따라서 상호작용 모델은 개인과 더 광범위한 체계 사이의 상호의존에 초점을 둔다. 이러한 상호의존이 사회사업의 초점이고, 소집단은 곧 개인적 · 사회적 기능이 조성 · 조정되는 장(field)이 된다. 집단지도자는 집단 구성원들이 자신의 욕구와 사회적 욕구 간에 공통기능을 찾도록 돕는 중재자 역할을 하며, 구성원들이 상호 원조체계를 형성하도록 돕는다. 상호작용 모델은 집단 내에 치료적 환경을 형성하기 위해 집단과정을 중요시하며 인본주의적 접근을 강조한다. 여기서 인본주의(humanism)란 인간주의, 인문주의라고도 하며, 인간의 자유와 존엄성을 중시하는 사상이나 이론체계의 통칭을 의미한다. 인본주의적 접근을 통해 성장에 대한 잠재력을 강조하며, 상호 원조노력을 통한 구성원들의 적응능력 향상을 유도한다. 또한, 지역사회가 개인의 욕구를 더 잘 이해하고 충족시킬 수 있도록 집단지도자가 많은 노력을 기울일 것을 권고한다.

③ 치료 모델

치료(remedial) 모델은 임상지향적인 모델로 집단이 변화대행자로서 활용된다. 치료 모델에서 집단지도자는 집단 구성원들 간에 상호작용을 촉진하여 변화를 이끌어낸다. 집단지도자는 전문적 기술을 적용하여 개인들이 자기 인식을 하도록, 그리고 사회적 기능을 향상시키도록 돕는다. 집단은 개인들이 좀 더 새롭고 적합한 기능을 하도록 고무하고 지지한다. 개입의 초점은 구성원들의 관계 형성 측면에서 역기능적 유형에 맞추어진다. 치료 모델은 정신병원, 가족서비스 기관, 지역사회 정신보건센터, 교정 시설, 그리고 기타 치료중심 프로그램 등에서 자주 활용된다. 또한, 심각한 행동문제, 사회기술 등이 부족한 사람들에게 많이 활용된다. 집단지도자는 변화대행자로서 행동하며 집단지도자 중심의 접근을 한다.

[표 10-1] 파펠(Papell)과 로스만(Rothman)의 세 가지 모델 비교

특성	사회목표 모델	상호작용 모델	치료 모델
목적	• 사회적 의식 고양, 사회적 책임감, 시민정신, 정치적 및 사회적 운동 함양	• 구성원 간에 상호원조체계를 형성하여 적응능력을 성취하고 사회화시킴	• 역기능적으로 행동하는 구성원들을 회복시키고 재활시킴
구체적 목표	• 소속감의 증대, 민주적 참여에 대한 훈련	• 적정 수준의 적응과 사회화를 성취하기 위해 구성원 간의 상호원조체계 형성, 대인관계 향상	• 집단 상호작용을 활용하여 역기능 행동을 하는 구성원의 치료와 재활
	• 처음에는 집단지도자에 의해 집단목표가 결정되나 점차 그 책임은 집단에게 이양	• 집단목표의 결정을 전문가와 회원이 공유	• 세부적인 집단목표를 전문가가 사전에 결정
개입장소 및 기관	• 회원이 있는 가정, 인보관, 지역사회복지관	• 임상기관, 지역사회복지관(집단에 따라 다양)	• 임상기관, 지역사회복지관, 시설
작업의 초점	• 환경 속의 개인	• 자조 및 상호원조체계 형성	• 개인의 변화
집단 지도자의 역할	• 역할 모델, 가능케 하는 자	• 구성원들의 욕구와 집단 및 사회적 욕구 사이에서 중재자 역할	• 조사, 진단, 치료를 통해 개인들이 치료목표를 달성하도록 돕는 변화대행자
구성원의 유형	• 일반 시민, 이웃, 지역주민	• 공통 관심사를 가지고 함께 일할 수 있는 사람들	• 적절히 기능하지 못하고 생활과업을 극복하는 데 도움이 필요한 클라이언트
집단에서 사용되는 방법	• 사회운동이나 지역사회 변화를 위해 필요한 기술을 구성원들이 획득하도록 집단과업, 지역사회조직, 프로그램을 개발하고 수행하기 위한 토론, 참여, 동의를 이끌어냄	• 구성원들은 관심사를 토론하고 서로 지지하며, 권한은 동등하게 공유됨	• 구성원들의 행동 유형을 변화시키기 위해 직·간접적으로 영향을 주며, 구조화된 프로그램을 시행
집단의 크기	• 3~25명 정도	• 상황에 따라 유동적	• 7~10명 정도
신입회원의 가입 문제	• 개방적이며 누구나 친구가 될 수 있음	• 집단지도자와 회원의 동의에 의한 자유로운 가입	• 집단지도자의 통제

출처: Papell & Rothman(1980), Social Group Work Models: Possession and Heritage, In A. Alissi(Ed.), Perspectives on Social Group Work Practice, pp. 116~132.와 남세진 · 조흥식(1997), pp. 44~45.를 바탕으로 재구성.

2 집단 지도력의 요소와 유형

집단 지도력이란 집단구조에서 특정 지위를 점유한 사람이 집단의 목표달성을 위한 활동에 행사하는 영향력이나 힘을 의미한다. 또한, 의사소통을 통하여 집단과 집단 구성원들의 발달을 이끌어 가는 힘과 과정을 의미한다. 집단 지도력은 집단 활동에 관여하는 모든 구성원이 가능한 한 최대한의 만족감을 가지고 효과적 목표달성을 위해 행동하도록 영향을 미친다.

1) 집단 지도력의 근원, 집단지도자의 기술과 역할

집단지도자가 집단 지도력을 강제적으로 사용하면 집단에서 적대감, 분노, 저항, 집단 반발, 결석 등의 부정적 결과를 초래할 수 있다. 따라서 이러한 부정적 결과를 최대한 줄일 수 있도록 힘을 사용해야 하며, 가능한 빨리 전체 집단과 집단 구성원들이 함께 그들의 힘을 나눌 수 있도록 활동하여야 한다.

(1) 집단 지도력의 근원

윤현숙 등(2001)은 집단 지도력의 근원을 강제적 힘, 보상적 힘, 합법적 힘, 전문가적 힘, 그리고 준거적 힘으로 구분 · 제시하였다.

① 강제적 힘(coercive power)

집단지도자가 긍정적 결과를 제거하거나 반대 결과를 가져오게 할 수 있다고 믿는 집단 구성원들의 인식과 믿음에 기초한 힘을 의미한다.

② 보상적 힘(reward power)

집단지도자가 집단 구성원들 개인의 행동에 대해 부정적 결과를 제거하거나 보상을 할 능력이 있다는 집단 구성원들의 인식과 믿음에 기초한 힘을 의미한다.

③ 합법적 힘(legitimate power)

집단지도자가 집단 구성원들을 위한 행동을 수행할 합법적 권리를 가지고 있고, 집단 구성원들은 그 영향력을 받아들여야 할 의무가 있다는 집단 구성원들의 인식과 믿음에 기초한 힘을 의미한다.

④ 전문가적 힘(expert power)

집단지도자가 지닌 특수 분야에 대한 지식이나 숙련성에 대한 집단 구성원들의 인식과 믿음에 기초한 힘을 의미한다.

⑤ 준거적 힘(referent power)

집단지도자에 대한 집단 구성원들의 동일시에 기초하여 집단지도자와의 일체감 혹은 이에 대한 소망을 의미한다. 그리고 집단지도자에 대한 동일시가 강할수록 집단지도자의 준거적 힘은 커지게 된다.

(2) 집단지도자의 기술

집단지도자의 기술이란 집단 구성원들의 개별적 목표달성을, 그리고 집단과제를 수행하여 집단의 목적을 달성할 수 있도록 돕는 일련의 행동과 활동을 의미한다. 따라서 개인을 대상으로 하는 사회복지실천에서 사용하는 기술과는 다른 측면을 가진다. 집단지도자가 실무에서 활용할 수 있는 기술을 ① 집단과정을 촉진하는 기술, ② 자료수집과 사정기술, 그리고 ③ 행동기술 등으로 구분하여 살펴본다(Toseland & Rivas, 1995).

① 집단과정을 촉진하는 기술

집단과정을 촉진하는 기술은 집단 구성원 간의 이해를 증진하고 개방적 의사소통을 형성하며, 신뢰감을 형성시키는 데 도움을 준다. 이 기술은 집단지도자가 집단과정에 영향을 미치려고 할 때 활용한다.

- 집단 구성원 참여촉진: 집단 구성원들의 참여를 촉진해 의사결정을 공유하고 집단의 결속력을 다지게 하는 기술이다. 집단지도자는 집단에서 소외되거나 침묵하는 구성원이 있을 때 그들을 토론에 참여시켜 자신의 생활경험을 다른 구성원과 나누고 문제해결 방법을 찾도록 원조해야 한다. 또한, 집단 구성원들이 집단과정과 모임 관련 내용을 정하는 데 적극적으로 참가하고 이바지하도록 해야 한다.
- 주의집중: 집단 구성원들의 말을 듣거나 행동을 보고, 집단지도자가 이를 이해하고 있다는 것을 나타내는 기술이다. 이러한 기술에는 구성원의 말을 반복하거나 다른 말로 표현하는 것, 구성원의 말 이면에 숨어 있는 의

미를 감정이입으로 반응하는 것, 그리고 구성원과 눈높이를 맞춤으로써 구성원들에게 관심을 보이고 있음을 전달하는 것 등을 포함한다.

- 표현기술: 집단 구성원들이 자신의 주요한 문제나 과업 등에 대해 생각하고 느끼는 바를 자유롭게 표현하도록 하는 기술이다. 특히 집단지도자는 어려운 주제가 있을 때 먼저 자기 표출을 함으로써 개방적인 의사소통이 이루어질 수 있는 계기를 마련해야 한다.
- 반응기술: 특정한 집단과정에 선별적으로 반응하여 다음에 이루어질 집단과정에 영향을 미치는 기술이다. 이 기술을 통해서 집단 구성원이나 집단이 적절한 방향으로 나아가도록 할 수 있다. 만약 집단지도자의 반응이 집단 구성원의 노력을 지지한다면 구성원은 계속 그 일을 수행할 것이다. 그러나 구성원의 말이나 행동에 동의하지 않으면 구성원은 그 일을 멈출 것이다.
- 집단 의사소통의 초점유지기술: 집단과정의 특정영역에 초점을 두어 관련 없는 부분에 대한 의사소통을 감소시키고 문제에 대해 탐색을 집중하게 하는 기술이다. 이 기술에는 명확화, 특정 의사소통의 반복, 토론범위 제한 등이 포함된다.
- 명료한 집단과정의 수립: 집단과정의 명료화 기술은 구성원들 스스로 자신들이 어떻게 상호작용하고 있는가를 인식하도록 돕는 기술이다. 집단지도자는 집단에 내재하는 규범이나 특정 구성원의 역할 혹은 특정한 상호작용 형태를 지적한다. 또한, 구성원들에게 특정한 상호작용 형태의 만족도를 물어볼 수도 있다.
- 내용의 명료화: 집단과정의 명료화뿐만 아니라 집단 구성원들의 상호작용 내용을 명료화하는 것도 중요하다. 따라서 구성원들의 의사소통을 원활히 하기 위해 구성원이 자신을 분명히 표현하도록 원조하며, 특정한 메시지를 구성원들이 잘 이해했는지를 검토하는 기술이다.
- 집단 상호작용에 대한 지도: 특정 구성원의 의사소통을 제한하거나 격려하며, 구성원 간의 의사소통을 연결하여 집단의 상호작용 형태를 특정 방향으로 인도하는 기술이다. 집단의 상호작용에 대한 지도가 필요한 이유는 하위집단의 역기능적 측면을 수정하고 과업성취를 위해 노력할 수 있는 상호작용을 촉진하며, 의사소통의 방향을 재조정함으로써 개방적인 의

사소통을 격려할 수 있기 때문이다.

② 자료수집과 사정기술

자료수집과 사정기술은 앞에서 설명한 '집단과정의 촉진기술'과 다음에 설명할 '행동기술'의 다리 놓기 역할을 한다. 이 기술은 의사소통 유형에 어떠한 영향력을 행사할 것인가를 계획하고, 집단목적의 성취를 위해 어떠한 기술을 사용할 것인가를 결정하는 데 유용하다. 효과적인 자료수집과 사정기술이 없는 개입은 상황에 대한 완전한 이해가 없으므로 서투른 개입, 과잉 단순화된 개입, 그리고 이전에 비효과적이었던 개입방법 등이 사용될 수 있다.

- 명확화와 설명기술: 집단 구성원들이 특정상황을 파악하고 설명할 수 있도록 집단지도자가 원조하는 기술은 자료수집의 가장 기본적인 기술이다. 집단지도자는 구성원들이 상황을 여러 각도에서 볼 수 있도록 다양한 준거의 틀(frame of reference)이나 대안적인 해석을 제시하여, 그들이 문제의 속성을 가능한 정확하고 구체적으로 표현하도록 원조해야 한다.
- 정보요구, 질문, 탐색기술: 상황을 확인하고 설명하기 위해서는 정보제공을 요청, 질문, 탐색하는 기술이 필요하다. 이러한 기술을 통해 집단지도자는 문제와 관심사를 명확히 하고 모든 구성원에게 유익한 추가정보를 파악할 수 있다. 집단지도자의 질문이 명확하여 집단 구성원들의 답변이 가능해야 한다. 집단지도자가 주의할 점은 자신의 가치가 내재하여 있거나 매우 민감한 주제에 관한 질문은 피해야 한다. 왜냐하면, 자칫 구성원들이 오해하거나 도전으로 받아들일 수 있기 때문이다.
- 요약과 세분화 기술: 집단이 직면하는 문제나 관심사에 대해 토론할 때 요약과 세분 기술을 사용할 수 있다. 이미 논의된 것의 핵심을 요약하면 구성원들은 문제에 대해 다시 한 번 생각하고 자신이 인식한 바를 서로 비교해 볼 수 있으며, 문제해결에 필요한 후속조치를 발견할 수 있다. 복잡한 문제나 이슈를 구성원들이 다룰 수 있는 작은 부분으로 나누는 세분화 기술은 구성원들의 문제해결 동기를 높일 수 있다.
- 통합기술: 집단 구성원들의 언어적 · 비언어적 의사소통을 통합하는 기술이다. 이 기술에는 구성원들의 말이나 행동의 의미들을 연결하며 숨겨진 의제를 표출하는 것을 포함한다. 또한, 명확하지 않은 생각과 느낌을 분

명히 밝히며 구성원의 말이나 행동 속에 나타나는 주제나 경향을 지적하는 것 등도 포함한다. 이 기술은 구성원들에게 그들이 어떻게 다른 구성원들에게 인식되고 있는가에 대한 피드백(feedback)을 제공하는 데 매우 유용하다.

- 분석기술: 자료의 유형을 파악하고 자료 간의 차이를 발견하며, 평가에 필요한 자료를 획득할 수 있는 방법이나 기제(機制)를 설정하는 기술이다.

③ 행동기술

집단지도자가 집단의 목적과 과업성취를 원조할 때 행동기술을 활용한다.

- 집단 구성원에 대한 지지: 집단지도자는 집단 구성원들이 서로의 관심사를 공유하고 자신의 의견과 감정을 표현하도록 격려한다. 또한, 구성원들의 장점을 지적하고 그들의 욕구에 반응함으로써 구성원들에게 지지를 나타낼 수 있다. 구성원들이 집단 내에서 자신들의 생각이나 감정이 받아들여질 것이라고 인식해야 효과가 나타난다. 따라서 구성원들의 경험과 견해가 존중되는 집단문화를 발전시키도록 원조해야 한다.
- 재구조화와 재규정: 상황을 새로운 관점에서 보기 시작하면 부정적인 상황을 문제로만 인식하지 않고 변화 혹은 성장을 위한 기회로 활용할 수 있다. 따라서 집단지도자는 집단이 직면한 관심사와 이슈를 다양하고 보다 긍정적으로 볼 수 있도록 원조할 수 있다.
- 집단 구성원 간 의사소통의 연결: 의사소통을 집단지도자와 집단 구성원들 간이 아니라 구성원들 간에 이루어지도록 원조하는 기술이다. 집단지도자는 구성원들이 서로 돕거나 도움을 요청하도록 촉구할 수 있다. 또한, 구성원의 말이나 행동에 대해 다른 구성원들이 생각하는 바를 표현하도록 제안할 수 있다.
- 지시: 집단지도자의 집단 활동 지시는 집단지도자가 집단의 목적을 명확히 하고 구성원들의 프로그램 활동 참가를 원조할 때, 토론을 이끌어가고 정보를 공유하며, 특정문제를 평가할 때다. 집단지도자는 구성원들의 승인 없이 혹은 집단의 방향을 결정하는 데 구성원들을 참여시키지 않고 지시기술을 사용해서는 안 된다. 구성원들이 지시에 대해 어떻게 반응할지 유의하면서 지시를 해야 한다. 이 기술의 효과는 참여와 투입을 증가시

키는 기술과 함께 사용할 때 크다.

- 조언, 제안, 그리고 교육: 집단지도자는 구성원들이 새로운 기술을 습득하고 문제를 이해하며, 문제 상황을 변화시킬 수 있도록 원조하기 위해 이 기술을 사용할 수 있다. 그러나 집단지도자만이 이 기술을 사용해서는 안 되며, 구성원들 간에 조언이나 제안 등을 할 수 있는 원조체계를 발전시키도록 격려해야 한다.
- 자원의 제공: 집단지도자는 집단 내·외부의 자원을 집단 구성원들에게 알려 주거나 연결시켜 주는 역할을 한다.
- 모델링, 역할연습, 시연, 그리고 코치: 모델링이란 집단지도자나 구성원이 특정상황에서의 행동에 대해 시범을 보임으로써 다른 구성원들이 모방할 수 있게 하는 것을 말한다. 역할연습이란 구성원이 특정상황을 실제로 연기해보는 것으로 구성원의 기능을 평가하고 대인관계에 필요한 기술을 인식하게 하며, 구성원들로부터 피드백을 통해 개인의 행동을 변화시키는 데 도움이 되도록 하는 것을 말한다. 또한, 구성원이 자신의 생활공간에서 배우자나 부모와 같은 중요한 누군가의 역할을 취하게 하여 상대방의 견해로부터 상황을 경험하게 하여 자신의 대인관계에 대한 인식과 이해를 증진시키게 하는 것이다. 예행연습이란 역할연습이 끝나고 나서 피드백에 근거해 호전되어야 하는 행동을 연습하는 것을 말한다. 코치란 대인관계에서 반응하는 방법에 대해 자세하게 알려주고 시범을 보임으로써 교육하는 것을 말한다.
- 직면기술: 직면이란 저항을 극복하고 집단 구성원들을 동기화시킬 수 있는 행동기술이다. 직면기술은 구성원들이 사고, 감정, 행동 등의 불일치를 극복할 수 있도록 원조하기 위해 구성원들의 행동을 명확히 하고, 탐색하며 도전하는 능력이다. 직면은 정서적 부담이 크므로 집단지도자는 상황을 정확하게 평가하여 구성원들로부터 거부당하지 않을 확신이 들 때 사용해야 한다.
- 갈등해결 기술: 집단 구성원 간의 갈등, 집단 외부 환경과의 갈등, 그리고 집단과 시설이나 기관과의 갈등을 해결하는 기술이다. 집단지도자는 집단 내 갈등을 방지하기 위해 집단의 규칙을 개발·유지하도록 원조해야 한다. 또한, 갈등을 완화하기 위해 조정, 협상, 중재기술을 사용할 수 있

다. 구성원들이 집단 외부 환경과 갈등을 일으킬 때 집단지도자는 갈등 상황에 직접 개입하거나 구성원들이 갈등해결에 필요한 기술을 개발하도록 원조할 수 있다.

(3) 집단지도자의 역할

집단지도자는 모임을 이슈(issue) 중심 혹은 문제해결 중심으로 구조화하거나 진행해야 하는 역할, 그리고 상호작용적 역동성을 알고 있어야 하는 역할을 맡게 된다. 집단 구성원들이 과업을 성취하는 데 성숙도가 떨어진다면 집단지도자는 과업 역할에 중점을 더 두어야 한다. 이때 집단지도자는 구성원들의 역할을 규정하고 과업을 언제, 어디서, 어떻게 해야 하는지를 구체적으로 말해주는 것이 필요하다. 과업에 대한 이해가 증가할수록 과업숙련도가 증가하기 때문이다. 그러나 과업에 초점을 두는 집단지도자는 공격적이고 적대감을 표현하게 되는 경우가 많아 구성원들에게 호감을 주지 못할 수도 있다. 따라서 집단의 조화와 갈등 해소에도 초점을 둘 수 있어야 한다. 그러므로 여기에서는 과업전문가(task specialist)와 집단유지전문가(group maintenance specialist)로서의 집단지도자 리더십 기능에 대해 살펴본다(Bales, 1950; Zastrow, 1993).

① 과업전문가로서의 역할

과업전문가로서의 역할은 집단이 규정한 목적을 성취하기 위해 필요한 역할이다.

- 정보와 의견제공자: 집단의 토론을 돕기 위해 필요한 정보, 아이디어, 사실 등을 제공한다.
- 주창자: 집단 내에서의 행동을 주도하기 위해 목적, 과업 등을 제안한다.
- 방향제시자: 수행되어야 할 과업에 대한 관심을 끈다. 그리고 추진방법에 대한 계획을 개발한다.
- 정보와 의견탐색가: 집단의 토론을 돕기 위해 집단 구성원들에게 정보, 아이디어, 느낌 등을 묻는다.
- 요약자: 아이디어, 의견 등을 모아 재정립하고 토론된 주요 요점을 요약한다.

- 진단자: 집단의 목적을 성취하는 데 장애물, 어려움 등의 요소를 찾아낸다.
- 충전자: 집단이 양질의 일을 할 수 있도록 자극한다.
- 조정자: 다양한 아이디어 간에 관련성을 보여주면서 의견을 조정한다. 그래서 집단 구성원들 간의 활동이 조화를 이루도록 한다.
- 가능성 검증자: 아이디어의 실용성과 가능성을 검토하고 대안을 평가하며, 실제 상황에 적용해 본다.
- 평가자: 집단의 목적이 성취되었는지를 평가한다.

② 집단유지전문가로서의 역할

집단유지전문가로서의 역할은 정서적 · 사회적 유대를 강화하기 위해 필요한 역할이다.

- 화합가: 의견 차이를 건설적으로 분석하고, 공통 요소를 찾도록 설득한다.
- 참여고무자: 모든 사람이 집단과정에 참여하도록 고무한다. 다른 사람들의 아이디어를 개방적으로 수용하는 방법을 보여준다.
- 긴장완화자: 긴장을 완화하고 집단 활동에 즐거움과 재미를 갖도록 제안한다.
- 의사소통촉진자: 훌륭한 의사소통 기술을 보여주며 구성원들이 서로 말하는 것을 이해할 수 있도록 한다.
- 적극적 경청자: 집단 구성원들의 의견을 적극적으로 들으며 반응해준다.
- 신뢰형성자: 집단 구성원들이 개방적일 수 있도록 지지해주고 수용해주며, 각 구성원의 개별성을 인정하고 고무한다.
- 대인관계 문제해결자: 갈등을 공공연히 토론하도록 하여 갈등을 해결하고 집단 응집력을 증대시킨다.
- 분위기평가자: 집단 구성원들에게 집단이 진행되는 방식을 어떻게 느끼는지 묻는다. 또한, 구성원들이 자신의 감정을 공유하도록 한다.
- 진행관찰자: 집단이 진행되는 과정을 지켜보고 관찰한 내용을 활용한다.

2) 집단 지도력의 요소

집단 지도력은 집단지도자의 역량과 시설이나 기관에서의 지위, 집단 구성원들의 구성과 역량, 집단의 목표, 그리고 시설이나 기관의 환경과 자원 등의 다양한 요소에 의해 영향을 받는 상호 결정론적 요소를 갖는다. 효과적 지도력의 목표는 구성원들의 정서적 · 사회적 욕구를 충족시켜 주고 사회복지실천의 가치 기준에 맞는 목표를 달성하도록 각 집단 구성원과 전체로서의 집단을 돕는데 있다. 집단 지도력에 영향을 미치는 다양한 변수는 다음과 같다(Nixon, 1979; Toseland & Rivas, 1995).

① 집단 구성원이 생각하는 집단 지도력에 대한 기대

강력한 집단 지도력을 원하는 집단 구성원도 있지만, 허용적 집단 지도력을 원하는 집단 구성원도 있다.

② 지도력의 획득 방식

집단지도자가 '내부에서 선출되었는가? 외부에서 선출되었는가? 그리고 임시 지도자인가?' 등에 따라서 집단 지도력의 영향력은 다르다.

③ 지명된 집단지도자와 집단 발달에 따라 출현한 집단지도자의 경쟁 여부

집단 구성원들에 의해 내부적으로 인정받은 집단지도자의 집단 지도력은 강력하다. 따라서 지명된 집단지도자가 내부 집단지도자를 수용하지 못하고 경쟁하면, 지명된 집단지도자의 집단 지도력은 영향력이 약해진다.

④ 전체로서의 집단목표, 과제, 그리고 욕구

집단의 목표, 과제, 욕구 등을 달성하기 위한 과제수행에 필요한 전문적인 지식과 기술, 경험을 가진 집단지도자의 집단 지도력은 인정을 받게 된다.

⑤ 집단 구성원의 과제와 정서적 · 사회적 기술

정서적 · 사회적 기술을 가지는 집단지도자의 집단 지도력은 인정을 받는다. 여기서 정서적 · 사회적 기술이란 집단지도자가 과제수행에 필요한 전문적 지식과 기술, 경험을 가지는 기술, 그리고 집단과정에서 집단 구성원들을 지지, 격려하고 함께 과제를 수행하는 기술을 말한다.

⑥ 집단 내외에 존재하는 권위의 본질

집단지도자가 가지는 역량과 시설이나 기관에서의 지위는 집단지도자의 집단 지도력에 영향을 미친다.

⑦ 집단과 집단 지도력에 대한 환경적 요구

시설이나 기관에서 적극적으로 지원하는 중점사업의 하나인 집단을 지도하는 집단지도자는 자신의 에너지와 역량, 시설이나 기관의 자원을 집단의 과정에 투입할 수 있는 여건이 충분하기 때문에 최대한의 집단 지도력을 발휘할 수 있다.

위에서 언급한 변수 이외에도 집단 지도력에 영향을 미치는 상황적 변수로 집단의 목적, 집단의 문제유형, 집단의 환경적 특성, 전체 집단의 특성, 집단 구성원들의 특성, 그리고 집단지도자의 특성 등을 들 수 있다(설진화, 2008).

3) 집단지도자의 유형

레빈 등(Lewin et al., 1939)은 집단지도자의 유형을 방임적 지도자, 민주적 지도자, 그리고 권위적 지도자로 분류하였다. 이러한 분류는 집단지도자의 지도양식이 집단 지도력에 영향을 미친다는 전제 아래에서 살펴본 고전적 집단 지도력 이론의 하나이다. 이들이 분류한 지도자의 세 가지 유형에 대한 개략적 개념은 다음과 같다.

(1) 방임적 지도자

집단에 영향을 주는 의사결정에 집단지도자의 개입이나 참여가 가장 적은 유형의 지도력을 말한다. 집단 구성원들은 극히 적은 지도자의 개입 아래에서 역할을 하지만, 집단 구성원들이 아주 잘 역할을 하는 경우는 매우 드물다.

(2) 민주적 지도자

집단에 영향을 주는 의사결정에 집단지도자는 최소한으로 개입하거나 참여하고, 모든 집단 구성원이 참여하게 된다. 민주적 지도자와 집단 구성원들은 권력보다는 책임을 추구하기 때문에 의사결정이 늦고 혼란스러울 때도 있다. 그러나 집단 구성원들이 직접 의사결정 과정에 참여함으로써 얻는 강력한 협동으로 말미암아 지도력은 훨씬 효과적이다.

(3) 권위적 지도자

권위적 지도자는 다른 유형의 지도자보다 훨씬 더 절대적인 힘을 소유한다. 지도자 혼자서 집단의 목표와 정책을 설정하며, 집단 구성원들의 활동과 주요한 계획을 세운다. 따라서 지도력은 일반적으로 효과적이고 결정적이다. 그러나 실패한 권위적 지도자는 집단 내 분열주의를 유발하기도 한다. 또한, 집단 구성원들을 서로 조종하게 함으로써 사기가 떨어질 수도 있다. 민주적 지도자가 이끄는 집단과 비교할 때 권위적 지도자가 이끄는 집단에서는 공격성, 희생양, 적대감 등이 더 많이 표출된다.

공동리더십의 장 · 단점

공동리더십을 활용하는 경우 지도자 간의 정기적 의사교환은 필수다. 두 지도자 간에 권력다툼이나 갈등이 있다면 집단에 부정적인 영향을 미치므로 바람직하지 않다.

※ 장점

① 지도자의 소진을 예방한다.
② 역할 분담이 가능하다. 한 지도자는 과업목표에 중점을 둘 수 있고, 다른 지도자는 집단 유지에 중점을 둘 수 있다.
③ 한 지도자가 참석하지 못하더라도 집단을 이끌 수 있다.
④ 공동지도자가 있으므로 역전이를 방지할 수 있다. 즉 한 지도자가 구성원에 대해 비합리적으로 반응하는 것을 지적해줌으로써 역전이를 방지할 수 있다.
⑤ 지도자 간에 서로 다른 관점을 교환하여 서로 배울 수 있다.
⑥ 초보 리더를 훈련하는 기회가 될 수 있다.

※ 단점

① 지도자 간에 경쟁관계, 갈등관계가 형성될 수 있다.
② 한 지도자가 다른 지도자에 대항하기 위해 구성원들과 결탁할 수 있다.
③ 지도자 간에 의사교환이 정기적으로 이루어지지 않아 의사일정에 혼선이 올 수 있다.

출처: Corey & Corey(1992); 이윤로(2007), 사회복지실천기술론(2판), p. 158. 재인용.

3 집단사회복지실천에 대한 오해와 진실

집단지도자는 집단을 대상으로 실천할 때 집단에 대해 몇 가지 오해를 한다. 이러한 오해에 대하여 간략하게 살펴보면 다음과 같다.

첫째, 가장 흔한 오해 가운데 하나는 집단지도자가 집단을 통해 구성원 다수를 동시에 접하기 때문에 시간과 비용 측면에서 개인 대상의 사회복지실천에 비해 경제적이라고 생각하는 것이다. 하지만, 집단사회복지실천은 집단 전체와 개별 구성원, 그리고 집단지도자와 구성원들 간에 발생하는 역동성으로 말미암아 구성원들뿐만 아니라 집단 전체에 대한 관심을 동시에 요구한다. 특히 사례관리 측면에서 개별 구성원들에 대한 배려가 개인대상의 사회복지실천만큼 혹은 그 이상으로 요구되기 때문에 집단사회복지실천이 반드시 경제적이라 할 수 없다.

둘째, '집단=프로그램'이라고 생각하는 것이다. 집단과 프로그램은 각기 독립적인 개념일 뿐 아니라 집단과 집단 프로그램을 혼용해서는 안 된다. 프로그램은 집단의 내용 가운데 하나다. 집단의 내용은 집단의 목적을 성취하는 하나의 도구이고, 프로그램도 집단의 목적을 성취하는 도구로 활용되는 것이다. 그러므로 집단 자체가 곧 집단 프로그램은 아니다. 또한, 집단의 내용에는 토의, 활동, 교육 등이 포함될 수 있다.

셋째, '집단은 구조화되어야 한다.'라는 생각에 회기별로 도입, 중간, 종결 등의 과정에서 각각 어떤 과업이 진행될 것인가를 결정하고, 도입단계에서 소개, 구성원들과 친해지기 등과 같이 세분화된 과업이 결정되어 있는 경우가 이에 해당한다. 집단의 구조화는 개입에 있어 효과성과 효율성을 향상시키는 방법이다. 하지만, 장기적인 지지모임 같은 집단이 구조화될 필요는 없다. 집단지도자는 구조화된 집단에서 정해진 순서에 따라 진행을 하기 때문에 집단 운영이 잘 되었다고 생각하기 쉽고, 결과적으로 자신이 훌륭한 집단지도자인 것으로 착각할 수도 있다.

그러나 이는 집단 구성원들의 욕구나 반응을 무시한 것일 뿐만 아니라 구성원 중심적인 집단을 제공해 주지 못하는 한계를 지니고 있다. 또한, 개별화의 원칙에도 어긋난다. 집단 구성원들 가운데는 구조화된 집단, 특히 구조화된 집단 프로그램은 구성원의 개별적인 욕구, 관심사, 진행 상황 등을 무시하거나 미처 충분한 배려와 탐색을 보이지 못한 채 계속 진행되기 때문에, 집단 구성원들의 동기가 낮아지고 탈락하거나 참석률이 낮은 한계를 지니고 있다. 따라서 집단지도자는 준비단계에서 구성원들의 특성과 집단의 목적을 고려하고 나서 집단을 구조화할 것인지, 그렇지 않은 상태에서 집단을 운영할 것인지를 결정해야 할 것이다(엄명용 외, 2008).

*** 생각해 볼 점**

1. 치료집단과 과제집단의 주요 차이점은 무엇인가?
2. 사회목표 모델과 상호작용 모델의 주요 차이점은 무엇인가?
3. 집단과정을 촉진하는 기술과 행동기술은 어떻게 다른가?
4. 히딩크(Guss Hiddink) 신화는 마법인가? 리더십인가?

▸▶ 참고문헌

김동배 · 이윤로(2004). 집단사회사업의 실천과 평가. 경기: 도서출판 21세기사.

김혜란 · 홍성미 · 공계순(2001). 사회복지실천기술론. 서울: 나남출판.

남세진 · 조홍식(1997). 집단지도방법론(전정판). 서울: 서울대학교출판부.

설진화(2008). 사회복지실천기술론. 경기: 양서원.

신성자 · 고유나 · 권신혜 · 김수정 · 박용권 · 성희자 · 이현정 · 전보경 · 정숙희 · 최은지(2007). 사회복지실천기술론. 경기: 양서원.

엄명용 · 노충래 · 김용석(2008). 사회복지 실천기술의 이해. 서울: 학지사.

윤현숙 · 김기환 · 김성천 · 이영분 · 이은주 · 최현미 · 홍금자(2001). 사회복지실천기술론. 서울: 동인.

이윤로(2007). 사회복지실천기술론(2판). 서울: 학지사.

이준우 · 이화옥 · 임원선(2006). 사회복지실천론. 서울: 인간과복지.

전남련 · 신재명 · 이권일 · 김상조(2007). 사회복지실천기술론. 경기: 학현사.

최옥채(2000). 지역사회실천론. 서울: 아시아미디어리서치.

한덕웅(2002). 집단행동이론. 서울: 시그마프레스.

Bales, R. F.(1950). *Interaction Process Analysis: A Method for the Study of Small Groups.* Mass: Addison-Wesley.

Bales, R. F.(1953). The Equilibrium Problem in Groups. In T. Parsons, R. F. Bales, & E. A. Shils(Eds.). *Working Papers in the Theory of Action*, 111-161. Glencoe, IL: Free Press.

Corey, M. S., & Corey, G.(1992). *Group Process and Practice.* Pacific Grove, CA: Brooks/Cole.

Lewin, K.(1951). *Field Theory in Social Science.* NY: Harper & Brothers Publishers.

Lewin, K., Lippit, R., & White, R. K.(1939). Patterns of Aggressive Behavior in Experimentally Created Social Climates. *Journal of Social Psychology, 10*, 271-301.

Moreno, J.(1951). *Sociometry, Experimental Method and the Science of Society.* An Approach a New Political Orientation. NY: Beacon House.

Moreno, J.(1953). *Who Shall Survive? Foundations for Sociometry, Group Psychotherapy and Sociodrama.* NY: Beacon House.

Nixon, H. L.(1979). *The Small Group.* Englewood Cliffs. NJ: Prentice-Hall.

Papell, C. P., & Rothman, B.(1966). Social Work Practice with Groups. *Journal of Education for Social Work, 2*, 66-77.

Papell, C. P., & Rothman, B.(1980). *Social Group Work Models: Possession and Heritage. In A. Alissi*(Ed.), Perspectives on Social Group Work Practice, 116-132. NY: The Free Press.

Toseland, R. W., & Rivas, R. F.(1984). *An Introduction to Group Work Practice.* NY: Macmilan.

Toseland, R. W., & Rivas, R. F.(1995). *An Introduction to Group Work Practice*(2nd ed.). Massachusetts: Allyn and Bacon.

Zastrow, C.(1993). *Social Work with Groups.* Chicago: Nelson-Hall Pub.

Zastrow, C.(1995). *The Practice of Social Work*(5th ed.). Pacific Grove, CA: Brooks/Cole.

Chapter 11

집단사회복지 실천기법: 집단의 역동성

* 학습의 목표

1. 집단의 역동성에 대한 개념을 이해한다.
2. 집단의 장점, 즉 치료적 효과를 구체적으로 살펴본다.

여러분에게 집단과정(group process)을 한 마디의 다른 단어로 말하라고 하면 어떻게 대답하겠는가? 어떤 단어가 집단 구성원들의 상호작용을 명확하게 해 줄 것 같은가? 어떤 단어가 사회적 상호작용을 촉진하고 구성원들 간 상호관계의 형태를 만들며, 구성원들을 하나의 전체로 뭉치도록 할 것 같은가? 또한, 목표달성을 하도록 하는 집단의 능력을 잘 표현해 줄 것 같은가? 이러한 질문에 레빈(Lewin, 1943; 1948; 1951)은 어떤 단어를 선택하였을까? 그는 역동적(dynamic)이란 단어를 최초로 선택하였다. 집단은 약하기보다는 강력하며, 수동적이기보다는 능동적이다. 또한, 정체적이기보다는 유동적이며, 구상적이기보다는 촉매적이다. 그리고 레빈은 이러한 복잡한 과정이 집단 구성원들에게 미치는 강력한 영향을 기술하기 위해 '집단의 역동성'이라는 용어를 사용하였다. 집단의 역동성은 집단지도자에 의해 조절 가능하며, 집단 구성원들에게 이익이 되는 집단의 목적을 달성하기 위해 활용될 수 있다. 즉 집단지도자가 집단의 역동성을 적절하게 활용하면 집단과 집단 구성원들 모두에게 긍정적 영향을 미치지만, 그렇게 하지 못할 때에는 집단의 발달단계에 역기능적 영향을 미칠 수도 있다. 따라서 집단지도자는 집단의 발달단계에 따라 다르게 나타나는 집단의 역동성을 잘 이해하고 활용하여야 한다.

1 집단 구성원의 상호작용

상호작용이론에서는 집단을 '문제해결이라는 목적을 위해 상호작용하는 개인들의 체계로 보고, 집단 내에서 이루어지는 상호작용의 과정에 참여한 구성원들 간의 접촉을 통하여 사고, 감정, 행동, 태도 등을 변화시키는 결과를 낳는다.'라고 하였다. 또한, 이 이론의 초점은 '집단 구성원들의 정보, 태도, 감정, 메시지 등이 전달되고 받아들여지며, 해석되고 반응하는 사회적 과정인 의사소통의 유형과 결과에 있다.'라고 하였다. 집단 내 상호작용을 좀 더 잘 알기 위해서는 집단과정에서 가장 흔히 접하게 되는 집단 구성원들 간의 신호나 강화물, 정서적 결속, 힘과 지위, 집단의 크기와 물리적 환경, 하위집단 등을 이해하고 활용할 줄 알아야 한다. 집단지도자는 ① 집단의 목적달성과 집단의 기능을 향상시키기 위해서, ② 집단 내의 효과적인 언어적·비언어적 의사소통을 위해서, 그리고 ③ 집단 내 상호작용의 한 방법으로서 집단 내에서 공통으로 사용할 수 있는 상호작용의 유형을 발달시키고 익숙해지도록 집단 구성원들과 함께 노력하여 통합적 상호작용이 일어나도록 해야 한다(설진화, 2008).

1) 집단 상호작용의 유형

집단 내에서 발달하는 상호작용의 유형을 미들맨(Middleman, 1978)은 기둥형(maypole type), 순번형(round robin type), 뜨거운 의자형(hot-seat type), 그리고 자유 부동형(free floating type) 등의 네 가지로 분류하였다. 각 유형에 대해 간략하게 살펴보면 다음과 같다.

(1) 기둥형

집단지도자가 중심적 지위를 차지하고, 구성원과 집단지도자 양자 간에만 의사소통이 활발히 이루어지는 유형을 말한다.

(2) 순번형

집단 구성원들이 서로 돌아가면서 이야기하는 유형을 말한다.

(3) 뜨거운 의자형

다른 구성원들이 지켜보는 가운데 지도자와 한 구성원만이 의사소통을 하는 유형을 말한다.

(4) 자유 부동형

집단에서 이야기되고 있는 것이든 아니든 상관없이 모든 구성원이 의사소통할 책임을 지고 자유롭게 이야기할 수 있는 유형을 말한다.

기둥형, 순번형, 뜨거운 의자형 등은 집단지도자 중심의 유형이고, 자유 부동형은 집단 중심의 유형이다. 집단지도자 중심의 유형에서는 집단지도자에서 집단 구성원으로, 집단 구성원에서 집단지도자로 상호작용이 이루어지므로 구성원들의 상호 의사소통의 기회는 그만큼 제한된다. 집단 중심의 상호작용 유형에서는 집단 구성원들이 서로 자유롭게 상호작용한다. 또한, 집단 구성원 간의 상호작용이 증가하고, 집단의 사기가 높으며 구성원들의 목표달성을 위한 노력이 증대된다. 그러나 집단 중심의 유형은 의사소통의 내용이 피상적일 수 있으며, 효과적 의사소통을 위해서는 많은 시간이 필요하다.

2) 집단 상호작용 지도의 필요성

집단지도자가 집단의 상호작용을 지도해야 하는 필요성은 다음과 같다. 첫째는 하위집단의 역기능적 측면을 수정할 수 있다. 둘째는 과제성취를 위해 노력할 수 있는 상호작용을 촉진할 수 있다. 셋째는 의사소통의 방향을 재조정함으로써 개방적 의사소통을 격려할 수 있다.

2 집단의 규범, 그리고 구성원의 지위와 역할

1) 집단의 규범

사람들이 한 집단에 함께 참여하게 되면 가치의 공동체계를 형성하게 되고 이것이 집단 구성원들에 대한 행동 규범을 어느 정도 결정하게 된다(남세진 · 조홍식, 1997). 일련의 규범으로 표현된 가치는 독자적인 문화를 구성한다. 독자적인 문화는 안정된 사회체계의 자산이다. 일단 집단 내에서 일련의 규범이 수용되면 이 규범은 집단 구성원들이 추구하는 목표, 구성원들의 관계 형성과 주변의 다른 사람들, 집단의 본질과 내용의 운영, 그리고 문제해결의 수단 등에 영향을 준다. 규범이란 집단에 어떠한 결과를 가져오든지 간에 집단 구성원들에게 기대되는 행동 기준을 일반화시킨 것으로 가치판단을 포함한다(임상록 외, 2009).

일련의 규범은 집단 내에서 수용될 수 있는 행동 범위를 규정하고, 집단의 역할에 있어 어느 정도 규칙성과 예측성을 갖게 한다. 이는 집단 구성원들이 집단의 기대에 따라야 한다는 의무감을 갖기 때문이다. 집단의 기대는 부분적으로 집단 구성원들이 개발해 나가는 것이다. 규범은 집단 내에서 주요한 통제 수단으로 활용된다. 규범이 설정되면 이에 순응해야 하는 압력이 생긴다. 규범은 대체로 집단 구성원들 간의 합의로 만들어지기 때문에 규범을 강화하려는 개인적인 권리에 대한 욕구가 감소하고, 책임감이 집단 구성원들 간에 공유된다. 집단 구성원들이 규범을 수용하고 준수하게 되면, 내적으로 보상하게 되고 외부적인 통제의 필요성은 감소하게 된다. 따라서 규범은 특별한 대가를 치를 필요 없이 행동을 통제하는 수단을 제공한다. 또한, 대인관계의 힘을 활용하여 규칙에 순응하도록 할 때 발생할 수 있는 불확실성을 없애는 수단이 되기도 한다.

2) 집단 구성원의 지위와 역할

지위란 주어진 집단 내의 위계질서에서 한 사람이 다른 사람과 비교하여 상대적으로 차지하는 위치를 의미한다. 집단 내에서의 평가과정을 통해 집단 구성원들은 서로에게 등급을 매기게 된다. 이때 구성원들은 그 집단과정을 인식할 수도 있지만, 그렇지 못할 수도 있다. 집단 구성원들을 등급 매기는 기준에 의거 구성원들은 다른 지위를 갖게 되는데, 때로는 같은 집단 내에서도 시간에 따라 다른 지위를 가질 수 있다. 한편, 구성원들이 지역사회 내에서 갖는 일반화된 지위는 교육, 소득, 능력 등과 같은 수단을 통해 주로 얻게 된다. 또한, 어떤 지위는 성취된 것이라기보다 주어진 것이다. 이러한 지위에는 인종, 민족성, 돈, 성, 나이, 조상, 신체적 조건, 생활습관 등이 있다. 시설이나 기관에 따라 집단 구성원들에게 이미 붙여진 지위로는 지도자, 전문가, 범죄자, 학교중퇴자, 입양아, 환자 등이 있다. 하지만, 지위는 집단 구성원들 간의 상호작용에 따라 사회정서적인 역할과 과업 역할이 발생하게 되고, 이에 의거 변화하게 된다.

역할이란 집단 내의 다른 직책을 가지는 집단 구성원들로부터 기대되는 행동을 의미한다. 집단 내에서 발전할 수 있는 역할은 크게 ① 집단과업 역할, ② 집단유지 역할, 그리고 ③ 개인 역할로 범주화시킬 수 있다(김용민, 2009). 첫째로 집단과업 역할은 집단의 기능이나 과업의 수행과 관련되어 있다. 토론집단에서 역할은 창시자나 아이디어 기여자, 정보탐구자, 아이디어를 분명하게 하는 자, 정보제공자, 의견제공자, 의견탐구자, 순응자 등이 있다. 둘째로 집단유지 역할은 체계로서 집단의 유지에 초점을 둔다. 이 역할로는 격려자, 화합자, 타협자, 통제자 등이 있다. 통제자는 다양한 집단 구성원의 메시지를 허락, 격려, 차단함으로써 의사소통의 흐름을 통제하는 구성원이다. 셋째로 개인 역할은 개인적 욕구를 만족하게 하지만, 집단 관련 일에는 손상을 주는 역할을 의미한다. 이 역할에는 지배자, 방해자, 특별이득 간청자 등이 포함된다.

3 집단의 긴장과 갈등, 그리고 하위집단

1) 집단의 긴장과 갈등

집단 활동이 진행되면서 집단 구성원들 간에는 다양한 형태의 긴장과 갈등 관계가 형성될 수 있다. 갈등은 구성원들이 서로 대화하는 과정에서 발생하는 자연스러운 것으로 집단에서 필요한 요소이다. 갈등은 자신과 집단 구성원,

사회에 부정적 영향을 미칠 수 있으나, 한편으로는 집단관계에 긍정적 힘이 되기도 하기 때문에 갈등 자체는 집단의 발달과 변화에 매우 중요하다. 사회학자인 쿨리(Cooley, 1918)는 "생각하면 할수록 갈등과 협력은 분리할 수 없다는 것을 알게 되는데, 이는 두 가지가 항상 어느 정도 서로 연관된 일종의 과정 단계이기 때문이다."라고 주장하였다. 긴장 혹은 긴장에 대한 위협은 인간발달의 핵심 요소다. 버클리(Buckley, 1968)는 "긴장은 내재적인 것으로 적응해 나가는 복잡한 체계의 핵심 요소다. 이것은 체계를 발달시키고 구조를 정교화하면서 유지하는 힘이다."라고 하였다(김용민, 2009).

사전적 의미로 갈등이란 '둘 혹은 그 이상의 사람들 간에 발생하는 의견의 불일치를 나타내는 행동'을 뜻한다. 갈등은 폭력적인 갈등이나 전쟁과 같은 이미지보다 훨씬 폭넓은 범위의 행동을 포함한다. 갈등은 최소한 한 사람이 다른 한 사람 혹은 그 이상의 사람들에 의해 방해나 자극을 받았을 때 발생한다. 갈등 상황을 특징짓는 세 가지 구성 요소는 다음과 같다. 첫째로 갈등에 관여하는 둘 혹은 그 이상의 사람이 있어야 한다. 둘째로 이들이 서로 양해할 수 없는 차이점으로 말미암아 긴장감이 발생한다. 셋째로 그 차이점을 중심으로 관여된 사람들 간에 상호작용이 발생한다. 갈등은 이에 수반되는 공포나 적대적인 감정과는 대조되는 행동을 의미한다. 개인 내적인 차원에서 갈등은 개인 내에 발생하는 상반되는, 일치하지 않는, 그리고 적대적인 감정과 충동을 의미한다. 집단 차원에서의 갈등은 구성원들의 내적 갈등에서 발생하게 된다. 또한, 과업의 객관적 상태에 대한 잘못된 정보나 집단 구성원들 간의 목표, 가치, 규범 등에 대한 차이로 말미암아 발생하게 된다. 때로 갈등은 집단의 가치와 규범의 분기점에서 발생하거나 집단이 속한 지역사회의 특정 부분에서 발생하기도 한다. 집단의 목표, 가치, 규범 등의 차이는 생활경험과 사회경제적 자원의 차이로 말미암아 발생한다.

여기서 다루는 갈등의 관점은 심리사회적인 것으로 사회복지실천에서의 생태체계적 관점과 일치하는 것이다. 따라서 이 관점에서는 갈등에 관여된 사람과 문제의 본질, 갈등에 대한 다른 사람들의 반응과 갈등이 일어난 환경, 그리고 갈등으로 말미암아 영향을 받은 모든 사람에게 나타난 결과를 이해할 필요가 있다. 많은 사회과학자는 '갈등이 필수불가결한 것이며, 잠재적으로 순기능적이고 건설적인 활용이 가능하지만, 역기능적이고 파괴적인 면도 있다는 점에

동의' 하고 있다. 샌포드(Sanford, 1966)는 "자신의 내적 갈등을 관리할 수 있는 사람들은 심각한 내적 갈등을 한 번도 다루어 보지 못한 사람들보다 더욱 성숙한 사람들이다."라고 주장하였다. 그러한 사람들의 대처기제와 적응행동은 더욱 광범위하면서 유연한 것이고 공감능력은 상당히 향상된 상태다. 갈등은 정체를 예방하고 관심과 호기심을 자극하며, 문제에 대한 인식과 재고, 그리고 문제의 사정을 가능케 한다. 하지만, 갈등이 오래 가거나 지나치게 심각하거나 성격구조 측면에서 지나치게 단순하면, 역으로 심리사회적 기능에 있어 심각한 내적 갈등과 와해를 가져올 수도 있다(김용민, 2009).

2) 하위집단

집단 구성원들 간에 공통점을 발견하거나 매력이 생기면 하위집단을 형성하게 된다. 두 명에서부터 구성원 다수들이 집단의 하위집단을 형성하여 서로 경쟁 혹은 반목하거나 협력하는 관계가 설정된다. 하위집단 가운데 다소 우위에 있는 하위집단은 집단에 대한 통제력을 행사하려고 시도하기 때문에 다른 하위집단과 갈등을 유발할 수도 있다. 집단지도자가 하위집단을 파악하는 방법은 의사소통의 질, 집단 구성원들 간의 어울림 등을 관찰함으로써 가능하다. 또한, 소시오그램(sociogram)을 통해서도 분석할 수 있다. 여기서 소시오그램이란 사회 집단에서 개인 사이의 관계를 나타낸 도표를 뜻한다. 미국의 심리학자 모레노(Moreno)가 만든 것으로서, 집단 구성원이 서로 가지는 감정이나 태도를 바탕으로 하여 구성원 상호 간의 선택, 거부, 무관심 등의 관계를 나타낸다.

4 집단의 치료적 효과

집단의 치료적 효과에 대해 얄롬(Yalom, 1975; 1995)은 ① 희망의 고취, ② 보편성, ③ 정보공유와 전달, ④ 이타심, ⑤ 가족집단의 교정적 반복 발달, ⑥ 사회화 기술의 학습, ⑦ 카타르시스(catharsis), ⑧ 모방 행동, ⑨ 대인관계 학습을 통한 감정의 교정, ⑩ 집단 응집력, 그리고 ⑪ 실존적 요인 등을 제시하였다. 얄롬이 제시한 이러한 치료적 요인은 곧 집단이 갖는 장점이다. 이러한 열한 가지 요인 각각의 개념은 다음과 같다.

1) 희망의 고취

집단에서 구성원들은 자신과 유사한 문제를 가진 집단 구성원이 효과적으로 문제에 대처하는 것을 보면서 희망을 품게 된다. 또한, 자신보다 더 심한 문제를 가진 집단 구성원이 목표를 달성하고 회복되는 것을 보면서 희망을 품게 된다. 이처럼 집단은 구성원들에게 그들의 문제가 개선될 수 있다는 희망을 심어주고, 이러한 희망 자체가 문제를 해결하는 데 치료적 효과를 갖는다.

2) 보편성

집단 구성원 대부분은 자신의 문제가 독특하고 자신만이 이러한 괴로움을 겪고 있다는 생각에 더 절망하게 된다. 그러나 집단에 들어와서 다른 집단 구성원이 가진 문제가 자신의 문제와 비슷하다는 사실에 위로를 얻게 된다. 또한, 자신만의 문제가 아니라 누구에게나 문제가 생길 수 있다는 생각을 하게 되어 더 깊이 집단에 참여한다. 이러한 위안이 변화의 중요한 요인이 된다.

3) 정보공유와 전달

집단지도자의 강의나 교육, 그리고 다른 집단 구성원들로부터 받게 되는 직·간접적인 제안, 충고, 지도 등은 많은 교훈적 역할을 한다. 집단 구성원들은 정보를 주고받고 공유하는 과정에서 자신의 문제에 대한 통찰력이 생긴다. 또한, 문제해결능력을 향상시키는 효과가 있다.

4) 이타심(사회적 지지)

집단 구성원들은 서로 위로, 조언, 지지 등을 통해 도움을 주고받는다. 이러한 과정을 통해 자신도 다른 구성원을 도울 수 있음을 알게 되면서 느끼는 감정의 교정적 경험은 자존감을 높이는 치료적 효과로 연결된다. 즉 오랫동안 자신은 가치 없고 다른 사람에게 전혀 도움이 안 된다고 느껴 왔으나, 집단의 경험을 통해 다른 구성원들에게 도움을 줌으로써 자신도 가치 있고 쓸모 있는 인간이라고 느끼게 된다. 또한, 그동안 자신의 문제에만 집착해 왔으나 집단 내 다른 구성원들의 문제나 욕구에 관심을 둠으로써 자신의 문제에서 잠시나마 벗어날 기회를 얻게 된다.

5) 가족집단의 교정적 반복 발달

집단은 여러 면에서 가족과 공통점이 있다. 따라서 집단 경험을 통해 집단 구성원들은 자신의 행동 특성을 명확하게 이해할 수 있다. 그래서 자신의 행동이 원 가족과의 관계를 통해서 학습된 것이라는 사실을 깨닫게 된다. 집단은 가족과 유사한 환경을 제공하여 집단지도자와 집단 구성원들과의 관계는 부모-형제 · 자매의 관계를 재현(再現)한다. 여기에서의 재현은 단순한 재현이 아니라 교정적 재현이라는 것이다. 그래서 집단 구성원들은 간접적 가족경험을 통해 그동안 해결되지 않은 가족갈등에 대해 탐색하고 도전하여 문제를 발견하고 해결할 기회를 얻는다. 즉 집단 내에서 정형화된 행동을 지적받고 현실과 비추어 보며, 다른 새로운 행동을 해보도록 끊임없이 지지받음으로써 부정적 행동의 패턴을 수정한다. 집단지도자는 과거 경험에서 생겨난 집단 구성원들의 파괴적 성향을 억제하고, 부정적 경험을 긍정적 경험으로 새롭게 전치(轉置)하도록 돕는다.

6) 사회화 기술의 학습

작은 사회인 집단은 사회생활에 필요한 실제적 대인관계 기술과 사회화 기술을 학습하는 장의 역할을 한다. 즉 집단규범에 의해 집단 구성원들은 서로의 부적응 혹은 반사회적 행동에 대한 피드백을 주고받음으로써 기능적인 사회화 기술과 대인관계 기술을 학습하게 된다. 집단의 경험은 대인관계의 중요성을 인식하게 하는 계기가 된다. 자신을 이해해 주는 집단지도자나 집단 구성원들의 지지, 역할놀이와 솔직한 피드백 등을 통해 사회관계상의 문제점을 수정하고 자신의 성장과 변화의 기회를 얻는다.

7) 카타르시스

'카타르시스'란 그리스 어(語)로 '정화(淨化)'를 뜻하며, '마음속에 억압된 감정의 응어리를 언어나 행동을 통하여 외부에 표출함으로써 정신의 안정을 찾는 일'을 의미한다. 지지적이고 안정된 집단 분위기 속에서 그동안 억압되었던 감정, 특히 부정적 감정을 자유롭고 안전하게 표현할 수 있다면 그 자체만으로도 큰 치료적 효과가 있다. 집단의 구성원들을 신뢰할 수 있고 자신을 지지해 준다고 믿을 수 있는 집단에서의 강한 감정의 표현은 자유로움을 느끼게 하고, 자신의 문제에 대한 통찰력을 갖게 한다. 그러나 끔찍하고 치명적인 경험을 한 구성원의 강한 감정 표현은 오히려 부정적 영향을 가져올 수 있으므로 집단지도자는 이를 통제하는 역할을 해야 한다.

8) 모방 행동

집단은 다양한 문화적 배경과 행동 양식을 가진 사람들로 구성되어 있다. 그러므로 집단 구성원들은 새로운 행동을 학습하는 모델로서 집단을 활용할 수 있다. 이는 집단지도자와 집단의 구성원들은 다른 구성원이 새로운 행동을 배우는 데 유용한 모델이 될 수 있음을 뜻한다. 즉 집단 구성원은 유사한 상황에서 다르게 행동하는 구성원들을 관찰하면서 더욱 발전적인 행동을 배울 수 있다.

9) 대인관계 학습을 통한 감정의 교정

집단 구성원은 구성원들 간의 상호관계 속에서 자신의 독특성을 찾고, 다른 구성원의 독특성을 인정하는 경험을 한다. 이렇게 함으로써 자신에 대한 통찰력을 얻고 바람직한 대인관계 기술을 배울 수 있다. 긍정적 대인관계의 경험은 성격발달에 중요하며, 심리적 장애를 치료하고 이해하는 데 사용될 수 있다. 집단에서 안전하고 지지적인 상호작용이 가능해지면 집단 구성원은 숨겨 왔던 자신의 감정을 표현하게 된다. 또한, 다른 구성원들은 개방적이고 긍정적인 피드백을 하게 된다. 이러한 결과로 감정을 표현한 구성원은 집단 내에서 감정을 교정하는 경험을 하게 되는 것이다.

10) 집단 응집력

집단 응집력이란 개별 구성원들이 집단에 대해 갖는 소속감과 매력을 표현한 집단의 특성을 의미한다. 이 개념에는 집단 구성원이 다른 구성원에 대해 갖는 매력과 집단 전체에 대해 갖는 매력이 포함된다. 집단 응집력이 강하면 강할수록 집단 구성원들에게 주는 영향력은 더욱 크다. 집단이 구성원들에게 매우 매력적이라는 것은 구성원들의 태도나 의견 혹은 행동에 변화를 일으킬 수 있는 능력이 있음을 의미한다. 또한, 집단 응집력이 높으면 집단에 대한 만족도가 높고 사기가 충천하고 내적 갈등이 적다. 그리고 집단 구성원들이 중도에 탈락하여도 집단이 생존할 능력이 강한 것을 의미한다. 집단 응집력이 낮은 집단과 비교할 때 높은 집단에서는 집단의 목표를 성취하는 것이 더욱 효과적이다. 또한, 집단 구성원들의 성과도 더 높다.

레비(Levy, 1984)는 집단 응집력이 생기면 그 집단은 다음과 같은 특성을 보인다고 하였다. 첫째로 집단참여가 자발적인 집단에서 출석이 규칙적이고 시간을 잘 지킨다. 둘째로 집단 구성원들이 소속감을 가지며 누가 집단의 구성원인지, 그리고 구성원인 사람과 구성원이 아닌 사람은 누구인지 구별하는 방법을 알게 된다. 셋째로 '우리'라는 감정표현이 증가하는데, 이는 집단 구성원들과 집단 전체에 대한 동일시가 상징화되어 나타난 것이다. 넷째로 집단 구성원들 간의 관계가 수용적이고 상호의존적이며 친밀하다. 다섯째로 집단 구성원들이 집단의 내용에 대한 참여에 많은 공을 들인다. 여섯째로 집단의 구성원이 된 것과 집단이 운영하는 방식에 대한 만족감을 말로 표현한다. 일곱째로 집단의 분위기는 자발적이고 비공개적이며, 자기 노출이 적절하게 이루어진다. 여덟째로 집단의 규범을 지키도록 하는 압력이 생긴다. 아홉째로 자신들의 집단을 다른 집단, 다른 사회적 지지망과 구별 짓는 일종의 의식행위가 발생한다.

한편, 집단 응집력이 강하면 집단 구성원들에게 부정적인 결과도 가져올 수 있다. 집단에 과도하게 매력을 느끼는 구성원들은 응집력에 의한 부정적인 면을 파악하는 데 어려움을 경험할 수 있으며, 다른 구성원으로부터 영향을 지나치게 받을 수도 있다. 기본적인 만족을 위해 집단에 지나치게 의존함으로써 구성원들은 지역사회에서 활동하는 것에 제한을 받기도 한다. 나아가 집단에 대한 강력한 동일시는 집단 응집력의 한 측면으로서 개별화와 자아정체감의 상실을 동시에 가져올 수 있다. 또한, 응집력이 강한 집단은 외부 환경으로부터 새로운 정보를 유입시키는 것을 반대함으로써 집단을 보호하려고 한다. 따라서 새로운 생각이나 감정, 행동 등에 대해 경계선이 상대적으로 폐쇄되어 있다. 그리고 새로운 생각은 집단에 대한 현재의 만족감을 위협하는 것으로 간주하기도 한다. 이러한 경우를 가리켜 에반스와 서비스(Evans & Servis, 1980)는 집단 응집력이 집단의 목표를 성취하기 위한 수단이 아닌 결과물이 된다고 지적하였다. 집단 구성원들의 자아정체감이 상실되지 않으면서 모든 구성원에게 유익한 집단 응집력이 발달하여 집단이 종결될 수 있도록 구성원들이 효과적으로 역할을 할 수 있어야 한다(김용민, 2009).

11) 실존적 요인

집단과정에서 집단 구성원은 자신이 다른 집단 구성원들로부터 받을 수 있는 지지에 한계가 있다는 것을 알기 시작한다. 따라서 집단 구성원은 다른 구성원과의 경험 공유를 통해 자기 자신이 다른 사람에게 아무리 많은 지도와 지지를 받는다 할지라도 자신의 인생에 대한 궁극적 책임은 자신에게 있다는 사실을 배운다. 그래서 고독감, 자유, 죽음 등과 같은 인간의 한계에 부딪히는 힘을 개별적 주체자로서 구성원 스스로 키운다.

이상의 요인들은 분석적인 이유로 분리되어 있으나 실제에서는 각 요인 간에 중복되는 부분이 존재하고 서로 연관되어 있다. 또한, 제시된 치료적 요인들의 중요성은 집단지도자가 관여하는 집단의 종류나 집단 활동의 이론적인 배경에 따라 그 강조점이 다를 수 있다. 집단지도자는 집단을 통한 사회복지실천이 가질 수 있는 장점에 이바지하는 요인을 잘 인식하고 그 요인들이 충분히 활용되도록 하여야 한다. 집단은 위에서 제시된 장점도 있지만, 한편으로 단점도 있다. 대표적인 단점으로 집단은 구성원의 순응과 구성원 간의 의존성을 조장할 수 있으며, 집단 희생양을 만들어 낼 수도 있다는 점이다. 집단을 형성하는 그 자체만으로 집단의 장점이 우연히 생성되지는 않으며, 집단지도자는 집단 구성원들의 자기 이해와 변화를 격려할 수 있는 어떤 형태의 상호작용을 만들 책임이 있다(김혜란 외, 2001).

* 생각해 볼 점

1 집단 중심과 집단지도자 중심 상호작용 유형의 차이점은 무엇인가?

2 집단에서 규범은 왜 필요한가?

3 집단 응집력의 특징은 무엇인가?

▸▶ 참고문헌

김용민(2009). 사회복지실천기술론. 서울: 청목출판사.

김혜란 · 홍성미 · 공계순(2001). 사회복지실천기술론. 서울: 나남출판.

남세진 · 조흥식(1997). 집단 지도방법론. 서울: 서울대학교출판부.

설진화(2008). 사회복지실천기술론. 경기: 양서원.

임상록 · 구승신 · 권향임 · 박주현 · 손경숙 · 윤영미 · 이명순 · 정옥희(2009). 사회복지실천의 이해. 서울: 파란마음.

Middleman, R.(1978). Returning Group Process to Group Work. *Social Work with Groups, 1(1)*, 15-26.

Lewin, K.(1951). *Field Theory in Social Science*. NY: Harper & Brothers Publishers.

Yalom, I. D.(1975). *The Theory and Practice of Group Psychotherapy*. NY: Basic Books.

Yalom, I. D.(1995). *The Theory and Practice of Group Psychotherapy(4th ed.)*. NY: Basic Books.

Chapter 12

집단사회복지 실천기법: 발달단계별

1. 준비단계: 집단의 형성과 탐색

2. 초기단계: 저항 다루기

3. 중간단계: 응집력과 생산성

4. 종결단계: 통합과 종결

* 학습의 목표

1 집단 형성에 영향을 미치는 주요 요소를 이해한다.

2 초기단계에서 집단지도자가 달성해야 할 과업을 알아본다.

3 중간단계에서 집단지도자가 달성해야 할 과업을 알아본다.

4 종결단계에서 집단지도자가 달성해야 할 과업을 알아본다.

집단의 발달단계에 따라 집단지도자의 전문적 개입에 대한 요구는 다르다. 여기서 집단의 발달단계란 시간의 흐름에 따라 집단에서 나타나는 변화와 성장의 과정을 말한다. 그런데 학자들은 집단의 발달단계를 다양하게 제시한다. 예를 들면 갈랜드 등(Garland el al., 1965)은 ① 친밀 전(前)단계, ② 권력과 통제의 단계, ③ 친밀단계, ④ 분화단계, ⑤ 종결단계로, 사리와 갈린스키(Sarri & Galinsky, 1967)는 ① 기원단계, ② 형성단계, ③ 중간단계 I, ④ 수정단계, ⑤ 중간단계 II, ⑥ 성숙단계, ⑦ 종결단계로 제시하였다(Hepworth et al., 1997). 그리고 김혜란 등(2001)은 ① 집단계획단계, ② 초기단계, ③ 사정단계, ④ 중간단계, ⑤ 종결단계로, 이애재(2006)는 ① 집단형성단계, ② 초기단계, ③ 추이단계, ④ 문제해결단계, ⑤ 종결단계로 제시하였다. 그러나 이 책에서는 집단의 발달단계를 ① 준비단계, ② 초기단계, ③ 중간단계, ④ 종결단계로 구분하고, 단계별로 집단지도자가 고려해야 할 요소와 실천기법을 살펴본다(Zastrow, 1993; Toseland & Rivas, 1995; Hepworth et al., 1997; Reid, 1997; 김혜란 외, 2001; 전재일 · 이성희, 2003; 이윤로, 2007; 설진화, 2008; 엄명용 외, 2008).

1 준비단계: 집단의 형성과 탐색

준비단계에서 집단지도자는 효과적인 집단사회복지실천을 위해 사전에 세심한 계획을 세워야 한다. 이 단계에서 결정해야 할 주요 사항은 ① 집단의 목적, ② 잠재적 집단 구성원에의 접근과 욕구사정, ③ 집단의 구성, ④ 집단의 지속기간과 모임의 빈도, ⑤ 물리적 환경의 배려, 그리고 ⑥ 기관의 승인 등이다.

1) 집단의 목적

이론적으로 어느 집단이든 목적이 있다. 이러한 목적은 집단의 궁극적인 목표이자 존재 이유이다. 집단의 목표는 후원기관, 기관, 집단지도자, 잠재적 집단 구성원의 욕구 등 여러 가지 원천으로부터 나온다. 일반적으로 집단의 목적은 집단을 결성하기로 할 때 잠재적 집단 구성원 개개인의 욕구를 고려하여 후원기관이나 집단지도자에 의해 어느 정도 정해진다. 또한, 기관이나 조직 자체의 승인, 목적, 임무의 범주 안에서 설정된다. 한편, 집단의 목적에 대한 설정은 집단지도자와 집단 구성원 간의 토론을 통해 타협, 수정될 수 있다. 따라서 집단지도자는 집단 구성원을 모으는 과정에서 구성원들이 목적과 관련하여 제기할 수 있는 의제나 질문 등에 대해 사전에 준비하는 것이 좋다.

집단 형성의 목적이 잠재적 집단 구성원들의 실제적인 욕구에 바탕을 두게 되면, 집단에 참여하는 구성원들의 목표는 기관 혹은 조직, 그리고 집단지도자의 목표와 조화를 이룰 것이다. 이러한 세 가지 목표 유형, 즉 기관이나 조직의 목표, 집단지도자의 목표, 그리고 집단 구성원들 목표의 공유 영역은 집단 에너지의 원천이 된다. 목적이 분명하고 상호 모순이 없는 기대를 반영함으로써 집단 구성원들이 결속하여 그들의 목표를 달성할 수 있다. 집단의 목적이 불분명하거나 시설이나 기관, 집단지도자, 집단 구성원 등이 서로 다른 기대를 지니고 있을 때에는 집단은 개인 간의 갈등에 의하여 약화할 수 있는 위험이 있다. 목적이 불분명하거나 분열된 집단과 비교하여 목적이 분명하고 통일된 집단은 더 자기 신뢰적이고 협조적이며, 솔선 · 모범적이고 결집력이 있다.

목적은 그 특성상 광범위할 수밖에 없다. 그러나 집단 활동이 자신에게 도움이 될지를 확인하고, 참여 여부를 결정할 수 있는 정보를 잠재적 구성원들에게 제공할 정도로 목적은 분명해야 한다. 따라서 집단의 목적 진술은 집단 모임의 이유, 집단 활동의 내용, 참여자들에게 요구되는 기대 등에 관한 정보로 구성되어야 한다. 다음은 목적 진술에 관한 예다.

- 집단은 한부모의 문제에 초점을 맞추게 될 것이다. 자녀 양육 원칙에 대한 정보가 제시될 것이다. 참여자들은 자녀에 대해 가지는 관심사를 공유하고 다른 사람들의 피드백(feedback)을 받을 수 있다.
- 집단은 정신과 병동에서 생활하는 새 환자들을 대상으로 한다. 논의는 병원에서의 생활에 대한 안내와 불필요한 스트레스의 감소에 초점을 둘 것이다. 구성원들은 특정문제를 제기할 수 있으며, 직원과 다른 환자로부터 조언을 받을 수 있다.
- 집단은 이혼한 부모들의 자녀를 대상으로 한다. 구성원들은 유사한 경험을 가진 또래의 지지를 통하여 관심사를 논의한다. 그리하여 그들의 상실을 슬퍼하고 치유할 수 있는 적절한 대처기술을 발달시키게 될 것이다.
- 집단은 전이암 등으로 투병하는 임종을 앞둔 환자들을 위하여 지지체계를 제공한다. 단 구성원들에는 그들의 병, 가족구성원과의 관계, 치료 등에 관련한 감정을 밖으로 나타내도록 유도한다. 통증의 통제를 위한 명상훈련, 자기체면 훈련 등을 제공한다.
- 집단은 척추부상으로 입원한 환자들을 대상으로 한다. 척추부상을 당한 한 개인이 자신의 장애에 적응하고 재활 프로그램에 참여하는 과정을 담은 영상물을 보여준다. 그리고 이러한 환자들과 함께 숙련된 지도자의 지도로 집단토론을 하게 한다.

2) 잠재적 집단 구성원에의 접근과 욕구사정

집단의 목적이 결정되고 나서 집단지도자는 제공되는 도움을 어떤 사람들이 필요로 할 것인가를 확인하여야 한다. 집단지도자는 단순히 집단을 결성하는 것이 자신의 직업적 임무 중 일부라는 이유만으로 집단을 결성해서는 안 된다. 집단지도자는 잠재적 집단 구성원들의 문제가 무엇이며, 그들의 어떤 부분이 집단을 통해 효과적으로 해결될 수 있는지의 여부를 결정하기 위하여 사전 배경조사를 한 이후에 집단을 제안해야 한다. 집단지도자는 집단을 계획할 때 잠재적 집단 구성원들의 욕구와 문제에 관한 정보를 가능한 한 광범위하게 파악하는 것이 대단히 중요하다. 이를 위해 집단지도자는 사례, 동료, 다른 기관의 전문가 등을 최대한 활용하여야 한다.

기관이나 조직의 과거와 현재의 사례는 잠재적 집단 구성원들의 욕구에 관한 가장 명백한 정보의 출처가 될 것이다. 예를 들면 어떤 잠재적 집단 구성원은 질병의 특성으로 말미암은 문제에 직면하는 경향이 있다. 그 실례로 정신병동의 환자들은 오랜 기간의 입원 이후 사회생활에 적응하는 데 종종 어려움을 겪는다. 돈을 계산하는 것, 집을 짓는 것, 의료보호를 받는 것 등에서 많은 문제가 일어날 수 있다. 잠재적 집단 구성원들에게 이와 같은 변화에 더욱 잘 대응하게 하고 재입원의 가능성을 줄이기 위해 퇴원 전 사회적응 집단을 이용하기도 한다.

집단의 초점은 생활의 변화로 말미암은 발달상의 과업이나 부정적인 문제를 지닌 잠재적 집단 구성원이 될 수 있다. 결혼, 출산, 입학, 졸업, 전직, 은퇴, 이사 등은 일반적으로 즐거움과 고통, 행복과 슬픔, 기대와 아쉬움 등의 감정이 복합적으로 수반된다. 사람들의 지지를 요구하는 위기상황은 대수술 전후에 일어날 수 있으며, 심각한 사고, 폭행, 사망, 이혼 등으로 말미암아 나타날 수 있다. 또한, 공유하는 환경적 스트레스 원인이 집단 결성의 근거가 될 수 있다. 예를 들면, 정신지체 아동의 부모들은 아동양육 문제에 관하여 서로에게 도움이 될 수 있다. 아울러 이들은 공동수단을 마련하여 조직 대표자들의 무성의에 대해 함께 이의를 제기함으로써 서로 도움이 될 수도 있을 것이다. 그리고 서비스 소비자들이 서비스를 제공하는 조직을 효과적으로 다룰 수 있게 하는 사회적 행동 중심의 집단을 결성할 수도 있을 것이다. 이와 같은 집단의 부수적인 이점은 집단 구성원들이 그들의 환경을 통제하고 지배할 수 있는 능력을 향상시킬 수 있다는 것이다.

집단 구성원의 욕구는 함께 생활하는 사람들과의 관계, 의사소통 등과 관련하여 경험하는 문제로부터 나올 수 있다. 집단에서 생활하는 학급의 학생, 병동의 환자, 재활 프로그램에의 참여자 등과 같은 개인들은 개인적 목표달성의 잠재성을 줄이는 부적응·역기능적 유형을 발달시킬 수도 있다. 그 사람이 어떤 집단에 참여할 수 있는지의 여부를 사정할 때 주요한 측면은 '지원자들이 집단 참여의 필요성을 느끼는가?' 혹은 '그러한 관심이 주로 전문가에게서 나온 것인가?'를 파악하여야 한다. 집단지도자와 집단 구성원의 공유된 인식과 기대는 집단의 결속을 가져오며 집단이 진행됨에 따라 집단 구성원들의 만족도를 증가시킨다.

한편, 집단의 또 다른 잠재적 구성원들은 집단의 필요성을 느끼지 않을 수도 있다. 이때 집단지도자는 그들에게 집단의 잠재성과 가치를 확신시켜 주어야 한다. 예를 들어 교도소나 보호감호소에서 생활하는 사람들은 의무적으로 집단에 참여해야 하는 비자발적 상황으로 특히 그러한 경우가 많다. 이들은 "나를 치료하려거든 해보시오. 나는 당신에게 저항할 것이오."라는 태도로 반응한다. 집단지도자는 이와 같은 저항은 물론 어떠한 형태의 저항에도 대비하고 그러한 저항을 극복할 수 있는 조치를 마련하여야 한다.

집단의 잠재적 구성원들은 집단에 관해 잘못된 인식을 하고 있을 수도 있다. 또한, 이들은 집단을 통한 활동이 가치 없는 방법이라고 느낄 수도 있다. 그들의 실제적 경험이 집단의 공유시간으로 말미암아 희석될 것이라는 감정을 가질 수도 있다. 그리고 집단 내의 다른 구성원에 의하여 악영향을 받을 수도 있다는 두려움이 있을 수 있다. 잠재적 구성원들은 집단에 참여하라는 권유에 때때로 "내가 다른 사람의 문제를 듣는다면 더 괴로워질 거야", "다른 사람의 불평을 들음으로써 내가 얻는 것이 뭐가 있겠는가? 내 문제만 해도 골치가 아픈데" 등과 같이 반응한다.

그러한 때에 집단지도자의 가장 효과적인 수단 중의 하나는 잠재적 구성원들이 이야기하는 감정과 생각을 기꺼이 들어주고 이해해 주는 것이다. 집단지도자가 잠재적 구성원들에게 접근함에 있어 주요한 목표는 정서적인 유대관계를 수립하고 협조관계를 맺는 것이다. 이것은 개인의 분노, 좌절, 두려움, 기대 등을 듣는다는 것을 의미한다. 또한, 그 개인에게 무엇이 중요한지를 인식하고, 그의 고통에 관해 진실한 관심을 보여야 한다. 집단지도자는 개인은 존중받을 가치가 있는 사람이라는 것을 잠재적 구성원들에게 전달하여야 한다.

3) 집단의 구성

(1) 집단 구성원의 동질성과 이질성

집단 유지에 대한 일반적인 견해는 집단은 동질적인 동시에 이질적이어야 한다는 것이다. 집단지도자는 집단의 동질성과 이질성을 결정함에 있어 집단 구성원들의 성별, 나이, 지적 능력, 교육 정도, 결혼 여부, 사회경제적 지위, 구성원들이 겪는 문제의 종류, 문제에 대한 대처능력 등을 고려한다.

집단에 참가하려는 목적이나 개인적 특성에 있어 동질성은 구성원들 간의 관계를 증진시키며 집단의 결속력을 높여 준다. 그러나 너무 동질적인 집단은 구성원들이 서로 잘 이해하고 있다고 생각하기 때문에 서로 자극하거나 서로에 대해 반론을 제기하지 않아 침체하고 현실 검증의 기회가 적을 수도 있다. 한편, 서로 다른 인생경험, 전문기술 수준, 대처 유형 등을 지니는 집단은 구성원들에게 광범위한 관점과 견해를 제공하여 개인의 문제를 해결하는 데 자극이 될 수 있다. 그러나 너무 이질적인 집단의 구성원들은 서로 관련시킬 수 없는 현실로 말미암아 그들의 문제를 표출하고 유대를 형성하는 데 시간이 오래 걸린다. 또한, 초기에 많은 방어와 저항이 있을 수 있다. 그래서 이로 말미암아 구성원들이 탈락할 수 있다. 그러므로 집단지도자는 다양성과 공통성 사이에서 균형을 이루어야 한다.

(2) 집단의 크기

집단의 목적, 구성원들의 성숙도에 의해 결정되는 집단의 크기는 집단 구성원들의 상호작용과 만족도에 영향을 미친다. 이상적인 집단 규모에 대한 의견은 학자마다 다양하다. 그러나 일반적으로 5~12명의 구성원이 선호된다. 집단 규모가 클수록 구성원들은 개별적 관심을 더 적게 받으며 구성원들 간의 상호작용은 적어진다. 또한, 집단의 구조는 더 공식적이 되며 공식적 지도유형에 대한 요구가 높아진다. 반면 집단이 적을수록 구성원들의 참여와 친밀성에 대한 요구는 더 많아지고 집단지도자는 구성원들에게 더욱 쉽게 다가갈 수 있다.

(3) 개방집단과 폐쇄집단

개방집단은 새로운 구성원을 언제든지 받아들이는 집단을, 폐쇄집단은 집단이 시작될 때부터 끝날 때까지 같은 구성원들로 유지되는 집단을 말한다. 개방집단의 장점은 잠재적 구성원이 원할 때 집단에 참여할 수 있어 당장 도움이 필요한 사람들에게 유용하며, 새로운 구성원의 아이디어나 자원을 활용할 수 있어 집단은 시너지 효과(synergy effect)를 얻는다. 한편, 폐쇄집단의 장점은 제한적 구성원 자격과 집단의 연속성이 있으므로 신뢰와 자기표출에 어려움이 적고 구성원들 간에 응집력이 강하다.

4) 집단의 지속기간과 모임의 빈도

집단의 지속기간은 정해진 기간 내에 목표를 달성하기 위해 노력하므로 생산적일 수 있는 시간제한 집단일 때, 리드(Reid, 1997)는 20회기 정도의 모임을 권한다. 보편적인 모임의 빈도는 1주일에 1번, 1~2시간 정도로 정한다. 1시간보다 짧으면 제기된 문제를 토론하기에는 시간이 부족할 수 있고, 2시간이 지나가면 지겨움을 느껴 집중하지 못한다. 집단 모임의 시간과 빈도를 정할 때 집단의 목적, 구성원들의 주의집중 능력, 구성원들의 상황, 기관의 환경 등을 고려해야 한다. 집단 모임의 시간은 원조과정의 구조에도 영향을 줄 뿐 아니라 구성원들과의 집단 경험에 대한 수행과 실행 수준에도 영향을 준다. 제한된 시간 내에 목표를 달성해야 한다는 압박감이 오히려 집단을 효과적으로 만들 수도 있다(Reid & Epstein, 1977). 집단 모임의 빈도는 집단 구성원들과의 동일시, 집단 정체성의 형성 등에 도움을 주기 때문에 초기단계에서 더 자주 만날 필요가 있다.

5) 물리적 환경의 배려

모임이 열리는 집단의 물리적 환경은 집단 구성원들에게 비밀성, 친밀감, 편안함, 집중도 등에 상당한 영향을 미친다. 따라서 집단지도자는 시설이나 기관의 주어진 여건 내에서 최상의 조건을 만들어 내기 위해 노력하여야 한다. 모임 장소는 집단에 속하지 않은 사람이 그 모임에서 토의하는 것을 들을 수 없고, 집단 구성원이 아닌 사람이 그 모임에 들어올 수 없도록 해야 한다. 주의집중을 방해할 수 있는 소음은 가능한 한 없어야 하고 방안 온도는 적정 수준으로 유지되어야 한다. 너무 큰 방은 집단의 친밀감을 떨어뜨리며 너무 작은 방은 공포감과 불안감을 자아낼 수 있다. 탁자는 구성원들이 컵을 놓거나 자신의 몸을 약간 숨길 수 있으므로 적당한 크기로 배치한다. 의자는 집단지도자와 구성원이 서로 볼 수 있도록 배열하는 것이 좋다.

6) 기관의 승인

기관으로부터의 승인은 수직적일 뿐만 아니라 수평적이어야 한다. 수직적 승인은 기관장이나 합법적 권한을 가진 사람에게서 나오는 승인과 지원을 말한다. 수평적 승인은 동료, 다른 직원들의 승인과 지지 등을 말한다. 기관의 직원이 승인하지 않으면 집단 구성원을 모으는 것 자체가 어려워지거나 집단을 운영하는 과정에서 갈등이 초래될 수 있다.

2 초기단계: 저항 다루기

집단 구성원들은 사전에 집단의 목표나 운영에 대해 설명을 들었더라도, 집단이 시작하게 되면 여러 가지 의문을 가지게 되며 약간의 두려움도 가질 수 있다. 집단의 초기단계에서 집단 구성원들의 특성은 저항이다. 특히 비자발적 집단 구성원은 저항의 강도가 더욱 심할 수 있다. 저항은 집단과정을 방해하기도 하고 집단을 지배하려고 하는 갈등으로 표현되기도 한다. 따라서 초기단계에서 집단지도자의 주된 노력은 구성원들이 자신을 집단 일부로 느끼도록 하는 것이다. 또한, 구성원들이 공통된 목적을 향해 함께 활동할 수 있는 공통적인 기초를 발견하도록 도와주는 것이다. 이를 위해서 집단지도자는 개방적이고 솔직한 의사소통을 촉진하며, 집단과정을 민주적으로 하여 신뢰할 수 있는 분위기를 확립하여야 한다. 집단 초기단계에서 집단지도자가 달성해야 할 주요 과업은 ① 집단지도자와 구성원의 소개, ② 집단의 목적에 대한 설명과 피드백, ③ 집단 구성원의 개별 목적설정, ④ 계약, ⑤ 집단 활동에 대한 동기와 능력의 고취, 그리고 ⑥ 집단과정에 대한 사정 등이다.

1) 집단지도자와 구성원의 소개

집단 구성원들의 소개에 앞서 집단지도자를 먼저 소개한다. 이때 구성원들이 집단지도자에 대해 신뢰감을 가질 수 있도록 해야 한다. 즉 구성원들의 기대가 성취될 수 있다는 확신을 줄 수 있어야 한다. 집단지도자를 다른 사람이 소개한다면, 집단지도자는 현 분야에서 상당한 신임을 얻고 있다는 내용을 간결하게 알려주는 것이 좋다. 집단지도자 자신이 소개한다면, 너무 겸손할 필요 없이 자신의 중요한 경력을 요약해서 전달해야 한다. 지식이 많고 구성원들에게 도움을 줄 수 있으며, 돕기를 원하는 이해심이 풍부한 인물로 표현하면 좋다.

집단 구성원들의 소개는 서로의 관심사와 흥미를 공유하여 상호신뢰를 발전시키는 계기가 된다. 집단지도자는 소개과정을 통해 구성원들이 그들의 생활경험, 관심사, 어려움, 감정 등에서 유사성이 있다는 점이 드러나도록 해야 한다. 따라서 집단의 목적을 고려하여 어떤 정보가 공유되는 것이 좋을지를 결정하고, 그 정보가 밝혀지도록 하여야 한다. 구성원들의 소개방법과 내용은 앞으로의 집단 운영방식과 논의과정에 많은 영향을 줄 수 있다. 따라서 집단지도자는 첫 모임에서 구성원들의 긴장감과 불안, 불신 등을 줄일 수 있는 다양한 방법을 준비해 두어야 할 필요가 있다.

일반적인 소개 방법은 차례로 돌아가면서 자신을 소개하는 것이다. 구성원들의 상호작용을 유발하기 위하여 계획적인 짝짓기로 소개하는 방법이 있다. 이는 짝을 지어 5~10분간 미리 짜인 질문으로 서로 면접을 하고, 자신이 면접한 상대방에 대해 집단에 소개하는 방식이다. 성장집단에서 사용할 수 있는 소개방식으로는 '1급 비밀'이라는 방법이 있다. 이는 구성원들에게 자신과 관련된 비밀스러운 내용을 한 가지씩 기록하게 한 후 이 1급 비밀을 수집하여 구성원들한테 읽어 준다. 구성원들은 누구의 비밀인지 알아맞히고 어떤 근거에서 그 구성원의 비밀인지 설명한다. 이 방법은 비밀쪽지를 통하여 서로 개인적인 비밀을 알기 때문에 구성원들 간의 신뢰와 응집력 증가에 효과적이다.

2) 집단의 목적에 대한 설명과 피드백

집단 구성원들의 소개가 끝나면 집단지도자는 집단의 목적에 대해 설명해야 한다. 이때 부정적 측면보다 긍정적 측면을 강조하는 것이 좋다. 또한, 후원하는 시설이나 기관의 기능에 대해서도 간단하게 언급하여 구성원들이 기대할 수 있는 서비스의 한계를 명확히 해야 한다. 집단지도자는 목적이나 목표에 대해서 구성원들이 자신들의 의견이나 관심사를 표현하도록 촉구해야 하며, 그들의 의견을 반영하여야 한다.

3) 집단 구성원의 개별 목적설정

집단 구성원 모두에게 적절한 공동의 목적이 수립되는 정도는 집단에 따라 다르다. 어떤 집단(예 금연을 목적으로 한 만성폐결핵 집단)에서는 공동의 목적 아래 구체적인 방법을 논의할 수 있지만, 어떤 집단(예 서로 다른 정신장애 집단)에서는 공동의 목적이 추상적이어서 개인적 목적을 구체적으로 설정해야 한다. 따라서 효과적인 목적달성을 위해 개별 목적은 명확한 용어로 규정되어야 하고, 달성 가능하며 측정될 수 있어야 한다.

4) 계약

집단 구성원들은 집단지도자의 역할, 구성원의 역할, 그리고 그들에게 기대되는 것 등에 대해서 잘 알지 못한다. 따라서 계약을 통해 집단지도자와 구성원 간의 기대, 책임, 의무 등을 분명하게 하여야 한다. 특정한 목적이나 목표에 관해 계약할 때 누가, 어떤 상황에서, 무엇을 하며, 그 이행에 대해서 어떻게 측정할 것인가 등을 언급해야 한다. 즉 계약에는 시간, 장소, 비용 등과 같은 실질적 내용과 구체적 일정, 그리고 변화가 필요한 행동 등을 포함한다.

5) 집단 활동에 대한 동기와 능력의 고취

집단의 목적과 개별 구성원들의 목적이 성공적으로 달성되려면 개별 구성원의 동기가 중요한 역할을 한다. 동기는 개별 구성원들이 갖는 집단지도자의 역할에 대한 기대, 집단과정에 대한 기대, 집단을 통해 이루어질 수 있는 것에 대한 기대 등에 의해 결정된다. 구성원들은 자신들의 목적달성을 위한 능력이나 집단에서의 소임을 잘해낼 수 있을지에 대해 양가감정을 가질 수 있다. 양가감정을 극복하도록 도와주는 방법의 하나는 목적달성을 방해하거나 촉진하는 심리적 · 사회적 · 환경적 요인이 무엇인지를 열거하고, 이에 대해 구성원들이 토론하도록 하는 것이다. 구성원들이 동기저하에 영향을 미치는 요인을 변화시키도록 집단지도자가 도와줌으로써, 구성원들은 두려움, 걱정, 양가감정 등을 적게 가지게 되고 자신들의 목적을 성취하려는 동기를 유지하게 된다.

6) 집단과정에 대한 사정

집단사회복지실천에서 사정의 초점은 집단의 유형이나 개입전략 등에 따라 달라질 수 있다. 그러나 집단지도자가 반드시 개별 구성원과 전체로서의 집단 모두에 초점을 두어야 한다는 점은 공통적이다. 집단은 계속 변하므로 이에 따라 사정도 시기적절한 집단지도를 위해 지속적으로 이루어져야 한다. 집단과정에 대한 사정을 집단 구성원에 대한 사정, 전체 집단에 대한 사정, 그리고 집단 환경에 대한 사정 등으로 나누어 살펴본다.

(1) 집단 구성원에 대한 사정

집단에 참여하는 구성원들의 상당수는 대인관계에서 그들 자신과 다른 사람에게 스트레스를 일으키는 행동상의 역기능적인 측면을 가지고 있다. 집단지도자는 구성원들에게서 반복적으로 나타나는 행동과 그 행동과 밀접히 관련된 인식에 초점을 맞추어야 한다(Hepworth et al., 1997). 집단 구성원에 대한 사정 영역은 집단 구성원의 특성, 대인관계와 집단 구성원 간 상호작용, 그리고 대인관계와 집단 구성원의 환경 등을 포함한다(윤현숙 외, 2001).

① 집단 구성원의 특성에 대한 사정

집단 구성원의 성장 · 발달과정에서 일어난 일, 현재의 건강상태, 심리상태, 정신건강, 교육 정도, 직업, 수입, 취미, 신념, 기대, 동기 등에 대한 사정이다. 의사, 집단지도자의 평가와 관찰, 집단 구성원 자신의 자기보고 등에 대한 정보를 기반으로 사정이 이루어진다.

② 대인관계와 집단 구성원 간 상호작용에 대한 사정

집단 구성원과 가족과의 관계, 친구와의 관계, 그리고 어떤 문제가 발생하였을 때 이야기를 들어주고 정신적으로 의지할 수 있는 인간관계 여부 등에 관해 사정한다.

③ 집단 구성원의 환경에 대한 사정

집단지도자는 집단 구성원의 환경이 개인의 목표와 집단의 목표달성을 지지하는 환경인지 아닌지를 평가할 필요가 있다. 이때 집단지도자는 반드시 한 번 이상 집단 구성원의 가정을 방문하여 실제 정보를 확인할 필요가 있다.

(2) 전체 집단에 대한 사정

전체 집단에 대한 사정 영역은 집단 행동양식, 집단 내 하위집단, 그리고 집단의 규범이나 가치 등을 포함한다(Hepworth et al., 1997).

① 집단 행동양식에 대한 사정

집단 행동양식에 대한 사정은 전체 집단의 상호작용이 구성원들 간에 지지적인가? 집단은 목표를 달성하는 데 건설적인 방향으로 나가고 있는가? 집단 내 권력이나 자원은 일부 구성원이 독점하고 있는가? 아니면 공유하고 있는가? 집단 내 의사결정은 민주적인 방식으로 이루어지는가? 등을 포함한다. 기능적인 집단행동의 몇 가지 예는 다음과 같다.

- 집단은 문제를 직시하고 필요한 조정을 한다.
- 집단은 개별 구성원들이 자신들의 문제를 드러내는 데 긍정적으로 반응한다.
- 집단의 구성원들은 다른 구성원의 욕구와 감정에 민감하고 상호 지지적이다.
- 집단 내 의사결정은 모든 구성원의 관점과 감정을 고려하여 합의로 이루어진다.
- 집단은 상호작용을 독점하거나 집단의 목표를 달성하는 데 방해가 되는 구성원에 대해서 책임 있게 대응한다.

② 하위집단에 대한 사정

효과적인 집단지도가 이루어지기 위하여 집단지도자는 집단 내부의 하위집단을 확인하고, 그 집단이 전체 집단에 미치는 영향에 대해 사정을 해야 한다. 하위집단이 집단 내 다른 구성원들과 밀접한 관계를 허용하지 않는 배타적인 집단이 되거나 전체 집단의 목표를 방해하는 때에는 집단에 해가 될 수 있다.

③ 집단의 규범이나 가치 등에 대한 사정

집단지도자는 집단의 규범을 확인하고, 그 규범들이 개별 구성원과 전체 집단에 도움이 되는지 혹은 해가 되는지를 판단해야 한다. 집단지도자는 필요하다면 집단 규범의 변화를 위한 긍정적인 분위기를 만들어야 한다. 집단의 규범을 알기 위해서는 다음과 같은 질문이 도움이 된다.

- 집단 내에서 이야기될 수 있는 주제와 이야기될 수 없는 주제가 있는
- 어떤 종류의 감정적 표현이 허용되는가?
- 문제해결이나 과업달성을 위해 집단은 어떤 태도를 보이는가?
- 성공적인 집단경험을 위한 책임이 구성원들에게 있다고 여기는가? 아니면 집단지도자에게 있다고 여기는가?
- 집단지도자의 위상에 대한 집단의 의견은 어떠한가?
- 피드백에 대한 집단의 태도는 어떠한가?
- 개별 구성원의 기여에 대해서 어떻게 여기고 있는가?

(3) 집단 환경에 대한 사정

집단 환경에 대한 사정 영역은 집단지도자가 소속된 시설이나 기관의 환경, 시설이나 기관 간 환경, 그리고 지역사회의 환경 등을 포함한다(Hepworth et al., 1997; 윤현숙 외, 2001).

① 시설이나 기관의 환경에 대한 사정

시설이나 기관 내에서 집단을 결성할 때 집단의 목적이 시설이나 기관의 목적과 맞는지, 집단 활동의 장소는 있는지, 협력은 제공되는지, 그리고 집단에서 다루고자 하는 접근방법이 시설이나 기관의 방침에 적합한지 등을 사정한다.

② 시설이나 기관 간 환경에 대한 사정

다른 시설이나 기관의 특별사업(㉠ 새로운 프로그램이나 실천방법에 대한 연구회 등)과 행해지는 사업 등에 관한 정보를 수집하여 시설이나 기관 간 환경에 대한 사정을 한다.

③ 지역사회의 환경에 대한 사정

지역사회에는 어떤 사람이 살고 있으며 그들은 어떤 직업, 수입, 종교를 가졌는지, 지역 내에 어떤 공공자원이 있으며 부족한 자원은 무엇인지, 지역사회 관심사는 무엇인지 등에 대한 사정을 한다.

3 중간단계: 응집력과 생산성

중간단계에서는 집단 구성원들 간에 친밀감과 상호공유, 집단 응집력이 증가하는 시기이다. 이 단계에서 집단지도자는 집단과 구성원들이 집단의 목표를 잘 달성할 수 있도록 격려하고, 목표달성에 필요한 집단의 문화와 규범을 발전시키고 유지한다. 또한, 목표달성에 방해가 되는 장애를 극복할 수 있도록 원조해야 한다. 집단지도자가 이 단계에서 달성해야 할 주요 과업은 ① 집단 모임의 준비, ② 집단의 구조화, ③ 집단 구성원의 참여와 권한 부여, ④ 집단 구성원의 목적성취 원조, ⑤ 저항적인 집단 구성원의 독려, 그리고 ⑥ 모니터링(monitoring) 등이다.

1) 집단 모임의 준비

집단지도자가 효과적으로 집단을 이끌어 나가기 위해서는 다음 모임을 위한 의제를 준비하여야 한다. 또한, 구성원들의 토론을 자극하고 흥미를 유발할 수 있는 재료를 준비하며 시간배분도 적절하게 하여야 한다.

2) 집단의 구조화

집단의 구조화란 집단 구성원들이 바람직한 방향으로 변화해 나가도록 원조하기 위한 계획적이고 체계적이며, 시간제한적인 개입을 의미한다. 집단 구조화를 위한 활동으로는 각 모임의 시작과 종료 시각을 정확하게 구성원들이 알게 하거나 이번 모임에서 다룰 내용이 무엇인지를 명확히 하는 것이다. 또한, 의사소통과 상호작용의 유형을 설정하여 모든 구성원에게 참여할 기회를 부여하기 위해 토론과정을 구조화할 수 있다. 집단의 초점을 유지하는 활동, 지금까지의 일을 요약하는 활동 등도 구조화의 방법이다. 집단의 구조화는 집단의 목적성취를 촉진하며, 집단지도자가 계획적이고 체계적인 개입을 할 수 있는 장점이 있다.

3) 집단 구성원의 참여와 권한부여

집단지도자는 구성원들을 집단의 일에 완전히 참가하게 하고, 집단 내부와 외부에서의 자신의 삶에 대해 책임을 질 수 있도록 권한을 부여한다. 집단 구성원들의 참여를 촉진하고 권한을 부여하는 것은 집단지도자가 지도와 안내를 하지 않는다는 것이 아니며, 집단을 지도하는 데 집단 구성원들의 투입과 피드백을 진지하게 고려해야 한다는 의미다. 권한부여를 위해서 집단지도자는 첫째로 구성원들의 장점에 대한 믿음을 보여주고, 둘째로 목적달성을 위해 노력하는 과정에서 부딪힐 수 있는 장애물과 어려움을 인식하도록 하며, 셋째로 집단의 내용과 집단의 방향이 구성원들에게 달렸다는 것을 알게 하고, 넷째로 구성원들의 상호원조에 대해 칭찬하며, 다섯째로 새로운 행동과 활동을 집단 내외에서 시도해 보도록 격려할 수 있다.

4) 집단 구성원의 목적성취 원조

집단 구성원의 목적달성을 위한 집단지도자의 개입은 개별 구성원, 전체 집단, 집단의 환경 등에서 이루어져야 한다. 집단 구성원의 목적달성을 위한 활동은 첫째로 집단 구성원이 자신의 목적을 인식하고, 둘째로 구체적인 개입계획을 발전시키며, 셋째로 그들이 직면할 수 있는 문제를 극복하고 개입계획을 실행에 옮기려는 의지를 증진시키며, 넷째로 개입계획을 실행에 옮길 수 있도록 원조하는 것을 포함한다.

5) 저항적인 집단 구성원의 독려

집단지도자는 집단의 구성원이 되기를 원치 않는 사람과 함께 해야 하는 때도 있다. 저항적인 구성원은 집단 내에서 달성해야 할 목적 자체를 설정하지 않으려는 경향이 있다. 이때 그들이 자신의 문제에 대처하지 않음으로써 발생할 수 있는 결과에 대해 초점을 맞추며, 구성원들 간에 건설적인 직면을 하도록 하는 것이 동기촉진에 도움이 된다. 집단에 적극적인 참여를 꺼리고 저항적인 구성원은 목적을 달성하려고 노력하는 과정에서 장애에 자주 부딪치게 된다. 이로써 변화에 대한 그들의 동기를 약화시키며 변화에 대한 신념체계에 부정적인 영향을 미칠 수 있다. 이러한 구성원에게는 신념체계를 변화시키는 방법과 외부 환경을 이용하는 방법 등을 활용할 수 있다.

6) 모니터링

집단과정을 점검하고 평가하는 모니터링을 통해 집단 구성원들과 집단지도자는 피드백을 얻을 수 있다. 모니터링은 서면이나 구두로 집단의 전 과정에서 수행되어야 한다. 평가횟수는 집단에 대한 피드백을 어느 정도 받아야 하는가의 필요성에 달렸다. 각 집단 회기마다 모임이 끝났을 때 집단 구성원들이 그 모임에 대해 평가를 하거나 혹은 2~3번의 모임마다 1번 정도 평가를 할 수 있다.

4 종결단계: 통합과 종결

집단 발달단계의 마지막 단계인 종결단계를 이별단계라고도 하는데, 이 단계에서 집단지도자의 주요한 과업은 집단을 성공적으로 종결하는 것이다. 이 단계에서 집단지도자의 기술 수준에 따라 이전까지의 집단경험을 포함하여 모든 집단경험의 성패가 좌우된다. 집단에 매우 깊이 관여했던 집단 구성원들은 이 단계에서 특히 힘들어 한다. 일부 구성원들은 불안감과 노여움을 표시하기도 하고 종결을 부정하기도 한다. 또한, 집단지도자에 대한 의존성이 나타나기도 하고 투쟁을 벌이기도 한다. 집단지도자가 이 단계에서 달성해야 할 주요 과제는 ① 변화 노력의 유지와 일반화, ② 집단에 대한 의존성 감소, ③ 종결에 대한 감정의 처리, ④ 불만족스러운 종결의 사유에 대한 이해, ⑤ 미래에 대한 계획, ⑥ 의뢰, 그리고 ⑦ 평가 등이다.

1) 변화 노력의 유지와 일반화

집단지도자는 집단 구성원들이 집단 참여를 통해 성취한 변화를 유지하고, 구체적인 변화를 구성원들의 주요한 생활영역으로 일반화할 수 있도록 원조하여야 한다. 구성원들은 개입 직후에 상당한 변화를 유지하더라도 시간이 지나면서 긍정적인 변화를 유지하는 것이 어려워진다. 또한, 치료로 나타나는 특정한 행동을 다른 맥락에서 수행하지 못하는 경향이 있다. 다음과 같은 방법이 변화의 유지와 일반화를 위해 도움이 된다.

① 집단 구성원들의 일상생활과 관련이 있는 현실적인 사례를 집단에서 다룬다.

② 집단 구성원들의 문제에만 초점을 맞추지 말고 자신의 능력을 확인할 수 있게 하여 자신감을 발전시키도록 한다.

③ 변화유지 능력을 방해하는 어려운 상황에도 대비할 수 있도록 다양한 상황과 환경을 활용한다.

④ 변화를 통해 일어나는 긍정적인 결과에 초점을 맞추도록 한다.

⑤ 공식적인 집단을 마치고 나서 추후 모임 할 기회를 제공하여 변화를 유지하기 위한 자신의 노력을 재검토할 수 있게 한다.

⑥ 집단 구성원들이 집단 외부에서 부딪힐 수 있는 비우호적인 환경에 대해 어떻게 대응해야 할지 미리 준비시킨다.

⑦ 집단 구성원들에게 그동안 배운 것을 요약해 주거나 대처기술을 이용하는데 자신감을 북돋워 주어 스스로 자신의 문제를 해결할 수 있도록 한다.

2) 집단에 대한 의존성 감소

집단지도자는 집단 구성원들의 집단 의존성을 줄이기 위해 구성원들이 집단 외부의 지지와 구성원 자신의 기술과 자원을 활용하도록 원조하여야 한다. 집단이 끝나기 몇 주 전부터 집단의 종결에 대해 논의하도록 한다. 집단의 매력을 감소시키기 위해 구성원들이 다시는 집단이 필요하지 않음을 토론하게 하거나 집단에서 성취한 것을 요약하게 한다. 집단 종결단계에서 모임은 짧게, 그리고 모임 간의 간격은 길게 하도록 한다. 구성원들에게 외부활동에 참여하도록 격려하여 집단의 중요성을 감소시킬 수 있다.

3) 종결에 대한 감정의 처리

집단의 종결시점에 이르러 집단 구성원들과 집단지도자는 긍정적인 감정과 부정적인 감정을 동시에 느낀다. 긍정적인 감정은 목표를 성취하고 다른 구성원을 도울 수 있었다는 만족감, 자부심, 자신에 대한 유능감 등이다. 부정적인 감정은 서로 간의 연대관계가 깨어진다는 불안감이나 자신이 거부되었다는 느낌 혹은 상실에 따르는 슬픔 등이다. 집단지도자는 집단의 종결에 따른 자신의 감정을 구성원들과 공유하며, 구성원들의 양가감정(兩價感情)에 대한 토론이 이루어지도록 격려하여야 한다.

4) 불만족스러운 종결의 사유에 대한 이해

집단 구성원들과 전체 집단이 치료목적을 달성하여 더 이상의 서비스가 필요하지 않을 때 집단을 종결하는 것이 가장 이상적인 종결의 유형이다. 그러나 집단 구성원이 중간에 탈락하거나 전체 집단과 구성원이 그들의 목적을 달성하지 못한 채 집단이 조기에 종결되는 때도 있다. 개별 구성원이 계획에 없는 종결을 하였을 때에 집단지도자는 그 원인을 확인하여 다른 구성원들이 탈락하는 것을 방지하여야 한다. 또한, 자신의 기술이 점점 더 늘어 가고 나아지도록 노력하여야 한다. 또한, 전체 집단이 조기에 종결되는 때에도 어떤 요인이 집단의 해체에 영향을 미쳤는지를 확인하여 앞으로의 집단 지도에 적극적으로 반영하여야 한다.

5) 미래에 대한 계획

집단 구성원들이 부가적으로 모이기를 희망하면 재계약을 할 수 있으며, 집단지도자의 지도 없이 집단 구성원들끼리 만나는 자조집단을 만들도록 격려할 수 있다. 또한, 구성원들이 새로운 위기상황 혹은 문제의 발생 등으로 서비스가 필요할 때 부가적인 서비스를 받는 방법에 대해 확실하게 설명을 해주어야 한다.

6) 의뢰

집단 구성원에게 부가적인 서비스나 자원이 필요하면 집단지도자는 같은 기관 내 다른 부서나 다른 기관으로 구성원을 연결해주어야 한다. 단, 의뢰는 집단 구성원과 집단지도자가 모두 동의한 경우에만 이루어져야 한다.

7) 평가

평가는 집단 구성원들과 집단의 목적달성 정도를 통해 개입의 효과성을 판단할 수 있는 근거를 제공한다. 또한, 구성원들은 집단에서의 만족과 불만족을 표현할 기회를 가진다. 그리고 집단지도자는 평가를 통해 얻은 정보를 활용하여 집단지도 기술을 발전시킬 수 있다. 평가에는 ① 과정평가(process evaluation), ② 성과평가(outcome evaluation), 그리고 ③ 만족도 조사 등이 있으며, 각각에 대해 간략히 살펴보면 다음과 같다(Zastrow, 1993; 이윤로, 2007; 박주현 · 임상록, 2009).

(1) 과정평가

일반적으로 과정평가는 집단 구성원들이 집단에서 유용했거나 유용하지 못했던 양상에 관해 측정하는 것이다. 집단과정을 향상시켰거나 방해했던 사건이나 기법에 관한 피드백은 집단지도자에게 매우 가치 있는 정보가 된다. 집단지도자는 이러한 정보를 가지고 어떤 자료를 빼거나 덧붙일 수도 있고, 자신의 개입기술을 연마할 수도 있다. 그러나 피드백이 매우 비판적일 때 집단지도자는 크게 자존심이 상할 수도 있지만, 이를 부정하거나 거부하여서는 안 된다. 집단지도자는 마음을 열고 비판을 받아들여야 하며, 건설적으로 이에 반응할 준비가 되어 있어야 한다. 집단 구성원들의 의견에 따라 변화를 주는 것이 바람직하다.

과정평가는 집단 구성원들에게 건설적이었던 사건, 기법, 자료, 양상 등과 비생산적인 것들을 토론하도록 요청함으로써 말로 수행될 수 있다. 이러한 평가의 장점은 구성원 대부분이 글로 쓰는 것보다는 말로 이야기하는 것을 좋아한다는 것이다. 단점은 부정적인 피드백을 주기를 꺼린다는 것이다. 한편, 과정평가는 간단한 질문지를 돌리면서 수행될 수도 있는데, 전형적인 세 가지 질문의 예는 다음과 같다.

- 이 집단의 장점은 무엇입니까?
- 이 집단의 단점은 무엇입니까?
- 앞으로 어떻게 변화를 주면 좋을지의 제안을 간단하게 써 주세요.

(2) 성과평가

성과평가는 집단이 시작될 때 설정된 목적이 성취된 정도를 측정하는 것이다. 측정방법에는 단일사례 디자인, 과제성취척도, 집단실험설계 등이 있다.

(3) 만족도 조사

만족도를 측정하는 설문은 간단하고 비용이 저렴하게 드는 것이 장점이다. 만족도를 조사하는 방법은 집단의 마지막 모임 시간에 질문지를 돌리는 방법도 있고, 집단을 종결하고 나서 질문지를 우편으로 보내어서 받아보는 방법도 있다. 그러나 응답자의 기분에 따라 응답이 영향을 받는 것이 만족도 조사의 단점이다. 만족도 측정을 위한 질문지의 예는 〔표 12-1〕과 같다.

[표 12-1] 집단의 만족도 측정을 위한 질문지

※ 다음 각 문항을 읽고 자신의 생각과 가장 가까운 번호에 V 표시하여 주십시오.

문항	전혀 그렇지 않다	그렇지 않은 편이다	보통이다	그런 편이다	매우 그렇다
1) 나는 이 집단이 목적을 성취했다고 생각한다.	①	②	③	④	⑤
2) 나는 이 집단의 구성원들에 대해 매우 만족한다.	①	②	③	④	⑤
3) 나는 이 집단의 구성원이 되어 매우 즐거웠다.	①	②	③	④	⑤
4) 나는 지금까지 수행된 집단 활동에 대해 매우 만족한다.	①	②	③	④	⑤
5) 나는 이 집단에 참여함으로써 인격적으로 크게 성장했다.	①	②	③	④	⑤
6) 나의 개인적 목적은 이 집단을 통해 성취되었다.	①	②	③	④	⑤
7) 나는 기회가 주어지면 이러한 집단에 또 참여하고 싶다.	①	②	③	④	⑤
8) 집단지도자는 이 집단을 매우 잘 이끌었다.	①	②	③	④	⑤

＊ 생각해 볼 점

1 집단과정에 대한 사정의 개념은 무엇인가?

2 개방집단과 폐쇄집단의 차이점과 장단점은 무엇인가?

3 집단 구조화의 개념은 무엇인가?

4 집단 발달단계별 집단지도자의 주요한 개입기술은 무엇인가?

▸▶ 참고문헌

김혜란 · 홍성미 · 공계순(2001). 사회복지실천기술론. 서울: 나남출판.

박주현 · 임상록(2009). 건강가정정책론. 서울: 파란마음.

설진화(2008). 사회복지실천기술론. 경기: 양서원.

엄명용 · 노충래 · 김용석(2008). 사회복지 실천기술의 이해. 서울: 학지사.

윤현숙 · 김기환 · 김성천 · 이영분 · 이은주 · 최현미 · 홍금자(2001). 사회복지실천기술론. 서울: 동인.

이애재(2006). 사회복지실천기술론. 경기: 양서원.

이윤로(2007). 사회복지실천기술론(2판). 서울: 학지사.

전재일 · 이성희(2003). 사회복지실천기술론. 서울: 형설출판사.

Hepworth, D., Rooney, R., & Larsen, J.(1997). *Direct Social Work Practice: Theory and Skills*(5th ed.). Pacific Grove, CA: Brooks/Cole.

Reid, K. E.(1997). *Social Work Practice with Groups: A Clinical Perspective*(2nd ed.). Pacific Grove, CA: Brooks/Cole.

Reid, W. J., & Epstein, L.(1997). *Task-Centered Practice*. NY: Columbia University Press.

Toseland, R. W., & Rivas, R. F.(1995). *An Introduction to Group Work Practice*(2nd ed.). NY: Macmillan.

Zastrow, C.(1993). *Social Work with Groups*. Chicago: Nelson-Hall Pub.

Chapter 13

지역사회 개입

1. 지역사회의 개념

2. 지역사회분석

3. 지역사회조직 유형

4. 지역사회 개입기술

＊ 학습의 목표

1 지역사회를 개발하고 조직화하고 개혁하여 인간생활에 적합한 형태로 지역 환경을 변화시키기 위해서 사회복지사는 클라이언트를 둘러싼 지역사회의 영향을 정확히 이해한다.

2 지역사회의 개념과 유형, 지역사회를 분석하는 데 필요한 주요 정보영역을 알아본다.

3 지역사회 수준에서의 다양한 실천 방법과 개입기술에 대해 살펴보기로 한다.

1 지역사회의 개념

지역사회는 지리적 조건에 의해 형성된 지역공동체라고 할 수 있다. 지역사회는 제한되고 인접된 지역 내에서 함께 거주하는 주민들로 성립된 인구의 집합체이며, 공동의 생활양식과 문화를 공유하고 통일된 지역사회 의식을 가지며, 주민들끼리 상호 간에 협동하면서 생활하는 공동사회인 것이다(이근홍, 2006). 지역사회는 공통적인 물리적 공간을 점유하고 있는 것뿐만 아니라 공통적인 욕구를 가지고 있는 주민들로 구성된 인간집단으로서, 주민의 욕구를 충족시키기 위해서 조직된 사회조직이기도 하다. 이와 같이 지역사회란 지리적 영역과 공동생활 요인을 동시에 가지고 있는 인간집단이라고 볼 수 있다(김영모 편, 2001).

이러한 기존의 정의를 종합해 보면 지역사회란 지리적 조건에 위해 형성된 지역공동체로서, 일정한 지리적 영역을 공유하고 있는 사람들이 사회적 상호작용을 하면서 사회조직을 이루며, 문화를 공유하면서 지역공동 의식을 가지고 생활하는 공동체라 할 수 있다.

[표 13-1] **지역사회의 주요 개념**

구분	내용
정치적 실체	• 군 · 구 주택지구 등 지역사회는 많은 정치적 · 사회적 기능을 수행하며 정부와 개인 사이를 중재한다.
힘	• 어떻게 상위조직이 하위조직에 영향력을 미치고 통제하는가와 관련이 있다. 지역사회가 각기 다른 정도의 힘을 가진 정부의 하위체계인 것처럼, 주민들도 다른 힘을 갖고 있는 지역사회의 하위체계이다.
지리적 구성	• 인구가 특정 지역에 집중되어 있는가, 고르게 분포하는가, 상업지역과 주택지역은 어디인가, 지역사회 사이를 구분하는 경계는 무엇인가 등이다.
경쟁	• 어떻게 지역사회 구성원들이 땅을 활용하며 상업이나 공업, 공공시설, 주거 용도로 더 나은 장소를 찾는가와 관련이 있다.
격리	• 사회적 억압이나 구속적인 법 또는 개인의 선택으로 특정한 공통된 특성을 가진 집단이 분리되거나 소외되는 것을 말한다.
통합	• 다양한 집단이 하나의 기능적인 전체로 합하여 섞이는 과정을 의미한다.

이러한 지역사회가 지녀야 할 공통요소는 지리적 영역, 사회적 상호작용, 공동의 결속체와 소속감인 공동의 유대 등이다.

2 지역사회분석

사회복지사는 자신이 속한 기관이나 지역사회에 대해서 잘 파악하고 있어야 한다. 특히 지역사회 전체를 개입 대상으로 하는 경우에는 지역주민의 삶에 영향을 미치는 정치, 경제, 사회, 문화적 특성과 지역사회주민의 욕구나 문제에 대한 파악이 매우 중요하다(설진화, 2008).

지역사회분석은 사회복지사로 하여금 지역사회 내부의 행동과 의사결정에 영향을 미치는 사회 · 경제 · 정치적 구조와 지역사회의 역사를 알게 함으로써 사회복지실천의 맥락을 이해할 수 있으며, 지역사회주민이나 클라이언트를 돕기 위해서 또는 지역사회에 필요한 새로운 프로그램을 개발하는 데 필요한 정보와 현존하는 자원에 대한 정보를 알게 한다(Sheafor, Horejsi, & Horejsi,

1997). 지역사회분석은 새로운 정보가 나타날 때마다 이루어져야 하지만, 특히 새로운 지역사회에서 일을 시작할 때에는 해당 지역사회에 대한 조사와 분석을 실시하는 것이 바람직하다. 지역사회의 특성을 설명하는 정보는 센서스 자료, 지역사회 욕구조사 보고서, 지역사회 계획과 관련된 보고서, 지방정부발행 각종 보고서, 지방신문 등을 통해서 수집하거나, 지역에 거주하는 주민들을 대상으로 한 설문조사나 면접 등을 활용하여 구할 수 있다(김혜란 외, 2006).

지역에 대한 분석은 지역 전체에 대한 포괄적인 분석을 할 수 있으며 또한 특정한 문제나 하위인구집단을 중심으로 분석을 할 수도 있다. 지역사회 전반에 대해 알기 위해서는 인구, 지역사회의 역사, 지리적 조건, 지역경제실태, 소득분배, 주택, 소득, 교육, 건강 및 복지체계, 공공안전과 사법체계, 주요 언론매체 및 여론, 지역사회의 주요 문제와 관심사 등에 대해 정보를 수집하는 것이 도움이 된다(〔표 13-2〕 참조).

한편 특정 문제영역(알코올중독, 가정폭력, 청소년 비행 등)이나 인구유형(아동, 청소년, 여성, 노인, 장애인 등)에 따른 표적집단의 관심과 욕구의 측면에서 지역사회를 분석하는 경우는 전반적인 측면에서 지역사회를 분석하는 경우보다 지역이 안고 있는 문제에 대해서 보다 많이 심층적으로 알 수 있게 된다.

[표 13-2] 지역 전체에 대한 포괄적인 분석의 주요 영역

영역	세부사항
확인정보	• 도시, 지역, 근린지역 이름 • 지역사회의 영역, 구역, 이웃을 언급하는 명칭 • 지역사회에 대한 사회적, 법적, 물리적 경계 • 다른 지역사회로부터의 거리
인구	• 전체 인구, 인구밀도 • 연령대별 분포(학령전 인구, 초등생, 중고등생, 노인인구 등) • 가구유형과 가족 규모(편부모, 독거노인 등)
지역 역사	• 개발 시기, 이유, 주체 • 시간에 따른 인구특성의 변화 • 전입 · 전출 이유
지역사회에 대한 지리적 · 환경적 영향	• 지리적 조건이 지방 교통 양상, 경제발전, 인구분포에 미치는 영향 • 교통망이 이웃의 양상, 사회적 상호작용, 기관의 서비스 전달에 미치는 영향 • 천연자원과 환경문제가 현재 및 미래발전에 미치는 영향(오염, 물 공급 등)
지역의 경제 및 사업	• 주요산업, 사업, 생산물 • 지역 소유 기업체와 법인, 지역사회 밖에서 통제하는 기업체와 법인 • 지역에서 접할 수 있는 직업 유형 • 신규 사업이 지역에 들어오고 나간 이유 • 고용률, 실업률 • 미래 경제성장과 취업기회 전망
소득분배	• 평균소득 • 빈곤선 이하의 인구 및 가구 수 • 다양한 형태의 공적 부조를 받는 인구 및 가구 수
주택	• 가장 공통적인 주택유형 • 주택비용과 입주가능성 • 주거 밀집 혹은 기준미달 가구 수
교육시설과 프로그램	• 학교의 위치와 유형 • 특별한 욕구를 가진 아동에 대한 적절한 학교 프로그램 • 학생들의 중도 탈락률 • 이용할 수 있는 성인교육, 취업훈련 프로그램
건강과 복지체계	• 보건서비스 제공자의 이름과 위치(병 · 의원, 가정보건 프로그램 등) • 사회복지 서비스를 제공하는 기관의 이름과 위치(복지관, 아동보호기관, 약물치료기관 등) • 지역의 보건 및 복지 서비스 프로그램의 포괄성, 이용가능성, 접근성, 적절성 • 지역 내 자조집단과 비공식적 원조망 • 위탁가정과 시설에 있는 아동의 수

영역	세부사항
공공안전과 사법체계	• 경찰, 소방, 공공보건의 적절성 • 교도소, 보호관찰, 가석방 성인의 수 • 교정시설과 청소년 사법 프로그램 대상 청소년의 수 • 지방경찰, 법원, 교정 프로그램에 대한 지역주민의 태도
정보원과 여론	• 현안에 대한 정보 및 관점을 제공하는 영향력 있는 TV, 라디오방송, 신문 • 종교집단을 포함하여 지역사회의 다양한 분파의 대변인과 지도자
지역사회의 주요문제와 관심사	• 지역사회 내 주요 시회문제의 사정(일자리 부족, 청소년 폭력, 가정폭력 등) • 지역사회 문제를 대처하기 위한 노력, 노력하는 사람들 • 현존하는 사회, 보건, 교육 서비스의 주요 공백

출처: Sheafor, Horejsi, & Horejsi(1998), Techniques and Guidelines for Social Work Practice, pp. 376~379. 수정.

3 지역사회조직 유형

지역사회조직(community organization)은 개별사회사업, 집단사회사업과 함께 전통적 사회사업의 한 방법으로서 사회복지실천에 있어서 중요한 위치를 차지하고 있다. 지역사회조직사업은 지역사회를 구성하는 개인, 집단, 조직, 이웃 등의 사회적 복리와 안녕을 긍정적 방향으로 향상시키기 위해 지역사회 수준에서 전개되는 일련의 활동을 말하며 공·사 사회복지기관의 전문사회복지사에 의해 이루어지고 추구하는 변화에 대해 보다 의도적이고, 계획적이며, 조직적이고, 과학적인 지식과 기술을 포괄적으로 사용한다는 점에서 다른 지역사회복지활동과는 구별된다(설진화, 2008).

로스만(Rothman, 1974)은 지역사회조직사업을 하나의 현상으로 보는 것보다는 지역사회개발, 사회계획, 사회행동, 이 세 가지의 다소 독특한 지역사회연계의 형태로 보아야 한다고 주장하고 있다. 지역사회조직사업의 세 가지 모형(models)을 12가지 실천변수에 따른 유형별 특성을 중심으로 살펴보고자 한다.

1) 지역사회개발(model A)

지역사회개발(community development) 유형은 의도된 방향으로 사회변화를 이룰 수 있다는 전제에서 나온 지역사회조직사업의 한 형태이다. 지역사회의 변화를 가장 효과적으로 이루기 위해서는 광범위한 주민들의 의식적이고 계획적인 참여를 통해 가능하다.

지역사회개발에 대한 UN의 정의를 보면, '지역사회개발은 지역사회주민의 적극적인 참여와 주민이 가능한 한 최대의 주도권을 갖고, 전 지역사회의 경제적 · 사회적 조건을 향상시키기 위한 한 과정'이라고 말하고 있다. 이 지역사회개발에서는 민주적인 절차, 자발적 협동, 토착적인 지도자의 개발, 교육 등이 특히 강조된다.

이러한 지역사회개발사업의 예로는 도시지역에서 전개되는 지역복지관의 지역개발사업, 평화봉사단, 성인교육 분야의 지역 활동 등이 있다.

2) 사회계획(model B)

사회계획(social planning)은 비행, 주택, 일탈, 정신건강과 같은 사회문제를 해결하고자 하는 기술적인 과정을 강조한다. 이 모델에서 강조되는 것은 문제해결을 위한 합리적인 계획수립과 통제된 변화이다. 지역사회 주민의 참여정도는 문제의 성격에 따라 또 이 문제에 관여하는 기관들에 따라 광범위할 수도 있고, 소수일 수도 있다(설진화, 2008). 복잡한 산업사회에 있어서 계획된 변화는 거대한 관료적인 기관들을 움직일 수 있는 능력을 포함한 고도의 기술을 행사할 수 있는 전문가를 필요로 한다. 특히 사회복지사로서의 전문가는 주민들이 필요로 하는 물자와 서비스를 제공하는 데 관심을 갖는다. 이 모델에서는 model A처럼 지역사회 문제 해결능력을 배양한다거나, model C와 같이 근본적 사회변혁을 증진시키려는 것은 중요하지가 않다(이애재, 2006).

이 유형을 추진하는 기관은 주로 정부로, 예를 들면 지식경제부를 위시한 각 부처의 기획담당부서, 도시계획국, 지역사회복지협의회와 수많은 민간복지와 보건관계기관을 들 수 있다.

3) 사회행동(model C)

사회행동(social action)은 지역사회의 불우계층에 처한 지역사회주민이 사회정의와 민주주의에 입각해서 보다 많은 자원과 보다 나은 처우를 그 지역사회에 요구하는 행동을 말한다. 이 모델은 지역사회 내의 권력관계를 재분배하거나 변화시키려는 의식적이고 체계적인 노력을 포함하며 재화와 권력의 불평등이 사회구조적 모순에서 시작되었다고 가정하고 있다.

따라서 이에 참여하는 사회복지사는 지역사회의 기존 제도(예 교육, 취업, 복지, 보건, 가치관 등)와 현실에 대한 근본적 변화를 추구한다. 사회복지사는 권력, 자원, 지역사회 정책결정에 있어서 역할 등의 재분배를 추구하며, 공공기관의 기본정책에 대한 변화를 추구한다. 이러한 사회행동사업의 예로는 소수인종집단, 학생운동, 여성해방 혹은 여권신장운동, 급진정당, 노동조합운동, 복지권 운동, 소비자보호운동, 환경보호운동 등이 있다.

지역사회조직의 유형별 특성을 살펴보면 〔표 13-3〕에서 보는 바와 같다.

[표 13-3] **지역사회조직의 유형별 특성**

구분	지역사회개발	사회계획	사회행동
목표	• 과정목표: 지역사회의 통합과 능력의 향상	• 과업목표: 지역사회문제의 해결	• 과업 및 과정 목표: 기본적인 제도 변화
구조와 문제 상황에 관한 전제	• 문제해결을 위한 민주적 능력과 기술의 결여	• 지역사회 내의 실재적인 제 사회문제	• 사회적 불공평, 박탈, 불평등
변화전략	• 문제의 결정 · 해결에 관여된 자들의 광범위한 참여	• 문제에 관련된 사실 수집 • 가장 합리적인 방안 결정	• 대상집단에 압력을 가함 • 행동을 위한 사람의 조직화
변화전술과 기법	• 합의 · 집단토의 • 집단 간의 의사소통을 가짐	• 합의 또는 갈등	• 갈등대결, 직접행동, 협상
사회복지사의 역할	• 조력가 · 조정가 · 지도자	• 분석자 · 전문가 프로그램 수행 촉진자	• 대변자 · 행동가
변화와 매개체	• 과제지향적 소집단 조정	• 전문가의 관계 수립	• 대중조직과 정치적 과정에의 영향력 행사
권력구조에 대한 견해	• 공동사업의 협력자	• 고용자 또는 후원자	• 외부에 존재하는 반대세력
클라이언트 체계의 범위	• 지리상의 전 지역사회	• 지리상의 전 지역사회의 일부	• 지역사회의 일부
지역사회 내 하위집단의 이해관계	• 의견 차이의 조정 가능성 • 동질적 하위체계	• 개의치 않음 • 갈등적 관계	• 갈등적 이익관계
공익에 대한 개념	• 합리주의 목적과 의사주체 단일성	• 이상주의 • 목적과 의사주체 • 단일성	• 현실주의 목적과 의사주체 다양성
클라이언트의 개념	• 시민	• 소비자	• 희생자
클라이언트 역할의 개념	• 참여자	• 소비자 혹은 수혜자	• 고객

출처: Rothman(1974); 설진화(2008), 사회복실천기술론, p. 240. 재인용.

4 지역사회 개입기술

지역사회복지실천가인 사회복지사는 촉매자, 촉진자, 중개자, 교사 등 매우 많은 역할을 요구받고 이를 수행해 나가고 있다. 지역사회복지실천을 보다 효과적으로 수행해 나가기 위한 대표적인 실천기술들을 살펴보았다.

1) 옹호기술

옹호(advocacy) 활동은 ① 클라이언트에게 제공되지 않은 자원과 서비스를 얻을 수 있도록 하고, ② 클라이언트에게 불리한 영향을 미치는 실천, 절차, 정책들을 수정하며, ③ 필요한 자원이나 서비스를 제공받을 수 있는 새로운 법률이나 정책들을 증진시키기 위해서 클라이언트와 함께 또는 클라이언트를 대표해서 일하는 과정이다(Hepworth, Looney & Larsen, 2004). 이와 같은 옹호는 표적집단에 대한 강력한 영향력이나 압력을 행사하는 것을 포함하는 개념으로서, 설득과 대표행위 등이 핵심기술이다.

(1) 설득(persuasion)

설득은 사회복지실천에서 자주 쓰이는 대인 관계 기술의 하나이다. 설득은 클라이언트나 주의·주장에 대한 호의적인 해석을 얻어내기 위해 펼치는 제반 활동으로 요약할 수 있다. 설득의 효과를 높이는 데는 개인적인 권위와 정확한 사실 파악이 필수적이다. 설득은 다음의 네 가지 요소로 이루어진다. 즉, 메시지 전달자, 전달형식, 전달할 메시지, 전달대상이 그것이다.

(2) 대표행위(representation)

대표란 다른 사람의 의견을 대신해서 표현 또는 전달하는 행위이다. 대표자와 대표를 요청한 사람(피대표자)과의 관계는 양자의 합의에 의해 결정된다. 대표행위는 다음과 같은 원칙에 바탕을 두고 이루어져야 한다(이애재, 2006).

- 당사자 외에 제3자의 개입이 필요한지를 먼저 결정한다.

- 대표자는 자신의 지식을 클라이언트와 공유한다.
- 클라이언트가 원하는 바를 찾아내서 점검한다.
- 대안을 제시하고 클라이언트로 하여금 바람직한 것을 선택하게 한다.
- 매사에 서로 협조한다.

옹호활동에는 개인(사례)에 대한 옹호와 집단(계층)옹호가 있다. 개인옹호는 개인이나 가족이 적절한 서비스를 제공받을 수 있도록 개별 클라이언트 체계와 함께 또는 그들을 대표해서 일하는 것이며, 집단옹호는 특정계층이나 집단의 모든 사람들에게 영향을 미칠 수 있는 정책, 실천, 법의 변화를 도모하는 것을 말하는데 이러한 집단옹호는 지역사회주민의 공통된 욕구나 문제를 예방하고 해결하기 위한 사회복지 실천노력의 한 방법이 될 수 있다.

옹호활동은 다음과 같은 상황에서 적절하게 사용될 수 있다(Hepworth, Looney & Larsen, 2004).

- 기관이나 직원이 자격이 되는 클라이언트에게 서비스와 혜택의 제공을 거부할 때
- 비인간적인 방법으로 서비스를 전달할 때
- 인종, 종교, 신념, 그 밖의 다른 요소 때문에 클라이언트가 차별받을 때
- 서비스와 혜택의 차이로 인해 곤란과 역기능이 있을 때
- 정부나 기관정책이 자원과 혜택이 필요한 사람들에게 부정적인 영향을 미칠 때
- 클라이언트가 스스로를 위해서 효과적으로 행동할 수 없을 때
- 자원이 없어 많은 사람들의 공통된 욕구가 해결되지 못할 때
- 위기상황에서 클라이언트가 즉시 서비스와 혜택을 받아야 하는 특별한 욕구가 있을 때
- 클라이언트가 시민의 혹은 법적인 권리를 거부당했을 때
- 조직의 시설이나 절차가 클라이언트에게 부정적으로 영향을 미칠 때

다음은 사회복지사가 옹호활동에 사용할 수 있는 기술의 예이다(Hepworth, Looney & Larsen, 2004).

① 클라이언트의 집단을 조직하기

공통적인 문제가 있는 성원을 구성하여 행동을 취하도록 한다. 옹호자들은 클라이언트 집단을 대신한다기보다는 함께 일해야 하며, 불이익을 당하는 개인이나 집단의 참여가 절대적으로 중요하다. 또한 정치가는 유권자를 의식하기 때문에 클라이언트 집단과 가족들이 투표권자로서 힘을 발휘할 수 있다.

② 관련기관 간의 협의체 구성

개별기관이 필요한 변화에 성공적으로 영향을 미치지 못할 때 공동의 문제에 대해서 기관 간에 위원회를 형성할 수 있다. 결정권자는 많은 기관이 공통된 관심을 표명할 때 더 영향을 받으며, 여러 조직과 연합할 때 상대방의 공격에 덜 치명적으로 된다.

③ 정부 관료나 입법자들과 접촉하기

사회복지사는 시의 조례나 법안의 개정을 위해서 입법자나 공공관료와 직접 접촉할 수 있으며, 입법자가 어떤 안건을 판단하기 위해서 정보가 필요할 때 위원회에 참석하여 정보를 제공할 수 있다.

④ 법적인 행동

클라이언트의 권리가 침해 당했을 때 기관 차원에서 해결이 잘 되지 않을 경우 법적인 소송을 제기하는 것이 대안이 될 수 있다.

⑤ 전문가 증언 제공하기

사회복지사는 연구, 조사, 문헌 등을 통하여 얻은 정보를 공청회에서의 적절한 질문 및 답변으로 제시하거나 입법자들과 만나서 클라이언트의 문제나 욕구에 대해 증언함으로써 공공정책을 개선하는 데 영향을 미친다.

⑥ 지역사회 관련부분 교육하기

진보적인 정책과 프로그램을 개발하는 데 가장 강력한 적은 주요 결정자들이 제기된 문제를 무시하는 것이다. 따라서 출판, 지역방송, 집회, 패널 토론, 캠페인 등을 활용하여 정부 관료나 주요 결정권자들을 교육한다.

2) 조직화 기술

조직화(organizing)는 클라이언트 체계의 문제를 해결하기 위해 필요한 인력이나 서비스를 규합하고 나아가 조직의 목표를 달성하도록 합리적으로 운영해 나가는 과정이다(최옥채, 2001). 즉 지역사회의 당면문제를 해결하기 위해 지역사회주민을 선정하여 하나의 모임을 만들며, 그 모임이 조직체계를 갖출 수 있도록 원조하는 기술을 말한다.

사회복지사는 지역사회가 처한 상황과 해결 방향에 따라 목표를 세우고, 합당한 주민을 선정하여 모임을 만들며, 이 조직이 지역사회의 욕구나 문제를 해결해 나가도록 돕는 역할을 한다(김범수·신원우, 2006). 이러한 조직화 기술은 지역사회복지 실천에서 가장 기본이자 핵심적 기술이다.

효과적인 조직화 기술은 다음과 같다(Beckwith & Lopez, 1997; 김종일, 2004 재인용).

① 사적 이익에 대한 관심을 조직화에 활용한다.

사적 이익에 연연하는 사람을 지역사회의 공적인 이익을 추구하는 조직화에 참여시키는 것은 결코 쉬운 일이 아니다. 그러나 사익 추구에 전념하는 사람에게 조직화가 자신의 이익 추구와 상충하지 않는다는 점을 인식시킨다면, 이 사람이 조직화에 참여하는 것도 가능해진다. 조직화는 결국 사익과 공익의 공통 영역이 존재한다는 사실을 인식시키는 과정이기도 하다. 바꾸어 말하면, 그것은 '나'와 '우리'의 개념을 다시 정립하는 과정인 셈이다(이애재, 2006).

② 조직화는 지속적 관심과 노력이 요구되는 역동적인 과정이다.

조직화는 지속적 관심과 노력을 요구하는 동적인 과정이다. 이 과정을 통해 지역주민들은 협력의 필요성과 효과적인 실천에 대해 배우게 된다. 아울러 성장하지 않는 조직은 결국 해체된다는 점도 기억해야 한다(이애재, 2006).

③ 갈등과 대립상황에 익숙해지는 법을 배워야 한다.

조직원들은 갈등과 대립 그리고 협상에 익숙해져야 한다. 조직화 과정에서 궁극적으로 이런 문제와 직면하기 때문이다. 지역사회 문제가 항상 상대방의 선의에 의존해서 해결되는 것은 아니며 오히려 그 반대의 경우가 더 많은 편이다(이애재, 2006).

④ 조직화는 쟁점을 중심으로 이루어지므로 쟁점은 명확해야 한다.

지역사회의 조직화는 쟁점(issue)을 중심으로 이루어진다. 따라서 조직가는 쟁점을 명확하게 재정립할 필요가 있다. 쟁점을 다시 규정할 때에는 다음 사항을 염두에 둔다. 첫째, 쟁점은 시급한 문제로 표현되어야 한다. 둘째, 문제를 구체적으로 담아내야 한다. 셋째, 실현 가능한 것으로 선정하여야 한다(이애재, 2006).

3) 임파워먼트 기술

지역사회복지실천은 지역사회 주민들의 임파워먼트를 도와주는 과정이기도 하다. 지역사회실천으로서 임파워먼트는 무력감을 느끼는 주민들에게 자신들의 잠재력을 개발하고 이 힘을 바탕으로 필요 자원을 획득하도록 도와주는 과정이다.

지역사회주민의 임파워먼트를 높이기 위한 구체적인 기술 및 방법은 다음과 같다(Rubin & Rubin, 2001).

첫째, 의식 제고(consciousness raising)는 무력감을 느끼는 개인들을 한데 모아 문제 원인이 자신들에게 있는 것이 아니라는 점을 알게 한다. 이러한 과정을 통하여 자신들을 억압하는 사회구조에 대해 비판적 의식을 갖도록 한다.

둘째, 자기주장(self-assertion)은 문제의 원인과 소재를 파악한 다음에는 공개적으로 자기의 목소리를 내어 자신의 주장을 전개해 나가는 것이 중요하다. 사회복지사는 이들이 공개적으로 자신의 주장을 전개하는 것에 대해 두려움을 갖거나 위축되지 않도록 도와준다.

셋째, 공공의제의 틀을 갖추기(framing the agenda)는 쟁점이 공공의제가 될 수 있도록 쟁점을 정리하고 대중의 관심을 확보할 수 있도록 의제화하는 것이다. 이 과정에서 시위나 대중매체 캠페인은 대중들의 관심을 유도할 수 있는 좋은 수단이 된다.

넷째, 파워 키우기(building power)는 자원동원과 조직화를 통해 주민들의 권력을 키우는 과정이다. 사람의 수, 열정, 법적 행동, 전문성, 힘의 위협 등은 중요한 힘의 원천이 된다.

다섯째, 능력 키우기(capacity building)는 클라이언트의 역량을 강화하기 위한 조직을 설립하고 자신들의 주장을 효과적으로 표명하기 위한 캠페인을 전개하는 과정을 포함한다. 이를 통해 목표 완수라는 성공을 이루고 무력감을 극복하도록 한다.

여섯째, 사회적 자본의 창출(creating social capital)은 사회 자본은 지역사회 구성원의 사회적 관계에 바탕을 둔 자원으로서 물리적 자본과는 상대적 개념이다. 이러한 사회 자본은 구성원 간의 협력과 연대감을 높이는 데 기여한다.

4) 자원개발 · 동원 기술

자원(resource)이란 사회복지실천에서 클라이언트의 변화나 그들의 생활을 향상시키는 데 유용하게 사용할 수 있는 인력, 물질, 조직, 정보로 이해할 수 있다(최옥채, 2005). 자원개발 · 동원 기술은 지역사회의 문제를 해결하기 위해 필수적인 지역사회 내의 자원이 부족하거나 외부의 자원이 필요한 상황에서 활용된다. 흔히 자원의 유형은 개인, 현금, 물품, 시설, 조직, 기관, 정보 등으로 구분되나 지역사회복지실천에 있어서 가장 핵심이 되는 자원은 인적 자원과 물적 자원이라고 할 수 있다. 이러한 자원을 개발하고 동원하는 기술은 다음과 같다(Rubin & Rubin, 2001).

- 인적 자원을 동원하는 기술: 기존 조직의 활용, 개별적 접촉, 사회경제적 네트워크 활용
- 물적 자원을 동원하는 기술: 회비, 조직의 홍보와 마케팅, 외부 지원금 신청, 모금을 위한 특별 이벤트

먼저 이러한 인적 자원을 개발하고 동원하기 위해 사회복지사가 고려해야 할 실천 기술은 다음과 같다(최옥채, 2005).

① 기존 조직이나 네트워크에 편입된 자원일수록 지역사회조직의 성원이 되기 쉽다.

② 개인의 지역사회조직 참여는 그가 제공하는 비용과 받는 이득에 의해 영향을 받는다.

③ 기존 조직들은 지역사회복지실천의 중요한 자원이며, 참여자들의 비용을

줄일 수 있고, 실천 활동이 성공할 가능성을 높이는 데 기여한다.

④ 대체로 통합의 정도가 높고 참여자 간 응집력이 높은 집단과 네트워크에 의한 동원을 통해 집합행동이 발생하고 활성화된다. 이를 위한 조건으로 기존의 의사소통 네트워크가 있어야 하고, 이 네트워크가 집합행동의 이념과 목표를 수용해야 하며, 이를 활성화시킬 수 있는 분위기가 조성되어야 한다.

⑤ 최소한의 분업이 가능한 소규모 비공식 집단이 다양한 전술을 사용할 수 있고 외부의 방해에도 효과적으로 대응할 수 있다.

다음으로 물적 자원의 개발 및 동원에서 중요한 것은 후원자에 대한 조직의 신뢰성을 유지하는 것이다. 이를 위해 무엇보다도 현금이나 물품의 사용에 대한 투명성이 확보되어야 하며 조직 구성원의 전문성과 사명감을 통해 후원자들이 바라는 좋은 결과를 보여주는 것이 필요하다. 따라서 조직 차원에서 구성원에 대한 꾸준한 교육과 책임성 확보를 위한 자체 노력이 요구된다.

5) 연계기술

일반적으로 연계는 서비스 중복을 방지하고 자원을 효율적으로 관리하기 위하여 정기적인 모임 및 회의를 통하여 서비스 계획을 공동으로 수립한 후 개별기관들이 각각 서비스를 제공하는 것으로 개별기관의 정체성은 유지하되 서비스 제공에 있어서 팀 접근(team approach)을 시도해 나가는 것을 말한다(박태영, 2003). 지역사회 내 지역문제에 공동으로 대응하고 협력하기 위한 연계기술이 나날이 더 강조되고 있다.

지역사회 내에서 사회복지사의 연계기술은 다음과 같다(Rubin & Rubin, 2001).

① 지역사회 또는 지역사회 주민이 필요한 자원이나 서비스와 연결하는 것을 돕는다.

② 지역사회의 유용한 자원에 대한 정보나 그것을 이용할 지역사회주민의 능

력이 부족할 경우에 더 적절하다.

③ 서비스의 중복을 방지하고 자원을 효과적으로 관리하기 위하여 정기적 모임 및 회의 등을 가진다.

④ 다양한 욕구를 충족시키기 위하여 패키지 서비스 또는 원스톱 서비스(one-stop service)가 이루어질 수 있도록 한다.

* 생각해 볼 점

1 자신이 살고 있는 지역사회를 분석해보자.

2 다양한 지역사회개입 기술을 향상시킬 수 있는 방안들에 대해 생각해보자.

3 지역사회복지실천을 위해 요구되는 사회복지사의 역할은 어떤 것이 있을까?

4 지역사회의 각종 사회복지관련 인적·물적 자원을 파악해보자.

▸▶ 참고문헌

김범수·신원우(2006). 지역사회복지론. 경기: 공동체.
김혜란·홍선미·공계순(2006). 사회복지실천기술론. 서울: 나남출판.
박태영(2003). 지역사회복지론. 경기: 현학사.
설진화(2008). 사회복지실천기술론. 경기: 양서원.
이애재(2006). 사회복지실천기술론. 경기: 양서원.
이효선(2003). 사회복지윤리와 철학의 이해. 서울: 학지사.
조휘일·김경희·권순미·최희수·이시연·윤정혜·권현진·양인순·전선영·강정숙·원미순·이효선(2005). 사회복지실천기술론. 경기: 학현사.
최선화(2007). 풀어쓴 사회복지실천기술. 경기: 공동체.
최옥채(2005). 사회복지사를 위한 조직화 기술. 경기: 학현사.

Barker, R. L.(1995). *Social work dictionary*(3rd ed.). Washington, DC: NASW Press.

Hepworth, D. H., Rooney, R. H., & Larsen, J. A.(1997). *Direct social work practice: Theory and skills*(5th ed.). Pacific Grove, CA: Brooks/Cole.

Hepworth, D. H., Rooney, R. H., & Larsen, J. A.(2004). *Direct social work practice theory and skills*. 허남순 · 한인영 · 김기환 · 김용석 역. 사회복지실천 이론과 기술. 서울: 나눔의집.

Rubin, H. & Rubin. I.,(2001). *Community Organizing and Development*(3rd ed). Boston: Allyn and Bacon.

Loewenberg, M., & Dolgoff, R.(1996). *Ethical Decision for Social Work Practice(5th ed.)*, Itasca, IL: F. E. Peacock.

Sheafor, B., Horejsi, C., & Horejsi, H.(1997). *Techniques and Guidelines for Social Work Practice*. Boston: Allyn & Bacon.

Trevithick, P.(2000). *Social Work Skills: A Practice Handbook*. Philadelphia, PA: Open University Press. 우국희 · 최경원 · 황숙연 역(2002). 사회복지실천기술: 실천을 위한 핵심기술. 사회복지실천연구소.

Chapter 14

사회복지실천 기록

1. 기록의 목적과 용도

2. 기록의 내용

3. 기록의 기본원칙

4. 기록의 종류

5. 기록을 위한 지침

6. 기록의 유의사항

* 학습의 목표

1 기록의 목적과 유형에 대해 알아본다.

2 기록의 종류에 대해 알아본다.

3 기록을 위한 지침에 대해 알아본다.

사회복지 개입과 실천과정에 대한 기록과 평가는 클라이언트의 상황에 대해 확인하고 기술 · 사정하는 것으로 서비스의 목적과 과정, 개입과정과 결과를 한 눈에 볼 수 있게 한다. 기록은 사회사업실무의 중요한 부분이며 필수과정이다. 기록의 내용과 구성은 오랜 기간을 거치면서 변화되어 오기는 했지만 여전히 클라이언트에 대한 서비스를 기록한다. 사회복지실천에서 기록은 그 쓰임새가 다양할 뿐 아니라 중요한 의미를 지니는 과정이다. 사회복지실천 기록은 사회복지사가 개입한 사례를 계획에서부터 종결과 사후지도까지의 전 과정을 합당한 형식을 갖춘 틀에 따라 객관적으로 서술하는 것을 말한다(최옥채, 2002).

1 기록의 목적과 용도

기록의 목적은 책임성이다. 사회복지사들은 자신이 제공한 서비스를 기록하고 설명하며 평가함으로써 클라이언트와 기관 및 사회에 대한 법적 · 윤리적 책임을 지게 된다(Kagle, 1995). 기록의 목적과 용도를 구체적으로 살펴보면 다음과 같다.

1) 책임성

기록의 일차적인 목적은 책임성이다. 사회복지실천가들은 기관과 클라이언트, 지역사회에 대해 법적이고 윤리적인 중요한 책임성을 가지고 자신들이 제공하는 서비스나 개입에 대해 기록, 설명, 평가함으로써 전문직을 수행하게 된다.

2) 정보 제공

클라이언트와 그 가족, 대리인, 고용주에게 정보를 제공한다. 특히 클라이언트의 알 권리를 존중하기 위해 정보를 개방하고 공유하며 치료적인 목적에 활용하기도 한다. 또한 사회복지실천가, 지도감독관, 자문 그리고 기관 내의 다른 전문가들에게 정보를 제공한다.

3) 개입이나 서비스의 과정 점검 및 평가

기록을 통해서 서비스나 개입이 어떻게 이루어지고 있는지 과정을 점검할 수 있다. 또한 개입이나 서비스가 효과적이었는지 평가하는 데 사용된다.

4) 클라이언트에 대한 이해 증진

사회복지사는 클라이언트가 무엇을 원하는지 욕구를 파악하고 개입의 방향을 설정하는 데 도움을 받는다. 또한 클라이언트는 자신에 대한 기록을 보거나 기록과정에 참여함으로써 자신에 대한 이해를 높일 수 있으며 사회복지사와 클라이언트 간의 의사소통을 원활하게 한다.

5) 지도감독 및 교육활성화

기록은 실천가들을 교육하고 지도 감독하는 데 이용된다. 또한, 교육을 받는 학생이나 실습생 또는 초보 사회복지사들은 자신의 활동에 대해 점검하고 훈련받을 수 있는 기회가 된다. 슈퍼바이저나 상급자는 직원들이 제공하는 서비스나 업무내용을 파악하고 평가하며 지도 감독하는 데 활용한다.

6) 근거자료

기록은 기관 및 사회정책에 따르는 승인을 증명하는 데 이용된다. 서비스의 질을 관리하고 조사를 수행하는 데도 이용된다. 또한 기록은 연구를 위한 자료로 활용되며 재정을 마련하거나 기금조성의 근거자료가 된다.

7) 효과적인 사례관리

클라이언트에게 제공되는 서비스나 개입 등이 기록됨으로써 클라이언트가 타 전문가에게 의뢰될 경우에도 서비스가 중단되지 않고 연결될 수 있다. 또한 서비스나 개입에 대해 문서화함으로써 서비스의 중복이나 누락을 막아 효과적으로 사례가 관리된다.

8) 타 전문직과의 의사소통

기록은 기관 안팎의 다른 사람들과 의사소통하는 데 이용되며, 이는 전문직간 협력을 원활하게 한다.

9) 자료화

사회복지실천 활동이 이루어지는 모든 내용을 자료로 남긴다.

2 기록의 내용

사회복지실천에서 기록은 사회복지시설의 기능과 업무에 따라 그 내용이 변화하기 때문에 일반화하기는 어렵다. 일반적으로 기록에 포함되어야 할 내용을 제시하면 다음과 같다.

- 의뢰와 방문 이유
- 기관에 대한 클라이언트의 기대

- 클라이언트의 동기 및 기관의 서비스를 활용할 능력
- 클라이언트에 대한 기본적인 정보: 나이, 연령, 성별, 직업, 교육수준 등
- 클라이언트의 사회력
- 개입의 필요성 및 서비스를 제공하는 이유
- 사회복지사의 면접 및 사정내용
- 목표
- 계약
- 개입전략
- 종결 및 평가에 대한 내용
- 사후관리 등

[표 14-1] **사회력(social history)**

- 사회적 사정보고서라고도 한다.
- 클라이언트의 문제나 욕구를 역사적이며 생태학적인 맥락, 강점에 기반을 두어서 이해하기 위해 사용된다.
- 클라이언트의 문제뿐만 아니라 강점과 대처능력을 발견하기 위해 사용된다.
- 클라이언트의 현재와 가까운 과거에 초점을 두며, 간략한 형태가 되기도 하고 광범위한 주제를 다루면서 긴 형태가 되기도 한다.
- 주로 클라이언트와 클라이언트의 가족들에게서 정보를 얻는다.
- 사정의 도구로도 활용되며 정보 자체로도 유용하다.
- 사회력 작성은 지속적인 과정이다. 한번 작성했다고 끝나는 것이 아니라 초기에 일단 작성되면 새로운 정보가 추가될 때마다 기존 사회력에 덧붙여 작성한다.
- 이야기체로 서술할 수도 있고 기관의 구조화된 양식에 맞춰서 작성하기도 한다.

3 기록의 기본원칙

사회복지실천기록은 사회복지사와 클라이언트 그리고 기관이 상호 밀접한 관계를 가질 뿐만 아니라 이들에게 매우 유용한 문서이므로 다음과 같은 몇 가지 원칙을 가져야 한다.

1) 사실대로 작성한다

기록자 임의로 기록해서는 안 된다. 가급적 쉽고 간명하게 한글로 작성한다. 올바른 뜻의 전달을 위해 필요한 경우에는 괄호 안에 한자나 기타 외국어를 넣어 쓴다. 또한 내용상에 거짓이 없어야 한다(예 하루 종일 청소, 일부 내용을 삭제하는 경우).

2) 구체적 · 객관적 · 논리적 · 긍정적으로 작성한다

기록은 대략적 · 주관적 · 감성적 · 부정적이어서는 안 된다. 예를 들면, 현황만 또는 문제점만 제시하는 것이 아닌 서론, 본론, 결론이 성립될 수 있도록 한다. 또한 기록자 임의의 주관적인 기록이어서는 안 되며, 기록자 자신이 주인공이 되어 감성적인 기록을 하지 않도록 주의한다.

3) 정확한 용어를 사용해야 한다

기록에는 전문용어와 나이를 정확하게 구분하여 기록해야 한다. 예를 들면, 영아는 3세 미만, 유아는 6세 미만, 아동은 18세 미만, 청소년은 9세 이상 24세 미만이다. 또한 기록에는 각종 기관의 고유 명칭을 사용하여야 한다(예 충청남도사회복지협의회, 충청남도사회복지사협회, 충남사회복지공동모금회 등). 또한 약어를 사용하지 않아야 한다(예 사회복지관 → 복지관, 백석문화대학 → 문화대, 클라이언트 → ct라고 표현하는 데 주의하여야 한다).

4) 글씨는 깨끗하고 단정하게 작성한다

기록은 글 쓰는 이의 심정을 그대로 반영하는 것이므로 필체나 글씨에도 신경써야 한다. 컴퓨터로 일지를 작성할 경우 특히 오자나 탈자에 유의하여야 한다.

5) 맞춤법에 유의하여야 한다.

띄어쓰기에도 유의한다(예 아버지가 방에 들어가신다 - 아버지가방에 들어가신다).

6) 요약 · 정리하는 습관을 가져야 한다

글을 잘 쓰기 위해서는 평소 요약 · 정리하는 습관이 필요하며 다양한 경험이 필요하다. 모든 것을 직접 경험해 볼 수 있는 것은 아니므로 여행, TV 시청, 책읽기나 인터넷 검색을 통해 필요한 경험을 간접적으로 얻는 것도 좋은 방법이다. 많이 안다고 반드시 좋은 글을 쓸 수 있는 것은 아니지만 지식이 풍부하면 좋은 글이 나올 수 있는 가능성이 그만큼 높다. 많은 경험을 통해 생각의 폭이 넓어지기 때문이다. 이렇게 수집한 경험을 잘 정리한다면 한편의 좋은 글이 될 것이다.

4 기록의 종류

기록의 방법에는 여러 가지가 있으며 새로운 실천방법의 등장에 따라 변화해왔다. 사회복지사는 자신이 소속된 기관이 요구하는 기록을 정확하고 효율적으로 유지하는 능력을 발전시켜야 한다.

1) 과정 기록(process recording)

과정 기록은 원조과정이나 클라이언트와 사회복지사의 상호작용과정을 있는 그대로 세밀하게 기록하는 방법으로, 클라이언트가 실제로 말했던 것을 정확하게 상기할 수 있도록 대화형태 그대로 기록하는 매우 상세한 기록양식이다.

클라이언트와의 면담과정에서 일어난 것, 사회복지사가 관찰한 것들이 마치 연극 대본과 같이 직접적인 인용으로 기록되기도 하고, 이를 간접적으로 풀어쓰기도 한다. 또한 면담을 녹화한 오디오테이프나 비디오테이프를 듣고 관찰된 모든 것들을 기록하며 대부분의 과정 기록에 직접적인 인용을 사용한다(Wilson, 1980). 과정 기록은 클라이언트와 사회복지사와의 상호작용 과정을 면밀하게 분석하기 위해서 사용되며, 의사소통의 내용이나 비언어적 표현까지도 포함된다.

과정 기록을 세밀하게 하기 위해서는 사회복지사와 클라이언트와의 대화 내용, 사회복지사와 클라이언트의 대화에 대한 사회복지사의 느낌, 이에 대한 사회복지사의 분석을 기록한다. 슈퍼바이저의 코멘트를 기록할 공간도 남겨둔다. 이러한 고정기록은 교육 및 지도 감독 시에 매우 유용하게 활용되나 시간과 비용이 많이 소모된다는 한계 때문에 최근에는 많이 사용하지 않으며(사회복지사의 업무과중) 교육적 목적 등을 위해 부분적으로 활용한다.

과정 기록의 장·단점을 정리하면 다음과 같다.

(1) 과정 기록의 장점

- 슈퍼비전이나 교육적 도구로 매우 유용하다.
- 실무교습과 학습의 수단으로 사회복지교육에서 널리 사용된다.
- 초보사회복지사나 실습생이 자신의 활동에 대한 점검과 슈퍼비전 또는 자문을 받을 때 유용하다.
- 클라이언트와의 교류를 준비하고 상기하고 기록하고 분석함으로써, 또한 과정 기록에 대한 지도감독자의 비평에 반응함으로써 클라이언트와의 상호작용에 대한 이해를 높일 수 있다.
- 어려운 사례를 다루거나 새로운 기술 등을 개발할 때 유용하다.

(2) 과정 기록의 단점

- 서비스의 상호교류에서 실제로 일어났던 일에 대해 완벽하게 기록하는 것은 불가능하므로 정보가 불완전하며 왜곡될 수 있다. 이를 보완하기 위해 비디오녹화, 녹음 등을 하기도 한다.
- 작성하는 데 시간과 비용이 너무 많이 소요되어 비효율적이다. 따라서 일반적으로 많이 사용되지 않으며 기록의 목적이나 사례 등에 따라 선택적으로 사용된다.
- 면담이나 서비스 제공 등에 대해 사회복지사가 기억하는 능력에 따라 기록의 유용성이 좌우된다. 사회복지사가 정확하게 많이 기억하면 좋은 기록이 되지만 반대의 경우 유용성이 떨어진다.

(3) 효과적인 과정 기록의 작성 요령

- 과정 기록에서는 면접을 진행하는 동안 일어났던 모든 것을 기록해야 하므로 면접과 과정 기록 작성 사이의 시간은 짧을수록 좋다. 시간이 지날수록 잊어버리는 내용이 많으므로 되도록 면접 후 빨리 작성하는 것이 좋으며 대개 하루를 넘기지 않는 것이 바람직하다.
- 기록 작성은 어느 정도의 기억작업이 요구되는 일이다. 그러나 모든 것을 다 기입할 필요는 없으며 그렇게 할 수도 없다. 면접의 목적을 고려하여 중요한 내용과 활동을 선택하여 기록하거나 시작, 중반, 종반부의 일정부분만 선택하여 기록하기도 한다.
- 과정 기록은 경험이 많지 않은 실습생의 경우 서투른 면접장면이 그대로 드러나게 되는 부담스러운 작업의 하나이다. 그러나 과정 기록의 목적은 민감하고 유능한 실천가가 되기 위한 학습에 도움이 되는 것임을 명심한다. 많은 부분을 실제의 면접과 다르게 편집하게 되면, 그만큼 자신에게 유익한 지도의 기회를 포기하는 것이며 클라이언트에게는 미숙한 면접서비스를 반복적으로 제공하는 결과를 낳게 된다.
- 과정 기록이 클라이언트에 대한 비밀보장을 침해하지 않도록 최선의 노력을 다한다. 가명을 사용하거나 약자를 사용하며, 안전한 곳에 보관한다.
- 면접 시 약간의 필기를 하여 면접 후의 기록 작성에 도움이 되도록 할 수 있다. 그러나 클라이언트와의 면접 도중 필기는 민감한 부분이므로 주의한다.
- 면접 시 필기는 최소한으로 줄인다. 필기하는 데 신경을 쓰다 보면 클라이언트와 눈 맞춤을 잃어 신뢰관계에 어려움을 겪을 수 있다.
- 클라이언트가 감정을 이야기하거나 매우 민감하거나 표현하기 어려운 내용을 얘기할 때는 절대로 필기하지 말아야 한다. 정서적 문제를 다루는 기술이 부족한 실습생은 자기도 모르게 감정이 나오면 이 순간에 필기를 하는 경향이 있으므로 주의한다.
- 정확하게 기억하기 어려운 구체적인 사실(㉕ 가족성명, 주소, 생일 등)은 필기한다. 이에 대해 클라이언트가 의심하거나 방어적이 되면 "좀 적어도 되겠습니까? 지금 말씀하시는 이야기가 중요해서 잘 적어두고 싶군요" 등의 말로 양해를 구한다. 클라이언트가 정말로 이를 싫어하면 적은 기록을

보여 주던가 아예 적지 않는다. 좋은 기록보다는 성공적인 신뢰관계 형성이 더 중요하기 때문이다.

- 비디오나 녹음기를 사용하는 것이 도움이 되나 이를 사용할 경우에는 클라이언트의 양해를 얻고 누가 듣게 될지 왜 듣게 될지, 그것으로 무엇을 할지 설명해야 한다. 의심이 많은 클라이언트나 편집증환자의 경우에는 이러한 기구들을 사용하지 않는 것이 좋다.

[표 14-2] 과정 기록 사례(간접인용) 예시

- **날 짜:** 11월 11일
- **참 석 자:** B 부인, W 부부, A 부부, F 부인, C 양
- **모임목적:** 발달장애 아동을 보살피는 가족의 욕구를 충족시키기 위해 지역사회의 자원 활용과 추가적 자원의 필요성에 대해 논의한다.

나는 우리의 예정된 안건을 설명함으로써 모임을 시작하였다. 우리는 각 가정이 자신들의 발달장애 아동들을 보살피는 데 어떤 종류의 지역사회 서비스를 이용하는지, 그리고 추가적 서비스로 어떤 종류의 욕구가 충족될 수 있는지를 의논할 예정이었다. 이들은 무엇을 이용하고 무엇을 필요로 하는가? W 부인은 이 안건이 매우 중요한 주제임에도 불구하고 많은 부모들이 모임에 참석하지 않은 것에 대해 매우 유감스러워했다. W 씨도 파티나 스포츠 활동보다 더 '진지한 문제'를 위해서 모임이 계획될 때에는 대부분의 부모들이 나타나지 않는다고 했다. F 부인과 C 양이 머리를 끄덕이며 이에 동의하였고 B 부인은 정규 참석자들만이 이 집단을 저녁에 놀러 가는 장소 이상으로 여기는 유일한 사람들이라고 말했다. '그 외의 사람들'에 대한 논의가 몇 분 더 지속됐다.

(중간 생략)

나는 각 가정이 직면하는 모든 크고 작은 문제를 열거해보면 어떤 공통의 주제를 얻어 낼 수 있을 것이라고 제안했다. 이 방법은 우리가 어떤 해답을 찾는 데 도움을 줄 것이다. W 부인의 반대에도 우리 집단은 문제를 열거하는 데 모임의 나머지 시간을 보냈다. 이 문제는 앞으로의 모임에서 재논의될 것이다. 나는 또한 매뉴얼의 문제로 F 부인과 면담하기로 약속을 정하였다.

출처: 발달장애아를 가진 부모모임에서 재인용.

[표 14-3] 과정 기록 사례(직접인용) 예시

면담내용		사회복지사
사회복지사	위기의 전화 ○○○입니다.	
클라이언트	여보세요. (침묵) 거기가 문제가 있을 때 도움을 주는 ○○○입니까?	
사회복지사	네, 그런데요. 도와드릴까요?	
클라이언트	글쎄, 잘 모르겠어요(침묵).	나는 매우 긴장되었다.
사회복지사	저희는 전화하는 모든 사람을 돕습니다. 당신을 힘들게 하는 것이 크거나 작거나 말입니다.	내가 사회복지실천을 하는 것이 아니고 세일즈를 하고 있는 것 같다.
클라이언트	젊은 사람 같군요. 그렇죠?	나를 화나게 만들었다.
사회복지사	네, 그렇습니다. 그것이 중요합니까?	내가 올바로 이것을 다루었는가?
클라이언트	그렇지는 않습니다. (침묵) 제게 문제가 있는데…, 도움을 청할 딴 곳을 정말 모르겠습니다(침묵).	너무나도 빨리 진전됨.
사회복지사	그래서 저희가 여기에 있는 것입니다.	
클라이언트	아, 네.	
사회복지사	가끔 이야기를 시작하기가 어렵지요. 당신이 느끼시는 것을 지금 제게 말씀해 주십시오.	이것이 내가 가장 잘한 것이다.
클라이언트	글쎄요. 피곤하고 외롭고.	
사회복지사	그러세요?	
클라이언트	나는 정말 더 이상 아무도 없어요.	
사회복지사	지금 매우 외로우신 것 같아요.	클라이언트에게 자신에 대해 물어볼 수도 있었는데….
클라이언트	네. (침묵) 지난 밤에 많이 울었어요. TV를 보며 울었지요. 나는 정말로 슬픈 드라마를 보고 있었어요. 그리고 살 필요가 없다고 느끼기 시작했어요.	
사회복지사	당신은 슬픈 쇼를 보다가 울기 시작했군요.	
클라이언트	네. 그 쇼는 온갖 종류의 문제들을 가지고 있지만 서로 뭉쳐 있는 한 가족에 관한 것이었어요. 거기서 아버지는 실직했고, 어머니는 암에 걸리고, 아버지는 어머니가 병원에 있는 동안 애들을 돌봤죠. 어머니는 정말 견디기 힘들었지만 자신이 얼마나 행복한지 인식했고, 결국 모두 같이 행복하게 살았죠.	
사회복지사	이런 일이 당신에게도 일어났나요?	
클라이언트	아니요. 그게 내가 울었던 이유예요. 그들은 모두 서로 사랑하고…, 나는 혼자이고.	매우 좋음
사회복지사	당신은 혼자이고 외롭군요. 지금 당신이 갖고 있는 또 다른 문제들이 있나요?	나는 내담자가 얼마나 외로운지 듣고 싶지 않았던 것 같다.

출처: 정신건강 위기전화에서 재인용.

2) 이야기체 기록(narrative recording)

이야기체 기록은 사회복지실천 분야에서 가장 널리 사용되는 양식으로, 그야말로 이야기하듯이 서술해 나가는 기록형태를 말한다. 이야기체 기록은 면담내용 혹은 서비스 제공과정에서 이야기한 것을 그대로 대화 형태로 표현하는 것이 아니라 내용이 정리되어(재구성) 서술된다. 또한 이야기체 기록은 일정한 틀이나 양식이 있지 않으므로, 즉 표준화나 구조화가 덜 되어 있기 때문에 총괄적인 기록이 가능하며 클라이언트의 상황, 서비스 교류의 특별한 특성들을 잘 나타낸다. 클라이언트와 그 상황 그리고 서비스가 갖는 나름의 특수한 본질을 개별적으로 반영할 수 있다. 이야기체 기록의 장 · 단점을 정리하면 다음과 같다.

(1) 이야기체 기록의 장점

- 중요한 정보는 기재하고 그렇지 않은 것은 기재하지 않을 수 있으므로 기록에 융통성이 있다.
- 클라이언트의 상황, 서비스의 특수한 본질을 반영할 수 있다.

(2) 이야기체 기록의 단점

- 과정 기록에 비해서는 시간이 덜 들지만 기록할 것과 하지 않을 것을 구분하고 재구성하기 때문에 시간이 많이 소요된다.
- 기록자가 중요하게 생각하는 내용은 반영하고 그렇지 않은 내용은 누락될 수 있다.
- 이야기를 재구성하여 작성하므로 원래대로 정보를 복구하기 어렵다.
- 지나치게 단순화될 수도 있고 초점이 흐려질 수도 있다.
- 사회복지사 혹은 기록자가 재구성하여 작성하므로 기록자의 문장력에 따라 좋은 기록이 될 수도 있고 그렇지 않을 수도 있다.
- 기록의 양이 많아지면 원하는 정보를 찾기가 쉽지 않다. 따라서 제목을 달고 내용을 적어 나가는 것이 좋다.

[표 14-4] **이야기체 기록 사례 예시**

클라이언트	• 오달자(30세, 여)
의뢰자	• 외과 간호사 봉달희
의학적 상태	• 교통사고로 전치 10주 진단 받음
제시된 문제	• 클라이언트는 2008년 1월 25일 교통사고를 당해 전치 10주의 진단을 받았다. 두 달 이상 입원을 해야 하는 상황에서 두 자녀를 돌보아 줄 사람이 없어서 많이 걱정하고 있고 이로 인해 심리적으로 매우 불안한 상태이다. 입원기간 동안 자녀를 돌보아 줄 서비스나 자원을 찾고 있었다. 겉으로 드러나지 않았으나 그동안 남편과 시댁 문제로 스트레스를 심하게 받고 있었으며 힘들어 했다. 시어머니가 남편에 대해 과도한 기대와 역할을 요구하고 있으며 경제적으로도 크게 의존하고 있는 상태였다. 클라이언트는 시어머니가 자신의 가정에 대한 간섭과 기대에서 벗어나지 못하면 부부갈등 및 시댁과의 관계가 더 악화될 것에 위기의식을 느끼고 있었다.
가족상황	• 남편: 박주몽, 35세, 회사원 • 아들: 박문덕, 4세 • 딸: 수정, 2세
개입계획	
면담일시 및 내용	• 1회(2008년 2월 4일): 주된 호소문제 탐색 • 2회(2009년 2월 11일): 정보전달
개입결과	

출처: 1급 사회복지사 기본서(2009), p. 405.

3) 문제중심 기록(problem-oriented recording)

문제중심 기록은 병원 및 의료적 프로그램에서 자주 사용되는 기록방법으로 문제중심으로 구성되고 문제의 영역을 밝히며 각각의 문제를 해결하기 위한 개입계획을 기록한다. 문제중심 기록은 다양한 전문직 간의 효율적인 의사소통과 정보교환을 위해 중요하다. 또한 팀 접근 시 다른 분야의 전문가들도 모두 동일한 기록지에 기록하기 때문에 다른 팀에서 무슨 일을 하는지도 쉽게 파악할 수 있다(Weed, 1968).

(1) 문제중심 기록의 구성

① 일반적 구성

- 기초정보: 성, 연령, 결혼상태, 재정상태, 검사결과, 중요한 인물 등
- 문제목록: 초기호소문제, 관련전문가의 사정내용 등
- 계획과 목표: 규명된 문제와 관련된 계획과 목표
- 진행 및 결과 기록: 실행된 것과 결과에 대한 노트

② SOAP 식 구성

- S(subjective information): 클라이언트나 가족으로부터 얻는 주관적 정보, 기본적인 자료, 클라이언트가 느끼는 자신의 상황에 대한 인식과 감정 등
- O(Objective information): 검사와 관찰로부터 얻은 객관적 정보, 전문가의 관찰, 검사결과, 체계적 정보 등
- A(Assessment): 사정, 주관적 정보와 객관적 정보를 검토해서 추론된 전문가의 해석이나 결론
- P(Plan): 계획, 문제를 해결하기 위한 방법이나 계획

(2) 문제중심 기록의 장점

- 다양한 분야가 함께 일하는 현장에서 의사소통을 수월하게 하며 타 분야 간 협조를 원활하게 한다.

- 전문직 간 책무성이 증가된다.
- 특정한 문제에 초점을 두므로 적절하지 않은 정보는 기재하지 않게 되어 기록이 간결하다.
- 미해결의 문제에 대해서는 대안적인 계획이나 다른 기관에 의뢰하는 것에 대해 윤곽을 그릴 수 있다.

(3) 문제중심 기록의 단점

- 클라이언트의 강점보다 문제를 강조하고, 개인과 환경의 상호작용보다는 개인에게 초점을 둠으로써 생태체계적 관점이나 강점관점과 잘 맞지 않는다.
- 문제의 사정이 부분적으로 이루어지고 지나치게 단순화하며, 클라이언트의 능력과 자원을 덜 중요시하는 경향이 있다.
- 심리사회적 관심보다는 생의학적인 관심에 초점을 맞춘다.

[표 14-5] **SOAP 기록 예시**

클라이언트	• 오달자 (만 30세)
의뢰자	• 외과 간호사 봉달희
면담 일시	• 2008년 2월 24일
면담 장소	• 사회복지과 상담실
의료적 상태	• 2008년 1월 25일, 교통사고로 전치 10주 진단을 받고 입원
S	• 입원기간 동안 자녀를 돌봐줄 사람이 없어서 매우 걱정함 • 남편과는 좋은 관계로 보임
O	• 낮에는 이웃이, 밤에는 남편이 자녀들을 돌봄. 자녀를 이웃에 맡기는 것에 대해 부부가 매우 불안해 함 • 오달자는 2개월 이상 입원해야 함
A	• 아이들을 돌봐줄 탁아서비스 및 비용문제를 해결할 수 있는 대안을 마련해야 함
P	• 자녀를 돌봐줄 수 있는 지역사회 자원 찾아보기, 탁아서비스 비용을 지원해 줄 수 있는 자원 찾아보기

4) 시계열 기록(Time-series records)

시계열 기록은 사회복지실천 서비스의 목표를 달성하는 과정에 대한 정보를 제공하기 위한 것으로 서비스 효과를 기록하는 것이다. 이러한 측정은 우선 클라이언트 상황에 대한 사정과 그 후에는 서비스의 목적이나 목표성취로의 움직임에 대한 평가에 사용된다. 서비스의 목표가 설정되면 측정도구가 결정되고 측정과정이 시작되며 기록 작업도 시작된다. 교실에서의 아동 행동 개입의 대표적인 예를 들어보면, 개입이 시작되기 전, 서비스 과정 동안, 서비스가 종결된 후 얼마간 클라이언트에게 서비스를 제공하지 않는 사회복지사가 매일 얼마 동안 교실에서 일어나는 것을 관찰하고 기록한다. 시계열 기록의 장·단점은 다음과 같다.

(1) 시계열 기록의 장점

- 클라이언트의 행동과 태도, 또는 반응의 변화 여부에 대해 그리고 목적을 달성하기 위한 움직임이 있었는지를 보여주기 위해 시각적으로나 통계적으로 분석될 수 있다.
- 사회복지사와 클라이언트가 목적을 설정하고 성취하는 데 초점을 둔다.

(2) 시계열 기록의 단점

- 측정과정이 개입과정과 개입의 효과에 영향을 미칠 수 있다.
- 사회복지실천을 방해할 수 있으며 너무 시간 소모적이거나 기관, 소송 의뢰인, 또는 다루어야 할 문제에 적합하지 않을 수 있다.
- 클라이언트의 행동을 중심으로 기록하고 실천하는 경향이 있다.

[표 14-5] **시계열 기록의 사례 예시**

클라이언트	철수	나이	7세
		학년	1학년
의뢰자	교사(교실에서의 방해적이고 비훈육된 행동 때문에 의뢰함)		
측정계획	매일 무작위로 선택된 시간에 5분 동안 두 번 철수의 행동을 관찰한다. 철수를 관찰하는 동안 그가 기대되는 행동을 수행하는지, 그의 순종적 행동 또는 비순종적 행동에 앞서 일어난 사건과 결과는 어떤 것인지 기록한다.		
11월 1일 오전 9시 10분	잡담으로 교실이 소란함, 교사가 그만하라고 지시함. 3명의 남학생을 제외한 모든 학생이 잡담을 그만둠/비순종/철수만 나무람		
오전 11시 30분	음악교사가 노래를 시작함/ 비순종/ 일시적 고립		
11월 2일 오전 11시 5분	독서를 시작/비순종		
오후 2시 20분	운동장에서의 활동/순종		

출처: Kagle(1982); 홍순례 · 한인영(1997), 사회사업기록, p. 127. 재인용.

5 기록을 위한 지침

기록은 정확하고 충실한 사실전달을 목적으로 하는데 수동형 문장을 쓰면 행위의 주체가 불분명해서 사실 전달과 정확한 이해에 방해요인이 될 수 있다. 좋은 기록을 작성하는 지침을 알아보면 다음과 같다.

1) 좋은 기록을 작성하는 지침

- 기록의 목적(정확성, 효과성, 책임성, 비밀보장 등)을 충실히 반영한다.
- 사정, 개입, 평가의 기초가 되는 클라이언트에 대한 정보를 담는다.
- 사정, 개입, 평가 등 각 단계마다의 목적, 목표, 계획, 과정 및 진행에 대한 정보를 비롯한 서비스 전달에 대한 정보를 포함한다.
- 사실과 견해를 구분하여 작성한다.
- 간결한 문체, 구체적인 묘사, 타당하고 명확하며 논리적인 표현을 사용한다.
- 긴 내용을 구조화하여 효과적으로 정리한다. 소제목을 달면 손쉽게 찾아

내어 이후에 활용하기도 쉽고 보기도 좋다. 한 번 기록하고 다음에 쓸모 없는 기록은 결코 좋은 기록이 아니다.

- 내용에 거짓이 없어야 하며 사실적으로 기록한다.
- 기록된 정보 자체가 유용하고 쓸모 있어야 한다.
- 내용과 절차 혹은 과정에 있어 전문가의 윤리를 준수한다.
- 어떤 서비스가 제공될 것인지에 대한 결정과 행동을 중심으로 구성한다.
- 기록의 질은 기본적으로 기록자의 기술에 달려 있으므로 체계적으로 준비해야 하며 문자 기술능력을 향상시켜야 한다.

2) 좋지 않은 기록의 특징

- 내용이 부정확하고 사실에 근거하지 않은 기록
- 철자나 문법 등 반복적으로 잘못된 표현이 많은 기록
- 내용이 너무 길고 복잡하여 이해하기 어려운 기록
- 내용이나 과정상 윤리적 문제가 있는 기록
- 내용이 애매모호하여 오해하기 쉬운 표현이 많은 기록
- 지나치게 요약하여 정보로서의 가치가 없는 기록

6 기록의 유의사항

기록을 잘 하는 것도 중요하지만 기록을 잘 보관하는 것 역시 중요한 일이다. 기록에 대한 유의사항을 정리하면 다음과 같다.

- 기록을 하기 전에 클라이언트에게 양해와 동의를 구한다. 기록을 하는 목적과 기록이 클라이언트에게 어떤 도움이 되는지 간략하게 이야기한다.
- 녹음이나 녹화를 할 경우, 클라이언트에게 부담을 주지 않기 위해 비밀스럽게 녹음을 하거나 녹화를 하는 것은 좋지 않다. 반드시 허락을 구하고 시작하며 중간에 클라이언트가 불편해하면 중단한다.
- 클라이언트와 면담을 하면서 기록을 할 때, 메모하는 것은 최소한으로 줄인다. 사회복지사가 기록에 치중할 경우 클라이언트는 사회복지사가 자신

에게 관심이 없다고 느낄 수도 있고 면담의 진행에 방해를 주기도 한다.

- 사실적인 내용이나 약속 등에 대해서는 정확하게 기록한다.
- 면담이 끝난 후 잊어버리기 전에 간단하게라도 빨리 메모해 두는 습관을 갖는다.
- 기록내용이 다른 사람에게 함부로 공개되어서는 안 된다. 다른 사람이 쉽게 접근할 수 없도록 신경을 쓴다.
- 기록을 슈퍼비전이나 사례회의에 사용할 경우 클라이언트의 사적인 정보가 노출되지 않도록 유의한다.

* 생각해 볼 점

1 기록의 원칙은 무엇인가?

2 기록의 종류에는 무엇이 있는가?

3 좋은 기록이란?

▸▶ 참고문헌

김충식 · 나용선 · 서상범 · 신상수 · 최명주(2009). 사회복지실천기술론. 경기: 공동체.

사회복지사 1급 시험연구회(2009). 사회복지실천기술론. 서울: 나눔의집.

서울대학교 사회복지실천연구회 역(1998). 사회복지실천기법과 지침. 서울: 나남출판.

최선하(2009). 풀어쓴 사회복지실천기술. 경기: 공동체.

홍순혜 · 한인영(1997). 사회사업기록. 서울: 학문사.

Kagle, J. D.(1989). *Privileged communication: A client and a professional principle*. Paper presented at the annual program meeting of the Council of Social Work Education, Chicago, IL.

Weed, L.(1968). Medical records that guide and teach. *New England Journal of Medicine, 278*, 578-600.

Wilson, S.(1980). *Recording-Guidelines for social workers*. NY: Free Press.

찾아보기

ㅈ

ㅊ

ㅋ

ㅌ

ㅍ

ㅎ

S

저자소개

임 상 록

독일 국립베를린자유대학교 사회교육 및 사회복지학석사, 철학박사(Dr, Phil.)
백석문화대학 사회복지학부 교수

(저서) 인간행동과 사회환경(공저, 2009), 사회복지개론(공저, 2007) 외

박 주 현

백석대학교 사회복지학석사, 사회복지학박사
백석문화대학 사회복지학부 겸임교수, 서울남부지방법원 협의이혼전문상담위원

(저서) 건강가정정책론(공저, 2009), 사회복지기관운영론(공저, 2008) 외

배 은 숙

백석대학교 사회복지학석사, 사회복지학박사
국립한경대학교 아동가족복지학과 겸임교수, 한국부모교육학회 상임이사

(저서) 자원봉사론(공저, 2006) 외

오 세 숙

Ohio University 체육교육학석사(MSPE), Pennsylvania State University 철학박사(Ph. D.)
백석예술대학 사회복지학부 교수, ICHPER-SD Asia 상임이사

(저서) 사회복지실천론(공저, 2009), 여가학총론(공저, 2008) 외

이 명 순

백석대학교 유아교육학석사, 사회복지학박사
백석예술대학 사회복지학부 교수, 한국부모교육학회 상임이사

(저서) 사회복지실천의 이해(공저, 2009) 외

이 영 주

중앙대학교 사회심리학석사, 공주대학교 사회복지학박사
백석문화대학 사회복지학부 교수, 대전지방검찰청천안지청 형사조정위원

(저서) 가족복지론(공저, 2009) 외

이 혜 자

청주대학교 문학석사, 중앙대학교 사회복지학박사
국립한경대학교 아동가족복지학과 교수, 한국가족복지학회 상임이사

(저서) 인간행동과 사회환경(공저, 2009), 자원봉사론(공저, 2006) 외

최 덕 경

중앙대학교 사회복지학석사, 숙명여자대학교 이학박사
국립한경대학교 아동가족복지학과 교수, 한국가족복지학회 상임이사

(저서) 인간행동과 사회환경(공저, 2009), 자원봉사론(공저, 2006) 외

사회복지실천기술론

초판 1쇄 인쇄 2010년 1월 3일
초판 2쇄 발행 2012년 2월 28일

지은이_ 임상록 · 박주현 · 배은숙 · 오세숙 · 이명순 · 이영주 · 이혜자 · 최덕경
펴낸이_ 황호철
펴낸곳_ 도서출판 파란마음
주소_ 140-845 서울시 용산구 백범로90라길 47 | 전화_ (02) 3275-2110~1 | 팩스_ (02) 3275-2199
등 록_ 2006년 4월 24일 · 제302-2006-00024호

ISBN 978-89-92546-51-5 93330
값 16,000원